W

V

भारत में विवाह पद्धति
एवं
महिलाओं की सामाजिक स्थिति

भारत में विवाह पद्धति
एवं
महिलाओं की सामाजिक स्थिति

आलोक कुमार

इशिका पब्लिशिंग हाउस

जयपुर दिल्ली

इशिका पब्लिशिंग हाउस

ए -25, ''गणेश सदन'', गली न. 4, आदर्श बस्ती,
बी.एल. हाउस के पास, टोंक फाटक,
जयपुर-302018 (राजस्थान) भारत
फोन : 0141-2761280, Mob. 9887532741
Email: ishikapublishinghouse@yahoo.in

दिल्ली कार्यालय : 102, प्रथम मंजिल, 'सत्यम हाउस'
4324/3, अंसारी रोड़, दरियागंज, नई दिल्ली - 110 002
फोन : 011-45652440

ISBN: 9788189471422

टाइपसेटिंग : बी.एस. कम्प्यूटर्स, जयपुर

मुद्रक : थॉमसन प्रेस, नई दिल्ली

प्रस्तावना

वैदिक काल के साहित्य या धर्म-ग्रन्थों के अध्ययन से यह स्पष्ट रूप से पता चलता है कि उस समय बाल-विवाह का प्रचलन नही था। महाभारत में 16 वर्ष की नग्निका के विवाह का उल्लेख मिलता है। गृहा-सूत्र में भी विवाह के चौथे दिन सम्भोग करने का आदेश है। इसस यह सिद्ध होता है कि इस पूर्ण युवतियों का विवाह होता था, बालिकाओं का नहीं। हिन्दू-विवाह के मंन्त्रों से भी यहीं बात स्पष्ट होती है। विवाह ऐसी रीतिगत पर परम्परा व पद्धति है जो समाज में व्यक्ति को वैधानिक प्रदान करती है जिस प्रकार देश में रहने वाला व्यक्ति नागरिकता प्राप्त करता है इसके लिए अनेक प्रकार की संस्थाएं बनी हुई है। रीति के अनुसार किसी भी प्रकार से विवाह किया जा सकता है चाहे वह कानूनी हो, आर्यसमाजी हो, निकाह हो या सामाजिक स्वरूप हो दो विरीरीति लिंगों को विवाह के द्वारा जिस सूत्र में बांधा जाता है वह नैतिक स्वरूप कहलाता है। बिना किसी सूचना के अकेले में किया जाने वाला गन्धर्व विवाह जो प्रामाणिक न हो मान्य नहीं कहलाता यह एक ऐसी संस्था है जो कुरीतियों को भी करता है तथा व्यविचार को भी बढ़ावा देता है।

बाल-विवाह को रोकने के लिये सरकार की दृष्टि को इस सामाजिक कुरीति की ओर आकर्षित करने का श्रेय राजा राममोहन राय और श्री ईश्वरचन्द्र विद्यासागर महाशय को है। इनके प्रयत्नों से सन् 1860 में सबसे पहले बाल-विवाह को रोकने के लिये पहला अधिनियम पास हुआ, जिसके अनुसार विवाह के समय कन्या की आयु कम से कम 10 वर्ष होनी चाहिये थी। इसके बाद सन् 1891 में दूसरा अधिनियम पास किया गया जिसके अनुसार विवाह के समय लड़की की आयु कम से कम 12 वर्ष होनी चाहिए थी। पर इस सम्बन्ध में विशेष उल्लेखनीय अधिनियम राय हरविलास शारदा की सिफारिशों के फलस्वरूप सन् 1929 में पास हुआ। इसे बाल-विवाह अवरोध अधिनियम या संक्षेप में शारदा ऐक्ट कहते हैं। इसके विषय में

हम अध्याय 24 में विस्तारपूर्वक करेंगे। यहाँ केवल इतना ही कह देना पर्याप्त होगा कि इस कानून के अर्न्तगत विवाह के समय कन्या की आयु कम से कम 15 वर्ष और वर की आयु 18 वर्ष होना जरूरी है। अब भारत सरकार द्वारा बाल-विवाह अवरोध संशोधन अधिनियम 1978 के द्वारा इस अधिनियम को संशोधित कर दिया गया है जिसके अनुसार विवाह की न्यूनतम आयु कन्या के लिये 18 वर्ष और वर के लिये 21 वर्ष होना अनिवार्य है।

आलोक कुमार

अनुक्रमणिका

	प्रस्तावना	*v*
1.	विषय बोध	1
2.	महिलाओं की सामाजिक स्थिति	9
3.	हिन्दू विवाह व्यवस्था	19
4.	दहेज समस्या	48
5.	विधवा-विवाह	57
6.	विवाह—विच्छेद	64
7.	अन्तर्जातीय विवाह	69
8.	मुस्लिम विवाह व्यवस्था	75
9.	ईसाई विवाह	93
10.	जनजातीय विवाह	107
11.	भारत में विवाह संबंधी विधान	122
12.	सामाजिक विधानों का परिवार तथा विवाह पर प्रभाव	136
13.	सामाजिक सुधार आन्दोलन और बाल विवाह	143
14.	यौन समस्या	172
15.	वेश्यावृत्ति	178

1

विषय बोध

बाल विवाह के अंतर्गत लड़के तथा लड़कियों का विवाह बचपन में ही कर दिया जाता है। उस दौरान उनकी उम्र मात्र पाँच या छः वर्ष की ही होती है। इसे कानूनी दृष्टिकोण से अपराध माना गया है क्योंकि इसमें लड़कों की उम्र 21 वर्ष से कम होती है। इस अध्याय में हम बाल विवाह के विभिन्न पक्षों पर प्रकाश डालेंगे।

बाल-विवाह का इतिहास

वैदिक युग में बाल विवाह की प्रथा कायम नहीं थी। इसका प्रमाण वैदिक कालीन साहित्य व धर्म ग्रन्थ है। महाभारत में 16 वर्ष की नग्निका के विवाह का उल्लेख मिलता है। गृह्य-सूत्र में भी विवाह के चौथे दिन सम्भोग करने का आदेश है। इससे यह सिद्ध होता है कि उस समय पूर्ण युवतियों का विवाह होता था, बालिकाओं का नहीं। हिन्दू-विवाह के मंन्त्रों से भी यही बात स्पष्ट होती है।

ऋग्वेद के पश्चात् भी बाल विवाह का काफी प्रसार होने लगा था। धर्म-सूत्रकारों ने लड़कियों के बाल-विवाह के पक्ष में राय दी और धीरे-धीरे स्मृतिकारों ने मासिक धर्म के पहले विवाह करना वैध माना गया है। ब्राह्म-पुराण के रचयिता ने तो यहाँ तक कहा कि चार साल की आयु के बाद किसी समय भी लड़की का विवाह मान्य है। इसके विपरीत मनु, कौटिल्य और वशिष्ठ आदि ने रजोदर्शन के तीन वर्ष के अन्दर ही विवाह कर देने को सही ठहराया।

जब राज्यों की स्थापना होने लगी थी तो मुसलमानों को यह भय होने लगा था कि हिन्दू लड़कियों की शादी मुसलमानों से होने लगेगी इस भय से जल्द से जल्द विवाह कर देने पर बल दिया गया और विवाह की आयु घटते-घटते आठ-नौ वर्ष हो गई। आज भी भारत के ग्रामीण इलाकों में इस आयु में अनेक बालक तथा वालिकाओं का विवाह कर दिया जाता है।

बाल-विवाह के कारण

बाल विवाह की प्रथा किस प्रकार से जोर पकड़ने लगी इसके प्रमुख कारण क्या थे इसकी चर्चा निम्न शीर्षकों में की जा रही है–

(1) वर-मूल्य प्रथा–वर-मूल्य प्रथा की समस्या लगातार जड़ पकड़ने लगी थी इसके अन्तर्गत धन की माँग काफी बढ़ने लगी थी जिससे प्रत्येक साधारण माता-पिता को अपनी कन्या का विवाह कर देना एक बहुत कड़ी समस्या हो गई। चूँकि बचपन में वर के भविष्य, जीवन और गुणों की जानकारी प्राप्त करना आसान कार्य नहीं था, इस कारण अधिक वर-मूल्य भी नहीं देना पड़ता है। इसी का लाभ उठाने के लिये अनेक पिता अपनी लड़की का विवाह शीघ्र-अति शीघ्र करके अत्यधिक वर मूल्य से अपने को बचाने के प्रयास में लग गये।

(2) संयुक्त परिवार पद्वति–संयुक्त परिवार का प्रचलन बढ़ जाने से भी बाल विवाह की प्रवृत्ति भी बढ़ने लगी थी क्योंकि विवाह के द्वारा उत्पन्न समस्त उत्तरदायित्व विवाह करने वाले लड़के पर नहीं वरन् उसके संयुक्त परिवार का होता था। उसके स्त्री और बच्चों के भरण-पोषण, देखभाल की जिम्मेदारी परिवार के प्रधान पर होती थी। दूसरी ओर विवाह के द्वारा संयुक्त परिवार के कार्यों का बंटवारा करने के लिए एक और व्यक्ति आ जाता था। इससे भी बाल-विवाह को काफी बल मिलने लगा था।

(3) धार्मिक धारणायें–हिन्दू धर्मशास्त्रों में कई स्थानों पर बाल-विवाह को सही ठहराया गया है। अनेक धार्मिक मत यह है कि अपनी कन्या का गौरीदान अर्थात् रजोदर्शन के पूर्व विवाह करने वाले पिता या संरक्षक को स्वर्ग प्राप्त होता है। इसी कारण बाल-विवाह को भी धर्म का एक अंग मानकर कट्टरपंथी या रूढ़िवादी लोग इसका अधिकाधिक पालन करना चाहते हैं। इससे भी बाल-विवाह का प्रचलन को बल मिला है।

(4) सती-प्रथा–सती-प्रथा ने भी बाल-विवाह को फैलाने में महत्वपूर्ण भूमिका निभाई है। पिता की मृत्यु के साथ ही माता के सती हो जाने से बच्चों की देखभाल की समस्या गम्भीर हो जाती थी। इस कारण माता-पिता जल्दी से जल्दी अपने बच्चों को किसी एक संयुक्त परिवार में ब्याह दिया करते थे। इससे भी बाल-विवाह का प्रचलन बढ़ता ही गया।

(5) कुलीन विवाह–कुलीन विवाह प्रथा से सबसे ऊँचे कुल में लड़कों की तथा सबसे नीचे कुल में लड़कियों की ज्यादा कमी होगी। इस कारण प्रत्येक

माता-पिता योग्य पर या वधू पाते ही विवाह कर देने का प्रयत्न करेंगे। इस प्रकार बाल-विवाह का प्रचलन स्वाभाविक ही था।

(6) जीवन साथी चुनने का सीमित क्षेत्र—अन्तर्जातीय विवाह पर रोक लगाने के कारण जीवन साथी के चयन के क्षेत्र में भी लगातार कमी होने लगी। व्यावहारिक रूप में अन्तर्विवाह के नियमों के अन्तर्गत अपने छोटे-छोटे उपजातीय समूह के अन्दर ही विवाह करना होता है। इसके परिणामस्वरूप हर पिता को अपनी लड़की के लिए वर खोजने के लिए काफी कठिनाइयों का सामना करना पड़ता था। और वे शीघ्र इससे मुक्त होना चाहते थे। इससे बाल-विवाह करने की प्रवृति प्रबल होती गई।

(7) विदेशी आक्रमण—विशेषकर मुसलमानों के आक्रमण के बाद बाल-विवाह की प्रथा बलवती होने लगी थी। इसका कारण यह था, कि मुसलमानों को हिन्दू लड़कियों से विवाह करने में कोई संकोच न था। इस कारण, एक ओर रक्त की शुद्धता को बनाये रखने के लिए और दूसरी ओर हिन्दू धर्म की रक्षा के लिए बाल विवाह पर अत्यधिक बल दिया गया।

(8) स्त्रियों की गिरी हुई दशा—वैदिक युग के बाद ही स्त्रियों की दशा में लगातार गिरावट होने लगी और स्मृतिकारों ने तो यहाँ तक निर्देश दिया कि स्त्रियाँ कभी भी स्वतन्त्र रहने के योग्य नहीं हैं। बाल-विवाह की शरुआत इन्हीं सब कारणों के परिणामस्वरूप हुई थी।

(9) अन्तर्जातीय विवाह पर निषेध—स्मृतिकाल की शुरुआत से ही अन्तर्जातीय विवाह को अवैध ठहराया जाने लगा। इस निषेध को कार्यशील करने के लिये यह आवश्यक हो गया कि बच्चों की शादी बाल्यकाल में ही कर दी जाये। जिससे उन्हें बड़े होकर स्वतन्त्र चुनाव का अवसर न मिले और माता-पिता को अन्तर्जातीय विवाह के लिए बाध्य न होना पड़े।

बाल-विवाह से हानियाँ

बाल-विवाह एक सामाजिक समस्या है क्योंकि इससे व्यक्ति और समाज को काफी नुकसान होता है। उनमें से प्रमुख अग्रलिखित हैं—

(1) स्त्री-पुरुष में आसान अनुपात—सर एडवर्ड ब्लण्ट के शब्दों में बाल-विवाह ही भारतवर्ष में लड़कियों की कमी का प्रमुख कारण है क्योंकि अधिकतर स्त्रियाँ 30 या 35 वर्ष की आयु के बीच में अधिक संतान उत्पति से खराब स्वास्थ्य के कारण, मर जाती हैं।

(2) माताओं की कम उम्र में मृत्यु—काफी कम उम्र में ही संतान को जन्म देने के कारण गर्भवती स्त्रियों को ढेर सारे कष्टों का सामना करना पड़ता था जिससे उनकी मृत्यु तक हो जाती थी। यह हिसाब लगाया गया है कि भारतवर्ष में प्रतिवर्ष प्राय: 2,50,000 माताओं की मौत हो जाती है, जो एक राष्ट्रीय क्षति है जिसे कम करने के लिये सरकार को हरसम्भव प्रयास करना चाहिए।

(3) बाल-विधवाओं की समस्या—कम उम्र में विवाह करने से विभिन्न रोगों को चपेट में आने के कारण बाल विधवाओं की समस्या भी बढ़ती नजर आ रही है। बाल-विधवाओं की संख्या बढ़ती जाती है, जो कि स्वयं ही एक गम्भीर सामाजिक समस्या है।

(4) अस्पष्ट भविष्य—बाल विवाह से योग्य जीवन-साथी के चुनाव में काफी मुश्किलें आती हैं। इसका कारण यह है कि बचपन में किसी भी लड़के या लड़की को देखकर उसके आगामी जीवन और व्यक्ति के स्तर की जानकारी प्राप्त नहीं की जा सकती है। एक छोटे लड़के को देखकर कोई नहीं बता सकता कि यह आगे चलकर प्रखर बुद्धि होगा या डाकू। इस प्रकार वर-वधू के जीवन को केवल मात्र संयोग पर छोड़ दिया जाता है।

(5) बाल-दम्पति जीवन-भार सम्भालने में अयोग्य—विवाह गुड्डे-गुड़ियों का खेल नहीं है। विवाह केवल कुछ मन्त्रों का पाठ कर लेने से पूर्ण नहीं हो जाता है। विवाह के साथ ही साथ अनेक प्रकार की जिम्मेवारियाँ वर और वधू के कन्धों पर आ जाती हैं। बाल-विवाह इन्हें निभाने में सक्षम नहीं होते हैं।

(6) दुर्बल सन्तान— आयुर्वेदशास्त्र के अनुसार समय से पहले संतान के जन्म के कारण वह कदापि हृष्ट-पुष्ट नहीं हो सकती। इस प्रकार बाल-विवाह आने वाली पीढ़ी और जातीय स्वास्थ्य-स्तर पर अच्छा असर नहीं पड़ता है।

(7) जनसंख्या में बढ़ोत्तरी—बाल विवाह का एक प्रभाव यह होता है कि दम्पतियों की सन्तान बहुत ही अल्प आयु से पैदा होने लगती है जिससे देश की जनसंख्या में वृद्धि होती है। भारत में आज यह समस्या अत्यन्त गम्भीर है और इससे सम्बन्धित और भी अनेक समस्याएँ जैसे, निवास-स्थान की समस्या, खाने-पहनने की समस्या, निर्धनता ओर बेकारी की समस्या दिन-प्रतिदिन बढ़ती ही जा रही है।

(8) स्वास्थ्य को हानि—बाल-विवाह के दौरान पति-पत्नी पूरी तरह से परिपक्व नहीं होते हैं और इस कारण शारीरिक दृष्टिकोण से भी उनका मस्तिष्क पूर्ण रूप से विकसित नहीं होता है। इस दौरान उनके मध्य जो यौन-सम्बन्ध स्थापित होता है उसका बहुत ही बुरा प्रभाव उनके स्वास्थ्य पर पड़ता है। इससे राष्ट्र के स्वास्थ्य स्तर में भी काफी गिरावट आती है, जो एक शुभ संकेत नहीं है।

(9) व्यक्ति के विकास में बाधा—वचपन में ही विवाह हो जाने के परिणामस्वरूप काफी कम उम्र में उन्हें परिवार का पालन-पोषण करना पड़ता है, विशेषकर लड़कियों पर सन्तानों का भार लद जाने के फलस्वरूप शिक्षा प्राप्त करने और व्यक्तित्व का विकास सही प्रकार से नहीं हो पाता है। हिन्दू समाज में स्त्रियों की निम्नतम स्थिति होने का यह भी एक कारण है।

बाल-विवाह के लाभ

बाल-विवाह से केवल हानियों ही हैं यह कहना उचित न होगा क्योंकि इससे कुछ लाभ भी हैं जो निम्नवत् हैं—

(1) आर्थिक आत्मनिर्भरता—विशेषकर पुरुष के ऊपर परिवार का बोझ पड़ने पर वह प्रारम्भ से ही अपने कर्त्तव्यों के प्रति जागरूक हो जाता है जिससे उसमें पैरों पर खड़े होकर आत्मनिर्भरता प्राप्त करने की भावना पनपती है।

(2) चारित्रिक सुरक्षा—बाल विवाह प्रायः लोगों की नैतिक पतन से रक्षा करता है क्योंकि इससे परिवार और स्त्री के प्रति कर्त्तव्य और नैतिक बोध का केन्द्रीकरण हो जाने से बाहरी प्रलोभनों से वह अपने को सरलता से सुरक्षित रख सकता है।

(3) समायोजन में सहायता—चूँकि छोटेपन से ही वर-वधू निरन्तर आपस में एक साथ रहते हैं इस कारण एक-दूसरे को समझने और एक-दूसरे की प्रकृति से अपना अनुकूलन करने का उन्हें काफी अवसर प्राप्त होता है, जिससे कि आगे चलकर वैवाहिक जीवन सुखी होने की काफी सम्भावना रहती है।

बाल-विवाह को समाप्त करने के उपाय

बाल विवाह को समाप्त करने के प्रमुख उपाय निम्नवत् हैं—

(1) प्रचार—बाल-विवाह के विरुद्ध जनमत को तत्पर करने के लिये प्रचार-कार्य को भी संगठित रूप से चलाना चाहिये। यह प्रचार-कार्य सरकारी और गैर-सरकारी समितियों के द्वारा समाचारपत्र, पत्रिका, इश्तहार आदि के मध्यम से होना चाहिये।

(2) वर-मूल्य प्रथा का अन्त—अत्यधिक वर-मूल्य से घबराकर माता-पिता अपनी कन्याओं का विवाह जल्दी-से-जल्दी करने का प्रयत्न करते हैं। इस प्रकार वर मूल्य प्रथा का अन्त हो जाने से बाल-विवाह के भी कम होने की सम्भावना है। लेकिन वर-मूल्य प्रथा भी कानून के द्वारा समाप्त न होगी। उसके लिये भी जनमत को जागृत करना आवश्यक है।

(3) अन्तर्जातीय विवाह को बढ़ावा—अन्तर्जातीय विवाह को बढ़ावा देने के पश्चात् ही बाल-विवाह का अंत किया जा सकता है। अन्तर्जातीय विवाह से कुलीन विवाह और वर-मूल्य प्रथा को समाप्त नहीं किया जा सकता है, तो भी बहुत-कुछ कम हो जाने की सम्भवना है जिससे बाल-विवाह का अंत किया जा सकेगा।

(4) समुचित शिक्षा की व्यवस्था—बालक तथा बालिकाओं दोनों को शिक्षित कर उन्हें आत्मनिर्भर बनाने का प्रयत्न करना चाहिये, जिससे कि एक ओर व्यक्तिव का विकास होने के कारण योग्य वर और वधुओं का चुनाव किया जा सकेगा और दूसरी ओर बाल-विवाह के दोषों के प्रति अधिकाधिक जागरूकता उत्पन्न होगी और अन्तर्जातीय विवाह पर अधिक बल दिया जा सकेगा।

(5) कानूनी रोक—बाल-विवाह की प्रथा समाप्त करने के लिये उचित कानून का गठन किया जाना चाहिए पर केवल कानून पास करने से ही बाल-विवाह समाप्त न होगा जैसा कि शारदा एक्ट पास होने के पश्चात् देखा गया। इससे किसी प्रकार का अच्छा परिणाम सामने नहीं आया। इसलिये कानून पास करने के साथ ही उनको दृढ़तापूर्वक लागू करने के लिये सरकारी प्रयत्न और संगठन भी परमावश्यक हैं। विशेषकर गाँवों में, जहाँ बाल-विवाह पर अधिक बल दिया जाता है, सरकार की ओर से कानून को लागू करने के लिए संगठित प्रयास करना होगा।

कानूनी सुधार

(1) प्रारम्भिक सुधार—बाल-विवाह को समाप्त करने में राजा राम मोहन राय तथा श्री ईश्वर चन्द्र विद्यासागर ने महत्वपूर्ण भूमिका निभायी थी। इनके प्रयत्नों से सन् 1860 में सबसे पहले बाल-विवाह को रोकने के लिये पहला अधिनियम पारित किया गया, जिसके अनुसार विवाह के समय कन्या की आयु कम से कम 10 वर्ष होनी चाहिये थी। इसके बाद सन् 1891 में दूसरा अधिनियम पारित किया गया जिसके अनुसार विवाह के समय लड़की की उम्र 12 साल अवश्य होनी चाहिए। पर इस सम्बन्ध में विशेष उल्लेखनीय अधिनियम राय हरविलास शारदा की सिफारिशों के फलस्वरूप सन् 1929 में पास हुआ। इसे बाल-विवाह अवरोध अधिनियम या संक्षेप में शारदा एक्ट की संज्ञा दी जाती है। इसके विषय में हम अध्याय 24 में विस्तारपूर्वक करेंगे। यहाँ केवल इतना ही कह देना पर्याप्त होगा कि इस कानून के अन्तर्गत विवाह के समय कन्या की आयु कम से कम 15 वर्ष और वर की आयु 18 वर्ष अवश्य होनी चाहिए। अब भारत सरकार द्वारा बाल-विवाह अवरोध संशोधन अधिनियम 1978 के द्वारा इस अधिनियम को संशोधित कर दिया गया है जिसके

अनुसार विवाह की न्यूनतम आयु कन्या के लिये 18 वर्ष और वर के लिये 21 वर्ष होना अनिवार्य है।

कानूनी प्रावधानों की विफलता के कारण

सरकार की ओर से कानून पास हो जाने के बाद भी भारतवर्ष में बाल-विवाहों की संख्या प्रायः पूर्ववत् ही बनी रही। इसके निम्नलिखित कारण हैं–

(1) प्रचार का अभाव–किसी भी कानून को मूर्त रूप देने के लिये उसके प्रचार पर अधिक से अधिक बल दिया जाना चाहिए, पर भारत में इस सम्बन्ध में न तो सरकार की ओर से और न ही समाज-सुधारकों की ओर से विशेष कदम उठाये गये हैं।

(2) शिक्षा की कमी–शिक्षा के अभाव में किसी भी कानून को मूर्त रूप नहीं दिया जा सकता है और भारतवर्ष में विशेषकर गाँवों में शिक्षा की काफी कमी है जिसके परिणामस्वरूप बाल-विवाह के अवगुणों को जनता महसूस ही नहीं कर पाती।

(3) विवाह हो जाने के बाद वह अवैध नहीं हो सकता–उपयुक्त अधिनियम की दूसरी दुर्बलता यह है कि एक बार किसी भी रूप से विवाह हो जाने के पश्चात् उसे फिर अवैध करार नहीं दिया जा सकता। इसीलिये लोग इस कानून से प्रायः नहीं डरते हैं।

(4) पुलिस को कोई अधिकार नहीं–सन् 1929 के बाल-विवाह अधिनियम की सबसे प्रमुख दुर्बलता यह है कि पुलिस इस प्रकार के विवाह का अपने आप चालान नहीं कर सकती। ऐसा करने से पहले उसे अदालत से आज्ञा प्राप्त करनी पड़ती है जिसके प्राप्त करने तक विवाह हो चुकता है।

(5) गाँव में संगठन का अभाव–भारतवर्ष में ऐसे विवाह अधिकतर गाँव में ही होते हैं, पर गाँव में बाल-विवाह को रोकने के लिये सरकार की ओर से कोई भी संगठित व्यवस्था नहीं है, इसलिये अधिकतर गाँव वासियों को इस अधिनियम के सम्बन्ध में कुछ पता नहीं है।

(6) धार्मिक विश्वास–आज भी भारतवर्ष में, विशेषकर गाँवों में, धर्म और परम्परा का काफी महत्व है और चूँकि बाल-विवाह के अन्तर्गत धार्मिक तत्व और शास्त्रों की अनुमति भी सम्मिलित है, इस कारण इस राष्ट्र के लोगों के लिये धर्म के नियमों की अपेक्षा कानूनी अधिनियम को तोड़ना अधिक सरल है।

(7) दण्ड देने की समुचित व्यवस्था नहीं–इस अधिनियम के अन्तर्गत जो दण्ड विद्यमान है उसका भी उचित ढंग से प्रयोग नहीं किया जाता और प्रायः इस

अधिनियम को तोड़ने वाले बिना किसी प्रकार की सजा पाये ही छूट जाते हैं। इस कारण भी बाल-विवाह पर कोई विशेष रोक नहीं हो पाती।

(8) एक वर्ष के पश्चात् कोई कार्यवाही सम्भव नहीं—उपर्युक्त अधिनियम की तीसरी दुर्बलता यह है कि एक साल बीत जाने पर अदालत इस सम्बन्ध में कोई भी शिकायत नहीं सुनेगी। इससे भी कानून का प्रभाव अत्यधिक घट गया है।

इस प्रकार यह साफ हो जाता है कि एक ओर, अधिनियम में काफी कमियों की वजह से और दूसरी ओर सामाजिक परिस्थितयाँ बाल-विवाह के अनुकूल न होने से भारत में कानूनी प्रतिकार पूरी तरह कारगर सिद्ध नहीं हो सके हैं परन्तु वर्तमान परिवर्तन सामाजिक अवस्थाओं के कारण कम से कम शहरों में तो बाल-विवाह में लगातार कमी होती जा रही है।

2

महिलाओं की सामाजिक स्थिति

प्राचीनकाल में स्त्रियाँ काफी शक्तिशाली हुआ करती थीं, जिनमें गार्गी, मैत्रेयी तथा अश्री आदि नारियों की चर्चा आज भी की जाती है। परन्तु वक्त बदलने के साथ-साथ नारियों की स्थिति मध्ययुग में और अधिक वृहत्तर होती गयी। वह घर की चारदीवारी में कैद थी। स्वतन्त्रता प्राप्ति के बाद 1950 में स्त्रियों को पुरुषों के समान अधिकार दिए गए। वे आज हर क्षेत्र में पुरुषों के साथ कदम से कदम मिलाकर चल रही हैं लेकिन अन्तर्राष्ट्रीय महिला वर्ष, महिला दशक, इंटरनेशनल इयर ऑफ गर्ल चाइल्ड के बाद वर्ष 2001 महिला सशक्तिकरण वर्ष के रूप में मनाया गया जो कि इस बात का द्योतक है कि आजादी के 50-55 वर्ष के पश्चात् भी संविधान द्वारा दिए गए समानता के अधिकार आज भी महिलाओं को नहीं दिये गये हैं। संवैधानिक प्रावधानों और कानूनों के बावजूद महिलाओं के उत्पीड़न की घटनाओं की लगातार बढ़ोत्तरी हो रही है। महिलाओं पर होने वाले अत्याचारों के अनेक रूप हैं जैसे कन्या भ्रूण हत्या, शिशु कन्या हत्या, परिवार में लड़कियों की शिक्षा और स्वास्थ्य की उपेक्षा, अल्पायु में विवाह, बलात्कार, बलात् वैश्याकरण आदि।

आधुनिक महिला जीवन हर क्षेत्र में पुरुषों से कंधे से कंधा मिलाकर चल रही हैं इसके बावजूद भी वे आज पूरी तरह से स्वतंत्र नहीं हो सकी हैं। संयुक्त राष्ट्र की रिपार्ट के अनुसार भारत की 24.5 करोड़ महिलाएँ शिक्षित नहीं हैं। 90% महिलाएँ ऐसी हैं जिन्हें अपने स्वास्थ्य से सम्बन्धित निर्णय लेने का अधिकार नहीं है। रिपोर्ट में वर्तमान समय में भी नवजात बच्चियों की हत्या तथा भ्रूण हत्या पर भी अधिक बल दिया गया है। पुरुष वर्ग नारी को अपनी दासी की संज्ञा देता है। समाज में आज भी नारी की सामाजिक दशा काफी दयनीय है और पुरुष वर्ग इन्हें अपने से नीचा दर्जा देते हैं। भारतीय समाज में जितनी परम्पराएँ रीति-रिवाज, धार्मिक अनुष्ठान पाए जाते हैं, वे सब पुरुषों द्वारा निर्मित हैं, इसके पीछे नारी का शोषण छिपा रहता है,

परन्तु इनको धार्मिक रूप देकर नारी को इसे स्वीकार करने पर मजबूर कर दिया जाता है।

विभिन्न युगों में स्त्रियों की स्थिति

पुराने समय से ही भारत में नारियों को उच्च स्थान प्राप्त था। कहा गया कि जहाँ नारियों की पूजा होती है वहाँ देवियों की पूजा होती है। कहीं नारी की पूजा रणचंडी दुर्गा के रूप में हुई है तो कहीं मां सरस्वती के रूप में। नारियों को सुन्दरता का प्रतीक भी कहा जाता है। जहाँ नारियों की पूजा होती हैं वहाँ देवता निवास करते हैं। लेकिन धीरे-धीरे नारियों के स्थान में लगातार गिरावट होती गयी। पुरुष भी नारियों को दुर्बल समझकर उनके अधिकार व कार्य सीमा पर बाधा उत्पन्न करने लगा। इसके परिणामस्वरूप एक ऐसा भी दौर आया जबकि नारियों की सीमा घर की चारदीवारी तक सीमित होकर रह गई। परिवार में कन्या के जन्म को अच्छा नहीं माना जाता था। आजादी के पश्चात् भारतीय समाज में नारियों की स्थिति काफी अच्छी होने लगी है। हमारे देश की नारियाँ आज हर क्षेत्र में परुषों की बराबरी करने का हरसंभव प्रयास कर रही हैं। भारतीय समाज में नारियों की स्थिति या स्थान का संक्षिप्त अध्ययन निम्नलिखित शीर्षकों के अन्तर्गत किया जा सकता है।

(1) वैदिक काल—भारतीय समाज वैदिक काल में नारी शिक्षा व विकास पर अधिक बल दिया जाता था। उन्हें समाज तथा परिवार में विशेष स्थान प्राप्त था। उन्हें शिक्षा, विवाह, धर्म आदि क्षेत्रों में पुरुषों के समान अधिकार दिये जाते थे। पत्नी परिवार में महत्वपूर्ण स्थान रखती थी। इसीलिए उसे अर्द्धांगिनी भी कहा जाता था। दोनों पति एवं पत्नी साथ-साथ यज्ञ करते थे। बिना नारी के धार्मिक कार्य संपन्न नहीं किये जा सकते थे।

(2) उत्तर वैदिक काल 600 ई. पू.से 300 ई. पू.—इस काल में नारियों की दशा में लगातार गिरावट होने लगी थी। नारियों को वेदपाठ की इजाजत नहीं थी तथा उनके यज्ञ करने पर रोक लगायी गयी। पति के परमेश्वर होने की भावना का बीजारोपण हुआ। विधवा पुनर्विवाह पर रोक लगा दी गयी थी और बाल-विवाह की शुरुआत हो गयी थी। धीरे-धीरे नारियों पर अनेक निषेध लगा दिए गए। इनसे उनकी प्रस्थिति काफी निम्न हो गई। लड़की पैदा होना परिवार के लिए अभिशाप माना जाने लगा। लेकिन इन सबके बावजूद नारी की स्थिति अत्यन्त दयनीय नहीं थी।

(3) धर्मशास्त्र युग—इस युग में तीसरी सदी से 11वीं सदी के पूर्वार्द्ध तक को स्मृति युग की संज्ञा दी जाती है। इसमें गिरावट स्पष्ट रूप से दिखाई देने लगी।

पति की सेवा करना ही धर्म बताया गया। वे पति का चयन नहीं कर सकती थीं। ऐसा माना गया कि नारियों को बाल्यपन पिता के संरक्षण में, युवावस्था पति के तथा वृद्धावस्था अपने बेटे के संरक्षण में बितानी चाहिए। बाल विवाह का जोर विवाह में कन्या की रुचि का अन्त, पुरुष का नारी पर पूर्ण नियन्त्रण, विधवा पुनर्विवाह का निषेध, सती प्रथा आदि से नारी की गिरती हुई दशा का अनुमान लगाया जा सकता हैं।

(4) मध्यकालीन युग—मध्यकाल में नारियों को दशा में और ज्यादा गिरावट आ गई। इस काल में स्त्री शिक्षा पूरी तरह समाप्त कर दी गई। कन्या की उम्र 8-9 वर्ष की होते ही विवाह किए जाने लगे। विधवा पुनर्विवाह प्रतिबन्धित हो गया। परदा प्रथा शुरू हो गई। सती प्रथा पर पूर्णतया रोक लगा दी गई। इस युग में मुख्य रूप से नारियों की आर्थिक पराधीनता, कुलीन विवाह प्रथा, अन्तर्विवाह, बाल विवाह, अशिक्षा और संयुक्त परिवार प्रणाली को ऐसे कारण माना गया है जिनसे नारियों की स्थिति में अत्यधिक गिरावट आ गई।

(5) वर्तमान युग—वर्तमान युग मध्य 19वीं सदी से आगे में भारतीय समाज में नारियों की स्थिति का अध्ययन दो उपशीर्षकों के अन्तर्गत किया जा सकता है—(अ) स्वतन्त्रता प्राप्ति से तथा (ब) स्वतन्त्रता प्राप्ति के बाद नारियों की दशा। आजादी प्राप्ति से पूर्व नारियाँ अनेक सामाजिक, आर्थिक, पारिवारिक व राजनीतिक निर्योग्यताओं का शिकार रहीं। इस युग में नारियों की निम्न प्रस्थिति बनाए रखने में अशिक्षा, आर्थिक पराधीनता, बाल विवाह, संयुक्त परिवार प्रणाली, वैवाहिक प्रथाएँ, कुलीन विवाह, बहुपत्नी प्रथा, विधवा पुनर्विवाह निषेध, दहेज आदि तथा मुसलमानों के आक्रमण आदि कारकों ने महत्वपूर्ण भूमिका निभाई। अंग्रेजी शासकाल में नारी की स्थिति में सुधार होना प्रारम्भ हुआ।

वर्तमान समय में भारतीय समाज में नारियों की दशा स्वतन्त्रता प्राप्ति के पूर्व काफी सुदृढ़ हो चुकी है। राजा राम मोहन राय, ईश्वरचन्द्र विद्यासागर, एनी बेसेन्ट तथा महात्मा गाँधी ने नारी उत्थान के लिए काफी कार्य किए। आज भारतीय नारी को अपना जीवन साथी चुनने का पूरा अधिकार प्राप्त है। आर्थिक क्षेत्र में वे पुरुषों के साथ कन्धे से कन्धा मिलाकर कार्य कर रही हैं। तलाक का अधिकार प्राप्त है। पारिवारिक सम्पत्ति में उन्हें उत्तराधिकार प्राप्त है। राजनीतिक क्षेत्र में भी नारियाँ पुरुषों से पीछे नहीं हैं।

भारतीय महिलाओं ने सामाजिक तथा राजव्यवस्था दोनों ही क्षेत्रों में महत्वपूर्ण भूमिका निभायी है। स्वतन्त्रता प्राप्ति के बाद शिक्षा के प्रसार, औद्योगीकरण व

नगरीकरण, एकाकी परिवारों की संख्या में बढ़ोत्तरी, नारियों में सामाजिक चेतना, अन्तर्जातीय व प्रेम विवाहों के प्रचलन, राजनैतिक चेतना तथा वैधानिक सुविधाओं जैसे कारकों ने नारियों को पुरुषों के बराबर लाकर खड़ा कर दिया है। राजनीति में प्रवेश के कारण नारियां शक्ति सम्पन्न पदों पर आसीन हो रही हैं।

स्त्रियों की आधुनिक दशा

भारतवर्ष में स्त्रियाँ काफी विकास कर रही हैं, अन्य राष्ट्रों की तुलना में महिलाएँ काफी अच्छी स्थिति में हैं। राजनीतिक क्षेत्र भी वे पुरुषों से कम नहीं रह पाई हैं। यह सब विवेचन भविष्य के लिए स्वर्णिम संकेत है कि भारतीय नारी के भावी जीवन से धीरे-धीरे सभी दूषित एवं सामाजिक बुराइयों का अंत हो जायेगा। वे अपना मानसिक विकास कर सकेंगी तथा पुरुषों से किसी क्षेत्र में पीछे नहीं रहेंगी। यह माना जा रहा है कि आर्थिक दृष्टि से भी वे किसी पर निर्भर नहीं रहेंगी। अब भारतीय नारी अबला न रहकर सबला बन गई है। हमारे देश में शिक्षा पर काफी बल दिया जा रहा है। आवश्यकता इस बात की है कि नारी को परिवार का न्यून सदस्य नहीं समझना चाहिए। समाज में स्थिति व सम्मान बढ़ा है पर घर की भूमिका में खास परिवर्तन न हो इसलिये संपूर्ण गृहकार्य उन्हीं के द्वारा पूर्ण किये जाते हैं। इसका असर उनकी सेहत पर भी पड़ता है।

भारतीय नारियों की प्रमुख समस्याएँ निम्नवत हैं–

(1) भारतीय नारियों की प्रमुख समस्याएँ–भारतीय समाज में पुरुषों का एकाधिकार है। भारत में परम्परात्मक रूप से पितृसत्तात्मक संयुक्त परिवार व्यवस्था का उल्लेख मिलता है जिसमें परिवार के पुरुष सदस्यों को तो अनेक अधिकार एवं सुविधाएँ प्राप्त हैं, किन्तु स्त्रियों को वे सभी अधिकार प्राप्त नहीं हैं। संयुक्त परिवार व्यवस्था में स्त्रियाँ दासी की तरह जीवन व्यतीत करती हैं। उनका जीवन खाना बनाने, बच्चों को जन्म देने, उनकी देखरेख करने एवं परिवार के सदस्यों की सेवा में ही बीत जाता है। स्त्रियाँ घरेलू हिंसा व मानसिक उत्पीड़न का शिकार रहती हैं। परिवार की शान बान के लिए उन्हें ऐसा करने के लिये बाध्य किया जाता है।

(2) वैवाहिक समस्याएँ–परिवार की तरह ही भारतीय स्त्रियों की प्रमुख समस्याओं का सामना करना पड़ता है जिनकी चर्चा निम्न बिन्दुओं में की जा रही है–

(1) वेश्यावृत्ति–वेश्यावृत्ति एक सामाजिक बुराई के रूप में अति प्राचीन समय से प्रचलित रही है। इस प्राचीन व्यवसाय का वर्तमान में व्यापारीकरण हुआ

है। यौन पवित्रता पर बल, बाल-विवाह, विधवा विवाह का अभाव, दहेज, जीवन स्तर को ऊँचा उठाने की इच्छा, गरीबी नारी की आर्थिक पराश्रितता, दुःखी वैवाहिक जीवन एवं स्त्रियों के लिए रोजगार के अपर्याप्त अवसर, आदि ऐसे कारण हैं जिन्होने इस बुराई को फैलाने में योग दिया है।

(2) विधवा पुनविवाह—यहाँ भी पुरुषों के समान अधिकार स्त्रियों को प्राप्त नहीं हैं।

(3) तलाक—बेमेल विवाह की स्थिति में पुरुषों का हथियार जिसका शिकार स्त्री होती हैं।

(4) स्वास्थ्य सम्बन्धी समस्याएँ—गरीबी, बेकारी, स्वास्थ्य के नियमों के प्रति अज्ञानता, चिकित्सा सुविधाओं का अभाव एवं व्यापक बीमारियाँ। चूँकि भारतीय समाज पुरुष-प्रधान है, अतः पुरुषों के स्वास्थ्य का तो फिर भी ध्यान रखा जाता है, किन्तु स्त्रियों के स्वास्थ्य की तरफ समुचित ध्यान नहीं दिया जाता है। इसी कारण यहाँ लिंग अनुपात में पुरुषों की अधिकता, स्त्रियों में मृत्यु-दर की प्रबलता एवं जीवन अवधि कम हैं। असमान लिंग अनुपात, स्त्रियों की औसत आयु में कमी एवं मृत्यु-दर की अधिकता के लिए, बाल-विवाह, प्रसव काल में स्त्रियों की मृत्यु, स्त्रियों की आर्थिक पराश्रितता, लड़कियों की अपेक्षा लड़कों को अधिक महत्व देना, कुपोषण एवं स्वास्थ्य सेवाओं का अभाव आदि उत्तरदायी हैं। अधिकांशतः महिलाओं में यौन सम्बन्धी रोग भी अधिक देखने को मिलते हैं।

(5) बहुपत्नी विवाह—एक आदमी अनेक स्त्रियों से विवाह कर सकता है।

(6) बाल-विवाह अथवा कम आयु में विवाह कर देना।

(7) दहेज अथवा अभिशाप के रूप में स्त्री के विवाह पर समाज की देन।

(8) शैक्षिक समस्याएँ—भारत में साक्षरता दर संतोषजनक नहीं है। स्त्रियों में तो यह प्रतिशत और भी निम्न हैं। 1991 में महिलाओं में साक्षरता का प्रतिशत 39.29 व पुरुषों का 64.13 था जो 2001 में बढ़कर क्रमशः 54.16 व 75.85 हो गया। यह दर भिन्न-भिन्न राज्यों में एक समान नहीं है। केरल में साक्षरता का प्रतिशत सर्वाधिक है, जबकि बिहार व झारखण्ड में शिक्षा का स्तर काफी कम है। बिहार में तो स्त्रियों की साक्षरता का प्रतिशत केवल 33.57 प्रतिशत है। जो कि देश में काफी कम है। 2001 की जनगणना के अनुसार देश में 18.95 करोड़ स्त्रियाँ निरक्षर हैं। भारत में नगरों की तुलना में गाँवों में तो स्त्री साक्षरता बहुत कम हैं। डॉक्टरी, इंजीनियरिंग, वकालत एवं अन्य तकनीकी शिक्षा प्राप्त करने वाली लड़कियों की संख्या तो और भी कम हैं। स्त्रियों को

शिक्षा न दिलाने का कारण पर्दा प्रथा और स्त्रियों की पुरुषों पर निर्भरता एवं उनका कार्य क्षेत्र घर तक ही सीमित होना है।

(9) पर्दा-प्रथा—स्त्रियों का यह कर्त्तव्य है कि वे घूँघट निकालें और अन्य पुरुषों से दूरी बरतें, उनके सामने खुले मुँह बात न करें। पर्दा-प्रथा के कारण स्त्रियों का व्यक्तित्व पूर्ण रूप से विकसित नहीं हो पाता है, वे शिक्षा ग्रहण करने से वंचित रह जाती हैं तथा इससे स्वास्थ्य पर भी काफी बुरा प्रभाव पड़ता है। वर्तमान में धीरे-धीरे यह प्रथा का अन्त होता जा रहा है।

(10) सामाजिक-समस्याएँ—स्त्रियों में स्त्री-पुरुषों की भूमिका में विभेद करने की मनोवृत्ति पाई जाती है। यद्यपि भारतीय संविधान में स्त्री-पुरुषों के मध्य अधिकारों की समानता पर बल दिया गया है। स्त्रियाँ चाहे खेतों में, कारखानों में, भवन-निर्माण एवं खदानों में काम करें और चाहे सफेदपोश नौकरियाँ करें, उनसे उसी प्रकार घर के सारे काम उन्हें ही पूर्ण करने पड़ेंगे जिस प्रकार एक घरेलू स्त्री करती है। बाहरी दुनिया में उन्हें पुरुषों के समान समस्त अधिकार प्राप्त नहीं है। समुदाय के लिए निर्णय लेने, राजनीतिक शक्ति का प्रयोग करने, गाँव एवं जाति-पंचायत में भाग लेने, आदि कार्यो को पुरुषों तक ही सीमित किया गया है। घर के बाहर पुरुष चाहे शरीरिक श्रम का कार्य करे, लेकिन वही कार्य घर में करना वे अच्छा नहीं मानते हैं और स्त्री से ही उसे करने की उम्मीद की जाती है।

(11) आर्थिक समस्याएँ—भारत में पुरुषों की अपेक्षा में स्त्रियों को कम वेतन एवं पारिश्रमिक दिया जाता है। चाहे वह कृषि का क्षेत्र हो, उद्योग हो या कोई अन्य क्षेत्र हो, अधिकांशतः महिलाएँ कृषि-कार्य से ही सम्बन्धित हैं। इसके अतिरिक्त वे खनन, पशुपालन एवं श्रमिक कार्य में भी लगी हुई हैं। उच्च पदों पर आसीन स्त्रियाँ तो गिनती की हैं। संयुक्त परिवार प्रणाली, पुरुषों पर निर्भरता, स्त्री अशिक्षा, अज्ञानता, पर्दा प्रथा, रूढ़िवादिता आदि कारणों से स्त्रियों का मस्तिष्क अधिक विकसित नहीं कर सका। वह घर के कामों में लग गयीं और वे अक्सर कमाने के लिए बाहर नहीं आतीं, फलस्वरूप उन्हें अपने भरण-पोषण तक के लिए पुरुषों पर निर्भर करना पड़ता है। निम्न आर्थिक दशा के कारण परिवार एवं समाज में भी उन्हें उच्च स्थान प्राप्त नहीं था। उन्हें कई प्रकार से प्रताड़ित किया जाता था।

अतः यह नितांत अनिवार्य है कि भारतीय समाज में नारियों का सही स्थान निर्धारित करने के लिए विभिन्न प्रकार की समस्याओं का निदान करने के साथ-साथ उनके विकास को उत्तरोत्तर बनाये रखने के लिए हमें पर्याप्त ध्यान देना चाहिए।

नारी उत्थान के प्रयास

(1) स्त्रियों के लिए सामाजिक-आर्थिक कार्यक्रम—केन्द्रीय समाज कल्याण बोर्ड द्वारा 1958 ई॰ से प्रारम्भ इस कार्यक्रम के तहत जरूरतमन्द व शारीरिक रूप से अक्षम नारियों को काम और मजदूरी के अवसर उपलब्ध कराने के लिए वित्तीय सहायता दी जाती है। निम्न आय वाली कार्यरत नारियों के लिए शहरों व महानगरों में सस्ते एवं सुरक्षित आवास उपलब्ध कराता है।

(2) स्त्री शिक्षा—सामाजिक-आर्थिक गति को तेज करने में लड़कियों और महिलाओं की शिक्षा के महत्व को स्वीकार करते हुए सरकार ने समय-समय पर इस दिशा में अनेक कदम उठाए हैं। राष्ट्रीय शिक्षा नीतिं में व्यवस्था है कि शिक्षा को स्त्रियों के स्तर में बुनियादी परिवर्तन लाने के साधन के रूप में प्रयोग में लाया जाएगा।

(3) विधायी उपाय—सरकार ने अनेक विधायी उपायों द्वारा भी स्त्री की दशा में सुधार करने तथा उन्हें पुरुषों के समान अधिकार दिलवाने का प्रयास किया है। कुछ निम्नलिखित अधिनियम है जिनका अनुपालन न किया जाना दंडनीय अपराध है—

1. हिन्दू विवाह अधिनियम, 1955
2. समान पारिश्रमिक अधिनियम, 1976
3. कारखाना संशोधन अधिनियम, 1976
4. बाल-विवाह अवरोधक संशोधन अधिनियम, 1978
5. अनैतिक व्यापार निवारण कानून, 1986
6. दहेज निषेध संशोधन कानून, 1986
7. स्त्री का अभद्र चित्रण निषेध अधिनियम, 1986
8. कमीशन आफ सती निरोधक अधिनियम 1987।

सन् 70 के दशक में नारी के विकासशील मुद्दों का केन्द्र कल्याण पर सबसे अधिक बल दिया गया था जिसका प्रमुख उद्देश्य 80 के दशक में संपूर्ण क्षेत्र में विकास करना था। तत्पश्चात् 90 के दशक में सशक्तिकरण पर आधारित था। 21वीं सदी में महिला उत्थान के मुद्दों में सर्वाधिक चर्चा महिला आरक्षण विधेयक हुई है। इसके अन्तर्गत नारी को विधानसभा, लोकसभा, ग्राम पंचायत इत्यादि राजनीतिक संस्थाओं में 33% प्रतिनिधित्व देने का प्रस्ताव है। जिससे नारी को ज्यादा से ज्यादा राजनीतिक संस्थाओं में हिस्सेदार बनाया जा सके।

(4) रोजगार तथा आमदनी बढ़ाने में सहायक इकाइयाँ—इस योजना की शुरुआत वर्ष 1982-1983 में नार्वे की अन्तर्राष्ट्रीय विकास संस्था के सहयोग से हुई थी। इस कार्यक्रम से गरीब ग्रामीण नारियाँ, अनुसूचित जाति व जनजाति जैसे कमजोर वर्गों की नारियों, युद्ध में मारे गए सैनिकों तथा कार्यक्रम क्रियान्वयन में लगे संगठनों के मृत कर्मचारियों की विधवाओं सहायता प्रदान की जाती है। नारी प्रशिक्षण तथा रोजगार कार्यक्रम में सहायता में नारियों के काम करने वाले क्षेत्रों जैसे कृषि, दुग्ध उत्पादन, पशुपालन, मछली पालन, खादी व ग्रामोद्योग, कथकरघा, हस्तशिल्प और रेशम विकास आदि में नारी को रोजगार प्रदान करने के लिए इसकी शुरुआत की गई है। इस प्रकार के विकास से जहाँ नारियों की समस्याओं का अंत करना होगा साथ-ही-साथ वे आत्म निर्भर भी बनेंगी।

(5) स्त्रियों पर अत्याचार पर रोक लगाने का प्रयास—स्त्रियों पर होने वाले प्रताड़नाओं को रोकने के लिए शैक्षिक कार्य की एक योजना शत-प्रतिशत अनुदान देकर स्वैच्छिक संगठनों के द्वारा इसे मूर्त रूप दिया जा सकता है। इस योजना के तहत सामाजिक कार्यकर्ताओं और सरकारी अधिकारियों सहित दूसरे लोगों के लिए प्रशिक्षण शिविरों का आयोजन कानूनी शिक्षा प्रशिक्षण शिविर, स्त्रियों के लिए परा-कानूनी प्रशिक्षण/लोक अदालतें/ कानूनी शिक्षा की पुस्तिकाएँ, मार्गदर्शिकाएँ, आरम्भिक किताबें आदि बनाना तथा परम्परागत माध्यमों द्वारा नारियों पर हो रहे प्रताड़नाओं की समुचित जानकारी लोगों को प्रदान करने के लिए कई हेतु कार्यक्रम चलाए जाते हैं।

कई स्वैच्छिक संगठन बाल विवाह, दहेज प्रथा और और लड़कियों की पढ़ाई समाप्त करने जैसी कुरीतियों के उन्मूलन के लिए जनमत तैयार करने तथा उन सहयोग प्राप्त करने के कार्य में सक्रिय रूप से जुड़े हुए हैं।

(6) प्रौढ़-स्त्रियों के लिए शिक्षा के सघन पाठ्यक्रम—केन्द्रीय समाज कल्याण बोर्ड द्वारा 1958 ई में शिक्षा के सघन पाठ्यक्रम शुरू किए गए जिनका उद्देश्य जरूरतमन्द नारियों को रोजगार के नवीन साधन उपलब्ध कराना तथा प्राथमिक पाठशाला के शिक्षकों बाल सेविकाओं नर्सों, स्वास्थ्य परिचारिकाओं, दाइयों और विशेषतः ग्रामीण इलाकों में परिवार नियोजन कार्यकर्ताओं का एक सक्षम तथा प्रतिशिक्षित वर्ग तैयार करना था।

(7) स्वास्थ्य व बाल कल्याण सेवाएँ—केन्द्र सरकार ने राष्ट्रीय स्वास्थ्य नीति 2002 को मंजूरी देकर पूरे देश में एक समान चिकित्सा सेवाएं उपलब्ध करने का अपना विकल्प दोहराया है सरकार द्वारा सन् 2010 तक सकल घरेलू उत्पाद का 6%

स्वास्थ्य क्षेत्र पर व्यय किया जाएगा और राज्य सरकार को भी निर्देश दिया गया है कि महिला व बाल कल्याण सेवाओं के संचालन में कोई ढील न डालें। प्राथमिक स्वास्थ्य सेवाओं के लिए सुरक्षित कोष उपलब्ध हों और इन सेवाओं पर संरचनात्मक सुविधाएँ उपलब्ध कराई जाएगी।

वर्तमान में महिला उन्नति की झलक—इस सन्दर्भ में **सचान ने** लिखा कि—अगर हम भारतीय समाज पर दृष्टिपात करें तो हम पाएँगे कि चन्द वर्षों में ही महिलाओं ने अपनी सफलता के ऐसे झंडे गाड़े हैं, जो भले ही उनके समक्ष नई समस्याएँ पैदा करने वाले कारक बने हों, पर पुरानी रूढ़ियाँ हिल गई हैं। आज भारत में महिलाएँ न्यायिक सेवा में हैं, और करीब 20 महिला जज हैं। सेना में भी महिलाओं का प्रवेश हो चुका है, महिला थाने भी खुल चुके हैं और विमान पायलट भी महिलाएँ हैं। चिकित्सक हैं। कुल मिलाकर शायद ही कोई ऐसा क्षेत्र हो, जो महिलाओं की हलचल से अछूता हो। पिछले दस सालों में भारतीय महिलाओं ने अपनी स्थिति में अभूतपूर्व सुधार किया है।

भारतीय मूल की डॉ. कल्पना चावला को नासा के अन्तरिक्ष यात्री दल के लिए चुने गए सिविलियन मिशन विशेषज्ञों के दल में शामिल किया गया। दुर्भाग्यवश डॉ॰ कल्पना चावला की दूसरी बार अन्तरिक्ष यात्रा के दौरान सन् 2003 में मृत्यु हो गई। प्रसिद्ध धाविका रोसा कुट्टी एवं भारोत्तोलिका मल्लेश्वरी को अर्जुन पुरस्कार मिला। मल्लेश्वरी को बिड़ला फाउण्डेशन पुरस्कार और सन् 2000 में सिडनी ओलम्पिक्स में कांस्य पदक भी मिला। भाग्यश्री थिप्से ने एशियन जोनल शतरंज चैम्पियनशिप में इण्टरनेशनल वुमेन मास्टर का खिताब हासिल किया। संसार के सबसे बड़े लोकतन्त्र में अखिल भारतीय कांग्रेस के अध्यक्ष पद श्रीमती सोनिया गाँधी को सौंपा गया। भारत की प्रथम भारतीय पुलिस सेवा अधिकार श्रीमती किरण बेदी को 1994 में महानिरीक्षक कारगार, दिल्ली के पद पर रहते हुए उनकी सराहनीय सेवाओं और जेल सुधार कार्यों के लिए प्रसिद्ध रोमन मैग्सेसे पुरस्कार से सम्मानित किया गया था।

इसके अतिरिक्त यदि भारतीय इतिहास का गहन अध्ययन किया जाय तो स्वतंत्रता आंदोलन में महिलाओं द्वारा किये जाने वाले योगदान की काफी चर्चा की गई है।

भारतीय नारी की ये सब उपलब्धियाँ सत्य हैं, पर उतना ही सच है उनकी दशा का अन्धकार पक्ष। हमें इस सत्य को नहीं कभी विस्मृत करना चाहिए कि ये सब उपलब्धियाँ शहरी महिलाओं तक ही सीमित हैं। वास्तविकता यह है कि भारतीय गाँवों

और नगरों के रूढ़िवादी परिवारों में स्त्रियों को काफी निम्न स्तर से देखा जाता है। स्त्रियों की उच्च स्थिति का वर्णन करते समय स्त्रियों की दशा के इस पक्ष को भी नहीं भूलना चाहिए। बिहार, राजस्थान, तमिलनाडु आदि राज्यों में नवजात बच्चियों, कन्या भ्रूण की हत्याएँ आज भी बड़ी संख्या में की जा रही हैं, क्यों महिलाओं पर अत्याचारों-बलात्कार, दहेज-हत्याएँ आदि का सिलसिला अभी थमा नहीं हैं। भारत में हर वर्ष दहेज हत्याएँ बढ़ रही हैं, पर दहेज के कारण वधुओं की हत्या करने वालों को सजा नहीं दी जाती है। संयुक्त राष्ट्र संघ की वार्षिक रिपोर्ट में भारत के महिला विकास मापदण्ड को 99वाँ स्थान दिया गया है, आर्थिक एवं राजनीतिक निर्णयों में महिलाओं की भागीदारी के मामले में भारत को 116 राष्ट्रों में 101वाँ स्थान प्राप्त है।

3

हिन्दू विवाह व्यवस्था

विवाह ऐसी रीति है जो हमें समाज से अथवा सामाजिक कर्तव्यों से जोड़ता है, यह परम्परा भी है और सामाजिक आवश्यकता भी, जिसके द्वारा समाज में व्यभिचार भी काफी हद तक कम होता है, विवाह कोई वंश बढ़ाने के लिए करता है तो कोई सामाजिक रीतियों के बन्धकर व्यभिचार करने के लिए परन्तु यह एक कटु सत्य है कि विवाह करे बिना न तो घर वाले चैन लेने देते हैं न ही समाज वाले, शायद घर वालों से भी अधिक चिन्ता समाज को होती है, इस कार्य को सफल बनाने के लिए समाज अपनी पूरी भूमिका निभाता है। इसके लिए अनेक प्रकार की संस्थाएँ बनी हुई हैं। रीति के अनुसार किसी भी प्रकार से विवाह किया जा सकता है चाहे वह कानूनी हो, आर्यसमाजी हो, निकाह हो या सामाजिक स्वरूप हो, दो विपरीत लिंगों को विवाह के द्वारा जिस सूत्र में बाँधा जाता है, वह नैतिक स्वरूप कहलाता है। जिस विवाह की सूचना दूसरों को न देकर अकेले में किया जाने वाला गन्धर्व विवाह जो प्रामाणिक न हो मान्य नहीं कहलाता। यह एक ऐसी संस्था है जो कुरीतियों को भी करता है तथा व्यभिचार को भी बढ़ावा देता है।

विवाह को संस्कृति का एक आवश्यक अंग कहा जाता है क्योंकि यह वह साधन है जिसके आधार पर समाज की प्रारम्भिक इकाई यानी परिवार का निर्माण होता है। विवाह एक असामान्य लेकिन सामान्य घटना हैं। विवाह संस्था का जन्म समाज द्वारा मान्यता प्राप्त ढंग से स्त्री-पुरुष की यौन सम्बन्धी अनिवार्यता पूरा करने के लिए किया जाता है तथा उसे एक निश्चित तरीके से नियन्त्रित करने एवं स्थिर रखने और परिवार को स्थायी रूप देने के लिए होता है। व्यक्तिगत दृष्टिकोण से विवाह की आवश्यकता यौन सम्बन्धी इच्छाओं की पूर्ति एवं सन्तान प्राप्ति की स्वाभाविक इच्छा पूर्ति तथा शरीर का स्वस्थ निर्वाह और मानसिक शक्ति प्राप्त करने के लिए विवाह संपन्न कराये जाते हैं।

विवाह की सामान्य परिभाषा

बोगार्डस के अनुसार, विवाह स्त्री तथा पुरुष को पारिवारिक जीवन में प्रवेश करवाने की एक संस्था है। **वेल्टरमार्क** के शब्दों में विवाह एक या अधिक पुरुषों का एक या अधिक स्त्रियों के साथ होने वाला वह सम्बन्ध है जिसे प्रथा या कानून स्वीकार करता है और जिसमें विवाह करने वाले व्यक्तियों के और उनसे पैदा हुए सम्भावित बच्चों के बीच में एक-दूसरे के प्रति होने वाले अधिकारों और कर्त्तव्यों का समावेश होता है। संक्षेप में विवाह समाज में मान्यताप्राप्त किसी प्रथा या नियम के अनुसार दो या अधिक स्त्री-पुरुषों के यौन सम्बन्धों को नियमित करने की यह संस्था है जिसका उद्देश्य घर बसाना तथा बच्चों की देख-भाल करने के लिये एक स्थायी रूप प्रदान करना है।

हिन्दू-विवाह के प्राचीन स्वरूप

हिन्दू विवाह के अन्तर्गत कई प्रकार की वैवाहिक संस्थाओं का उल्लेख किया गया है जिनकी चर्चा विभिन्न स्मृतिकारों द्वारा की गई है। उदाहरणार्थ वशिष्ठ केवल छः प्रकार के विवाह मानते हैं जबकि मनु ने हिन्दू-विवाह के आठ प्रकारों का उल्लेख किया है। सामान्य रूप से मनु द्वारा उल्लेखित निम्नलिखित विवाह के आठ प्रकारों को अधिक महत्वपूर्ण माना जाता है जिस पर निम्न बिन्दुओं में प्रकाश डाला जा रहा है–

(1) ब्राह्म विवाह–वर कन्या दोनों यथाविधि ब्रह्मचर्य से पूर्ण, विद्वान, धार्मिक और सुशील हो, उनका परस्पर प्रसन्नता से विवाह होना ब्राह्म विवाह कहलाता है। इस प्रकार विवाह में कन्या के माता-पिता अपनी खुशी से एक विद्वान और योग्य वर को अपनी कन्या के लिये चुनते हैं, उसे अपने घर पर आमन्त्रित करते है और कन्या को वस्त्र, अलंकार आदि से सुसज्जित करके उस वर को दान करते हैं।

(2) दैव विवाह–इस प्रकार के विवाह में कन्या के पिता एक यज्ञ की व्यवस्था करते हैं और वस्तु तथा आभूषण से सुसज्जित कन्या का दान उस व्यक्ति को किया जाता है जो उस यज्ञ को उचित ढंग से पूरा करता है। संक्षेप में पूरे यज्ञ करने में कुशल पुरोहित को अलंकारयुक्त कन्या को देना ही दैव विवाह है। इस विवाह का प्रचलन प्राचीनकाल में अधिक था, क्योंकि उस समय यज्ञ का बहुत महत्व था। परन्तु आज न तो यज्ञों का उतना महत्व है और न ही दैव विवाह का प्रचलन।

(3) प्राजापत्य विवाह–इस प्रकार के विवाह के अन्तर्गत वर तथा वधू को

वैवाहिक सूत में बाँध दिया जाता है तत्पश्चात्‌ मृहस्थ धर्म का उपदेश दिया जाता है तथा जीवन सुखी एवं समृद्धिशाली हो यह कहकर विधिवत्‌ वर की पूजा करके कन्या का दान ही प्राजापत्य विवाह है। सत्यार्थ प्रकाश के अनुसार वर और वधू दोनों का विवाह धर्म की वृद्धि के लिए हो, यह कामना ही प्रजापत्य का आधार है। प्राजापत्य विवाह तथा बाह्म विवाह दोनों एक समान ही होते हैं। कुछ विद्वानों के मतानुसार प्रारम्भ में प्राजापत्य था ही नहीं। इस प्रकार विवाह के प्रकारों को बढ़ाते हुए प्राजापत्य विवाह को भी इसके साथ जोड़ दिया गया। अतः आठ तरह के विवाहों का उल्लेख किया गया है।

(4) आसुर विवाह—आसुर विवाह में विवाह के लिए इच्छुक व्यक्ति को कन्या के पिता या अभिभावक को कन्या मूल्य चुकाना पड़ता है। इसके अनुसार कन्या का कुछ मूल्य पहले ही निश्चित हो जाता है और उसे चुकाये बिना विवाह नहीं हो सकता। इस मूल्य की कोई सीमा नहीं होती। प्रायः यह कन्या के गुण और परिवार के आधार पर निश्चित होता है। ऊपरी तौर पर ऐसा लगता है कि आर्ष विवाह और आसुरी विवाह एक समान हैं क्योंकि दोनों में ही वर-पक्ष कन्या पक्ष को कुछ न कुछ वस्त्र या धन देता है। परन्तु वास्तव में ऐसी बात नहीं है। सच यह है कि दोनों ही प्रकार के विवाह में वर-पक्ष कुछ वस्तु या धन देता है, पर इस देने के उद्देश्य तथा आधार में भारी अन्तर है। आर्ष विवाह में जो गाय और बैल दिया जाता है वह कन्या-मूल्य नहीं है केवल इस बात का प्रमाण है कि ऋषि विवाह करने को इच्छुक है और जो कुछ वह अपने भावी ससुर को दे रहे हैं वह ऋषि-कृतज्ञता का प्रतीक है, परन्तु आसुर विवाह में जो कुछ भी दिया जाता है, वह वास्तव में कन्या-मूल्य ही होता है और उसे चुकाये बिना विवाह नहीं हो सकता। साथ ही यह कन्या-मूल्य आर्ष विवाह की तरह निश्चित भी नहीं होता और यह कन्या के गुण और परिवार के आधार पर ज्यादा या कम हो सकता है। लेकिन आर्ष विवाह में कन्या के माता-पिता को निश्चित रूप में एक गाय और बैल अथवा दो जोड़े गाय या बैल मिलते हैं। इन सभी भेदों के परिणामस्वरूप ही इस प्रकार के विवाहों को दो अलग-अलग नामों से पुकारा जाता है तथा इन्हें दो भागों में विभाजित किया जाता है। उच्च जाति के हिन्दुओं में आसुर विवाह बहुत को अच्छा नहीं माना जाता है। नीच जाति के लोगों में और जनजातियों में इसका विशेष प्रचलन है।

(5) गन्धर्व विवाह—इस प्रकार के विवाह के अंतर्गत वर-वधू के मध्य प्रेम संबंध का होना आवश्यक बताया गया है तथा इस प्रकार विवाह उनकी इच्छा के अनुसार होता है तथा वे बिना अपने माता-पिता की अनुमति इस प्रकार के विवाह

में विशेष महत्व नहीं होता है। इस प्रकार के विवाह में शरीर-संयोग विधिवत् विवाह होने के पूर्व ही हो सकता है, परन्तु उचित विधियों को कर लेने के बाद ही ऐसे विवाह को समाज मान्यता प्रदान करता है। सत्यार्थ प्रकाश के अनुसार अनियम, असमय इसी कारण से दोनों की इच्छापूर्वक वर कन्या का परस्पर संयोग होना गान्धर्व विवाह है। कामसूत्र में इस प्रकार के विवाह को आदर्श विवाह की संज्ञा दी जाती है।

(6) आर्ष विवाह—ऋषि तथा आर्य विवाह एक दूसरे से काफी जुड़े हुए हैं बौद्धिक तथा आध्यात्मिक शक्ति व चरित्र के लिये ऋषियों का आदर किया जाता था और उनमें ऐसी बुद्धिमान सन्तति की उत्पत्ति की आशा की जाती थी जिस पर संपूर्ण परिवार तथा समाज को काफी गर्व होता है। इसीलिए ऐसे ऋषियों से अपनी कन्या का विवाह कर देने को सभी माता-पिता अत्यधिक इच्छुक रहते थे। परन्तु चूँकि ऋषि लोग प्रायः विवाह के सम्बन्ध में उदासीन हुआ करते थे इसलिए विवाह करने को इच्छुक ऋषि को अपने भावी ससुर को एक गाय अथवा एक बैल अथवा इनके दो जोड़ों का दान देना पड़ता था जिससे यह साबित किया जा सके ऋषि भी विवाह करने के पक्ष में हैं, स्वीकार कर लिया है। इस प्रकार की भेंट लेकर कन्या के माता-पिता कन्या को ऋषि की पत्नी के रूप में सौंप देते थे और उन दोनों को इसके पश्चात् पवित्र गृहस्थ धर्म निर्वाह करने का अवसर प्रदान करते थे।

(7) राक्षस विवाह—इस प्रकार का विवाह कन्याओं से जबरन किया जाता है जो ज्यादातर युद्ध के द्वारा अथवा धोखे से की जाती है। यह विवाह उस समय अधिक होता था जब युद्ध का महत्व अधिक था और स्त्रियों को युद्ध के बल पर जीता जाता था जो अपने आप में काफी गौरवपूर्ण माना जाता था। इस प्रकार स्त्रियों को युद्ध का पुरस्कार की दृष्टि से देखा जाता था और उसे हासिल करने के लिए कन्या पक्ष के लोगों पर हमला कर दिया जाता था और शक्ति के बल पर कन्या को जबरन उठाकर उन्हें वैवाहिक सूत में बाँध दिया जाता था चूँकि युद्ध प्रत्यक्ष सम्पर्क क्षत्रियों का था इस कारण इस प्रकार का विवाह विशेष रूप से क्षत्रियों द्वारा ही किया जाता था। इसलिए इसे क्षात्र-विवाह की संज्ञा दीं जाती है।

(8) पैचाश विवाह—इस प्रकार का विवाह भी स्त्रियों से जबरन ही किया जाता है इस दौरान वधू अपने होशो हवास में नहीं होती है। वह या तो सुप्तावस्था में होती है अथवा मदिरा आदि का सेवन कर नशे में होती है उसी दौरान उनसे किसी न किसी प्रकार की जबरदस्ती या धोखा देकर यौन-सम्बन्ध कर लिया जाता है, इस प्रकार के विवाह को पैचाश विवाह की संज्ञा दी जाती है। विवाह संस्कार पूरा कर

लेने के बाद इस प्रकार के स्त्री-पुरुष को भी समाज वर-वधू के रूप में अपनी स्वीकृति प्रदान कर देता है, जिससे कि पुरुष की काम वासना के शिकार होने के फलस्वरूप उस लड़की का जीवन नर्क होने से बच जाये।

मनुस्मृति के अन्तर्गत ब्राह्मणों के लिए प्रथम चार प्रकार के विवाह ब्राह्म, दैव, आर्य और प्राजापत्य को श्रेष्ठ माना गया है, क्षत्रिय के लिए आर्ष, प्राजापत्य, आसुर और गन्धर्व ये चार विवाह श्रेष्ठ हैं वैश्य और शूद्रों के लिए ये ही चार विवाह को धार्मिक मान्यता प्राप्त है। क्षत्रियों के लिये राक्षस विवाह की भी अनुमति मनु देते है, क्योंकि युद्ध करना क्षत्रियों का धर्म है और उस युद्ध में स्त्रियों को विजय-पुरस्कार के रूप में प्राप्त करना उनके गौरव की बात है। मनु के अनुसार पैचाश विवाह किसी भी वर्ण के लिये योग्य, उचित या धर्मानुकूल नहीं हैं मनु 3/23/25। इस प्रकार के विवाह से उत्पन्न सन्तान निर्लज्ज, मिथ्यावादी एवं ब्राह्मणों व धर्मों के शत्रु होते हैं जबकि ब्राह्म आदि प्रथम चार प्रकार के विवाहों से उत्पन्न पुत्र ब्रह्मतेजस्वी, रूपवान, गुणवान, धर्मात्मा और 100 वर्ष की आयु वाले होते हैं-- मनु, 3/39/-41। कौटिल्य का मत है कि उपरोक्त आठ प्रकार के विवाहों में प्रथम चार प्रकार के विवाह पिता की सलाह से होने के कारण धर्मानुकूल विवाह हैं कौटिल्य अर्थशास्त्र अधि, 3 आध्या, 2/10। इस प्रकार के विवाह करने वाले पति, पत्नी व उनकी सन्तानों के लिये स्त्री धन, पारिवारिक सम्पत्ति, सामाजिक अधिकार आदि के सम्बन्ध में अनेक सुविधाओं का विधान कौटिल्य करते हैं।

विवाह के सामान्य उद्देश्य

विवाह का सर्वप्रमुख उद्देश्य स्त्री और पुरुष यौन-सम्बन्धों को नियमित करना तथा सन्तानोत्पत्ति के सामाजिक कार्य में योग देना। सन्तानोत्पत्ति के बाद एक नवीन समस्या यह उत्पन्न होती है कि उन असहाय बच्चों का लालन-पालन कैसे हो। पशु-पक्षियों के बच्चों को अपने माता-पिता की उतनी आवश्यकता नहीं होती जितनी की मनुष्यों के बच्चों को। इस कारण यौन-सम्बन्ध तथा सन्तान उत्पत्ति के बाद बच्चों के लालन-पालन के लिये एक घर, निवास या गृहस्थी की आवश्यकता होती है। विवाह की उत्पत्ति इस आवश्यकता की पूर्ति के लिये भी हुई है। कुछ विद्वानों के अनुसार विवाह का एकमात्र उद्देश्य स्त्री-पुरुष के यौन-सम्बन्ध को स्थापित करना है। परन्तु यह विचार भ्रामक है। यौन-सम्बन्धी इच्छाओं की पूर्ति मात्र को विवाह का उद्देश्य मानना गलत होगा क्योंकि इनकी पूर्ति विवाह सम्बन्ध के अतिरिक्त भी हो

सकती है। इसीलिए इसी को एकमात्र और अन्तिम उद्देश्य मान लेना विवाह के परम उद्देश्य का अवहेलना करना होगा। शरीर के स्वस्थ निर्वाह के लिये और मानसिक शान्ति के लिए भी विवाह आवश्यक है। मनुष्य केवल यौन इच्छाओं की पूर्ति के लिए ही जीवित नहीं रहता, उसकी आर्थिक, सामाजिक तथा वैयक्तिक अन्य अनेक आवश्यकतायें तथा इच्छाएँ होती हैं, जिनके लिए उसे किसी न किसी प्रकार के संगठन की आवश्यकता होती है। इस संगठन का एक प्राथमिक आधार परिवार होता है जो विवाह के द्वारा ही बसाया जाता है। इस तरह विवाह कई प्रकार के आर्थिक तथा सामाजिक उद्देश्यों की पूर्ति हेतु किया जाता है। विवाह और मानव जाति की निरन्तरता को बनाये रखने का एक मुख्य साधन है। जो सपना मनुष्य स्वयं पूरा नहीं कर पाता है वह अपने बच्चों द्वारा पूरा करना चाहता है। मनुष्य की कई आकांक्षाएँ और अभिलाषाएँ संतान से पूर्ण होती हैं। संतान द्वारा उसके पेशा को सुरक्षा प्रदान करना नहीं होता है। वंश की परम्परा या सांस्कृतिक प्रतिभा भी हमेशा बने रहते हैं। इस प्रकार व्यक्तिगत दृष्टिकोण से विवाह का उद्देश्य यौन-सम्बन्धी तथा मानसिक इच्छाओं पूरा करना और सामाजिक दृष्टिकोण से समाज तथा संस्कृति दोनों के अस्तित्व व निरन्तरता को बरकरार रखना है।

मुरडॉक के अनुसार–संसार के विभिन्न क्षेत्रों में पाये जाने वाले दफ्त समाजों के विवाह के उद्देश्य के सन्दर्भ में, तुलनात्मक अध्ययन करके यह निष्कर्ष निकालने का प्रयास किया है कि मानव-समाजों में विवाह के मुख्य रूप से तीन प्रमुख उद्देश्यों की चर्चा की गई है प्रथम, यौन-सम्बन्धी इच्छाओं की पूर्ति द्वितीय, आर्थिक सहयोग और तृतीय बच्चों की देखभाल करना। मुरडॉक के अनुसार प्रथम अर्थात् यौन-सम्बन्धी आनन्द विवाह का एकमात्र उद्देश्य है, इस प्रकार के विवाह का उल्लेख किसी भी समाज में नहीं मिलता, क्योंकि ऐसे भी समाज हैं जहाँ कि पति और पत्नी को एक-दूसरे के साथ ही नहीं बल्कि अन्य व्यक्तियों के साथ भी यौन-सम्बन्ध स्थापित करने के लिये स्वतंत्र होता है और कुछ ऐसे समाज भी हैं जहाँ पति-पत्नी आपस में यौन-सम्बन्ध स्थापित नहीं करते हैं। अतः कहा जाता है कि किसी भी समाज में मात्र यौन सम्बन्ध स्थापित करने के उद्देश्य से विवाह नहीं होते। अन्य सभी समाजों में दूसरे दो उद्देश्य अर्थात् आर्थिक सहयोग और बच्चों की देखभाल करने का उत्तरदायित्व विवाह करने वाले स्त्री-पुरुषों पर अवश्य ही आ जाता है। अतः स्पष्ट है कि विवाह कि वैयक्तिक तक ही सीमित नहीं रखा जा सकता है जिसका एकमात्र उद्देश्य विवाह करने वाले स्त्री-पुरुष को सुख या तृप्ति प्रदान करना है, बल्कि विवाह वह साधन भी है जिससे समाज का अस्तित्व भी बरकारा रह सके।

हिन्दुओं में विवाह

सांस्कृतिक दृष्टिकोण के अंतर्गत हिन्दुओं द्वारा अपनी कुछ विशेषताओं का निर्धारण गया है जिसका आधार अनेक रूपों में धर्म है। जिसके परिणामस्वरूप हिन्दुओं की सामान्य से सामान्य क्रियाकलाप भी धर्म के अंतर्गत ही किया जाता है। हमारे दैनिक जीवन की प्रत्येक क्रिया तथा सभी शारीरिक, मानसिक तथा बौद्धिक चेष्टाओं को धर्म द्वारा इस प्रकार संचालित किया गया है कि इससे बाहर जाने की कोई उम्मीद न रहे। धार्मिक विश्वासों को अपनाने वालों का कथन है कि इसका उद्देश्य ऐतिहासिक स्वास्थ्य, सुख शान्ति और दीर्घायु प्राप्त करते हुए पारलौकिक अभ्युदय तथा सुख शान्ति को प्राप्त करना है। उनके अनुसार हिन्दुओं के सब भेद पुराण और धर्मशास्त्रों का सारा प्रयास मनुष्य जीवन के इसी लक्ष्य की प्राप्ति के लिए है। यह हिन्दुओं की एक विशिष्टता है जो उनकी विवाह संस्था की विवेचना से और भी स्पष्ट हो जाती है।

हिन्दुओं के मीमांसाशास्त्र से सिद्ध है कि सृष्टि के प्रारम्भ से ही स्त्री-धारा एवं पुरुष धारा यह दो स्वतन्त्र धारायें चलीं। मनु के अनुसार सृष्टि के प्रारम्भ में परमात्मा ने अपने को दो भागों में विभक्त किया वे आधे में पुरुष और आधे में नारी हो गए। देवीभगवत् में इस विषय में उल्लेख है कि स्वेच्छामय भगवान् स्वेच्छा से दो रूप हो गये, वाम छांग के अंग से स्त्री और दक्खिन भाग के अंग से पुरुष बने। बिना इन दोनों के सहयोग के सृष्टि का कोई भी काम सम्पन्न नहीं होता है। नारी शक्ति है। परमपुरुष परमेश्वर ही बिना अपनी शक्ति के निष्क्रिय बन जाते है, उनका सारा ऐश्वर्य, सौंदर्य, माधुर्य, उनकी शक्ति प्रकृति के ही कारण है, बिना शक्ति के वे कुछ भी करने में असमर्थ हैं। साथ ही पुरुष के बिना प्रकृति भी अधूरी है। इससे यह भी सिद्ध होता है। कि दोनों एक-दूसरे के पूरक हैं। हिन्दू-विवाह इसी पूरकता का परिचायक है।

हिन्दू-विवाह का अभिर्भाव

कुछ धार्मिक संस्कारों के द्वारा समाज से मान्यता प्राप्त दो स्त्री-पुरुष का विधिवत् मिलन ही हिन्दू-विवाह है जिसका उद्देश्य धर्म-कार्य, पुत्र-प्राप्ति और रति के प्रयोजन को पूरा करना है।

उपरोक्त परिभाषा से यह स्पष्ट है, कि हिन्दू विवाह एक धार्मिक संस्कार है, वैधानिक या सामाजिक समझौता नहीं। यह धार्मिक संस्कार इसलिये है कि

हिन्दू-विवाह की पूर्णतया के लिये कुछ धार्मिक कृत्य, जैसे होम, पाणिग्रहण और सप्तपदी आदि आवश्यक हैं। उपरोक्त परिभाषा से यह भी स्पष्ट है कि हिन्दू विवाह में धर्म का स्थान सबसे पहले रखा गया है और रति का स्थान सबसे अन्त में। अर्थात् हिन्दू-विवाह में यौन-तृप्ति का प्रयोजन विशेष महत्वपूर्ण नहीं है। हिन्दू विवाह के सम्बन्ध में एक और बात भी स्मरणीय है कि एक विवाह को ही हिन्दुओं में आदर्श माना गया है यद्यपि बहुपत्नी विवाह की आज्ञा भी कुछ विशेष परिस्थितियों में दी गई है। हिन्दू परम्परा और धार्मिक नियमों के अनुसार एक स्त्री अनेक पुरुषों से विवाह नहीं कर सकती है। जिसके परिणामस्वरूप उपरोक्त परिभाषा में दो स्त्री पुरुष के विधिवत् मिलन को ही आदर्श हिन्दू-विवाह की संज्ञा दी जाती है।

हिन्दू विवाह एक धार्मिक संस्कार है

प्रोफेसर **के. एम. कपाडिया** के अनुसार हिन्दू विवाह एक धार्मिक संस्कार की संस्था है। इस बात को निम्न बिन्दुओं में समझने का प्रयास किया जा रहा है–

1. हिन्दू-विवाह को धार्मिक संस्कार की भी संज्ञा दी जाती है, इस बात का एक और प्रमाण यह है कि इस विवाह का सबसे पहला तथा प्रमुख उद्देश्य धार्मिक कर्तव्यों का पालन करना है। इन धार्मिक कर्त्तव्यों में यह सबसे महत्वपूर्ण है। जो यज्ञ पत्नी के बिना सम्पन्न कराया जाय उसे पूर्ण नहीं माना जा सकता है। यज्ञ में साथ में बैठने वाली स्त्री को ही पत्नी कहा जाता है। विवाह के द्वारा ही पुत्र-प्राप्ति होती है, एवं उससे पितृयज्ञ संपन्न होता है। लड़का पितरों को तर्पण तथा पिण्डदान पितृयज्ञ के अंतर्गत पुत्र द्वारा ही किया जाता है। इस दृष्टिकोण से भी हिन्दू-विवाह को धार्मिक संस्कार की संज्ञा दी जाती है।
2. हिन्दुओं द्वारा किये जाने वाले विवाह को धार्मिक रूप से मान्यता प्रदान की गई है, क्योंकि हिन्दू विवाह को एक पवित्र तथा ईश्वर द्वारा निश्चित बन्धन माना जाता है। क्योंकि ईश्वर द्वारा निर्धारित पवित्र बन्धन है, इसीलिये इसे तोड़ा नहीं जा सकता है। विवाह करने वाले वर या वधू कोई भी अपनी इच्छा से इससे बन्धन मुक्त नहीं हो सकते और पत्नी तो अपने पति से मृत्यु के बाद भी बंधी हुई मानी जाती है। हिन्दू-विवाह में अन्तर्निहित यह भावना है कि विवाह ईश्वरीय आदेशानुसार अविच्छेद्य है, यह साबित हो जाता हिन्दू-विवाह एक धार्मिक संस्कार हैं।
3. हिन्दू विवाह एक धार्मिक संस्कार इसलिये कहा जाता है क्योंकि इस विवाह पद्धति के अन्तर्गत कुछ ऐसे धार्मिक नियम, तरीके या धार्मिक कृत्यों का

प्रयोग किया जाता है जिनका प्रयोग करने के पश्चात् ही विवाह को पूर्ण माना जा सकता है। इन धार्मिक कृत्यों में होम, पाणिग्रहण और सप्तपदी प्रमुख हैं। अग्नि में मन्त्र पाठ के साथ लाजाओं अथवा लाई का होम किया जाता है। अग्नि में ही आहूति भी दी जाती है और अग्नि को भगवान् या देवता की संज्ञा दी जाती है। अतः हिन्दू विवाह एक धार्मिक संस्कार है। उसी प्रकार पाणिग्रहण और कृत्य के अन्तर्गत कन्या के पिता या अन्य संरक्षक हाथ में जल लेकर वेद मन्त्र उच्चारण करते हुए लड़के को सौंपने का संकल्प करते हैं और फिर अपनी कन्या का दान मन्त्रों का उच्चारण करते हुए ही करते हैं। वर भी अग्नि तथा भगवान् को साक्षी मानकर वर-वधू के हाथ को अपने हाथ में लेकर पाणिग्रहण करता है और छः मन्त्रों से वे दोनों कुछ प्रतिज्ञायें करते हैं। वेद-मन्त्र पवित्र है और विवाह में इन्हीं मन्त्रों को महत्वपूर्ण स्थान देना ही इस बात का प्रमाण है कि हिन्दू विवाह एक धार्मिक संस्कार है। पाणिग्रहण के पश्चात् वर-वधू दोनो गाँठ बाँधकर अग्नि के पास उत्तर-पूर्व की दिशा में सात कदम एक साथ चलते है, जिसे सप्तपदी कहते हैं। ये समस्त कृत्य ब्राह्मण के द्वारा पवित्र अग्नि की साक्षी में वेद मंत्रो के साथ किये जाते हैं। यह विवाह पूर्णता के लिये आवश्यक है। क्योकि ये सब कृत्य या इनमें से कोई भी एक यदि उचित रूप में न किया हो तो कानून की दृष्टि से वह विवाह वैध नहीं माना जाता है।

4. डॉ॰ कपाडिया के अनुसार हिन्दू विवाह एक दूसरे अर्थ में भी धार्मिक संस्कार है। अपने जीवन में हिन्दू पुरुष संस्कारों को सम्पादित करता हुआ आगे बढ़ता है। यह गर्भाधान संस्कार से आरम्भ होता है और शरीर के दाह संस्कार में समाप्त होता है। हिन्दू जीवन में इन संस्कारों का महत्व इसी बात से पता चलता है कि पहलेपहल कानूनी दृष्टिकोण से उस बालक का दाह-संस्कार हो सकता था जिसकी आयु के दो वर्ष पूरे हो गये हों, पर बाद में कानून द्वारा ऐसा विधान हो गया कि यह संस्कार केवल ऐसे ही बालक का हो सकता है जिसका मुण्डन संस्कार हो चुका हो। उसी प्रकार द्विजवर्णों के लिये यज्ञोपवीत एक ऐसा संस्कार है जो उनके दूसरे जन्म का प्रतीक है। अतः स्पष्ट है कि अपने जीवन की पूर्णता के लिये हिन्दू पुरुष के एकाधिक संस्कार हैं जो उनके दूसरे जन्म के प्रतीक हैं। अतः स्पष्ट है कि अपने जीवन की पूर्णता के लिये हिन्दू पुरुष को एकाधिक संस्कार करने पड़ते हैं। परन्तु हिन्दू स्त्रियों के लिये इस प्रकार के विविध संस्कारों की व्यवस्था या निर्देश नहीं है, उनके लिये केवल

एक संस्कार करने का निर्देश है और वह है विवाह संस्कार जिसके द्वारा वह गृहस्थ आश्रम में प्रवेश करती है जो कि धार्मिक-सामाजिक दृष्टिकोण से स्त्री को पूर्णता प्रदान करता है। अतः इस रूप में भी हिन्दू-विवाह एक धार्मिक संस्कार है।

हिन्दू-विवाह के प्रमुख कारण

धर्माशास्त्री के अनुसार प्रत्येक माता-पिता या दूसरे अभिभावक का यह कर्तव्य है कि यह लड़के-लड़कियों का विवाह उचित समय पर करें। प्रत्येक हिन्दू के लिये विवाह करना अनिवार्य है क्योंकि इसके बिना कुछ धार्मिक तथा सामाजिक उद्देश्यों की पूर्ति सम्भव नहीं है। धर्मशास्त्रों के अनुसार हिन्दुओं द्वारा किया जाने वालो विवाह मुख्य रूप से तीन प्रकार के उद्देश्यों को पूरा करने के लिये किया जाता है–

(1) पुत्र-प्राप्ति–पुत्र रत्न की प्राप्ति हेतु भी हिन्दू विवाह संस्कार संपन्न कराये जाते हैं। ऋग्वेद में पुत्रों की आकांक्षा को अनेक स्थलों पर बड़ी तीव्रता से प्रकट किया गया है। स्नातक तक शिक्षा ग्रहण करने के पश्चात् ही छात्र गुरुकुल छोड़ देता था। उस दौरान गुरुओं द्वारा यह आदेश दिया जाता था कि प्रजाजन्तु या व्यवच्छेत्सी अर्थात् प्रजातन्तु सन्तानोपादन के क्रम को मत काटो, जिस प्रकार तुम्हारे पूर्वज सन्तति छोड़ गए हैं। तुम भी उसी प्रक्रिया को आगे बढ़ाओ। पत्नी और सन्तान के बिना पुरुष, और पति और सन्तान के बिना स्त्री पूर्ण नहीं मानी जाती है। शतपथब्राह्मण के एक वचन में कहा गया है कि पत्नी के बिना संतान की उत्पत्ति नहीं की जा सकती तब तक वह अपूर्ण अधूरा रहता है, जब स्त्री को प्राप्त करता है, प्रजा सन्तान पैदा करता है, तभी वह पूर्ण होता है। विवाह के के दौरान वर वधू से कहता है कि मैं उत्तम सन्तान को जन्म देने के लिये ही तुमसे विवाह कर रहा हूँ, पुरोहित तथा अन्य गुरुजनों की भी यही इच्छा है।

हिन्दुओं की मान्यता है कि पुत्र की प्राप्ति के बिना पितृ-ऋण से उऋण होना तथा प्रजातन्त्र की रक्षा करना सम्भव है। आत्मसंरक्षण की सहज भावना से प्रेरित होकर वह प्रजा की आकांक्षा रखता है, पुत्र द्वारा अपने वंश को आगे बढ़ाता है।.. ...दिलीप ने नन्दिनी से अनन्त कीर्ति वाला वंशकर्त्ता पुत्र की इच्छा व्यक्त की थी। **कालिदास** ने कहा है कि शुद्ध वंश में उत्पन्न हुई उन्नति इस लोक और परलोक में सुख देने वाली होती है। **भवभूति** के अनुसार इसे आनन्द की ग्रन्थि की संज्ञा दी है। शास्त्रकारों ने सम्भवतः सामाजिक हित को दृष्टि में रखकर पुत्र-प्राप्ति को

एक धार्मिक कर्त्तव्य बताया। समाज जिन नियमों और व्यवस्थाओं से टिका हुआ है, उन सबका मुख्य उद्देश्य सन्तान को जन्म देना और उसको बढ़ावा देना इसका मुख्य उद्देश्य है। अतः यह एक महान् धर्म है। इसका पालन न करने वाला पापी होता है। महाभारत के अनुसार जो व्यक्ति संतान को जन्म देने में सहयोगी नहीं होता है उसे अधर्मी की संज्ञा दी जाती है। सन्तान को जन्म देना इतना बड़ा धर्म है कि इसकी तुलना में अग्निहोत्र, तीनों वेद बिल्कुल नगण्य हैं। सन्तान ही तीनों वेद है, और सदा बने रहने वाला देवता है। पुत्र को जन्म देने के पश्चात् ही मोक्ष की प्राप्ति की जा सकती है। स्वर्ग में बने रहने के लिये तथा नरक से बचने के लिये पुत्र आवश्यक है। शास्त्रकार पुत्र की महिमा का बखान करके ही सन्तुष्ट नहीं हुए, उन्होंने समाज में इस विश्वास को प्रचलित किया कि पुत्र-प्राप्ति ऋण है, इसे न चुकाने पर पुत्र के अभाव में पिता पुत्र नामक नरक में जाता है और उसके पितर पिण्डदान के अभाव में भूखे-प्यासे मरते हैं। मनु ने कहा है–

ऋणानि त्रीण्यपाकृत्य मनो मोक्षे निवेशयेत् अर्थात् ऋणों को शोधकर मन को मोक्ष में लगाना चाहिए।

(2) धार्मिक कर्त्तव्यों का पालन–हिन्दू-विवाह का सबसे प्रमुख उद्देश्य धार्मिक कर्त्तव्यों को निभाना है। प्रत्येक पुरुष के जीवन में कुछ धार्मिक कर्त्तव्यों को निभाने के लिये पत्नी की आवश्यकता होती है और इसीलिये विवाह न केवल आवश्यक है बल्कि अनिवार्य भी। वैदिक युग में यज्ञ अनिवार्य थे, प्रत्येक व्यक्ति स्नातक होकर यज्ञ की अग्नि अपने घर में प्रज्ज्वलित यज्ञ का महत्व पारिवारिक तथा धार्मिक दोनों की दृष्टिकोण से अत्यधिक था, परन्तु पत्नी के बिना यह धार्मिक कर्त्तव्य पूरा नहीं किया जा सकता था, यज्ञ में बैठने वाली स्त्री को ही पत्नी कहा जाता था। इसी कारण श्रीरामचन्द्रजी को स्वर्ण प्रतिमा बनानी पड़ी थी। याज्ञवल्क्य एक पत्नी के मरने पर यज्ञ कार्य के लिये तुरन्त दूसरी स्त्री से विवाह करने का आदेश देते हैं। कालिदास ने बताया है कि कामदेव पर विजय पाने वाले शिवजी के सामने जब सप्तर्षि और अरुन्धती आये, उस समय अरुन्धती को देखकर उन्हें विवाह करने की इच्छा उत्पन्न हुई क्योंकि धर्म सम्बन्धी क्रियाओं का मूल पतिव्रता स्त्री है। पुरुष के जीवन में पत्नी की इस धार्मिक महत्ता के कारण ही स्त्री को धर्मपत्नी के नाम से सम्बोधित किया जाता है। माता बनने के लिये स्त्रियों की, और पिता बनने के लिये पुरुषों की सृष्टि की गई, इस कारण वेदों का आदेश है कि धार्मिक क्रियायें पुरुष को अपनी पत्नी के साथ ही मिलकर करनी चाहिये। ये मनु के वचन हैं और इनका महत्व हिन्दू-विवाह में अत्यधिक है।

हिन्दू-जीवन के धार्मिक कर्त्तव्यों को ही यज्ञ कहा गया है जो संख्या में पाँच हैं—ब्रह्मयज्ञ, देवयज्ञ, भूतयज्ञ, पितृयज्ञ और नृयज्ञ या अतिथियज्ञ।

(३) परिवार के प्रति अपने कर्त्तव्यों का पालन—विवाह के द्वारा अपने परिवार के प्रति अपने कर्त्तव्यों का पालन-करना हिन्दू-विवाह का चौथा प्रमुख उद्देश्य है। बूढ़े माता-पिता के प्रति उनकी सेवा करने का जो उत्तरदायित्व हिन्दू समाज सन्तानों पर लादता है, उसे पूरा करने के लिये भी विवाह आवश्यक है। पारिवारिक समस्या, प्रथा, धर्म आदि की निरन्तरता को बनाये रखने के लिए भी विवाह आवश्यक है।

(4) रति—हिन्दुओं द्वारा किये जाने वाले विवाह के पश्चात् पति-पत्नी के मध्य जो संबंध स्थापित होता है उसमें समाज की भी स्वीकृति होती है। यही उद्देश्य न केवल हिन्दुओं के विवाह का ही अपितु सभी समाजों का होता है। यौन-सुख की तृप्ति हिन्दू-विवाह का एक सामान्य उद्देश्य माना जाता है। उपनिषदों में रति या सम्भोग के दौरान काफी आनद की प्राप्ति होती है। बृहस्पति उपनिषद के अनुसार जब पति-पत्नी का मिलन होता है उस दौरान न तो उसे बाहर के जगत् में कुछ भी नहीं जानता और न आंतरिक जगत् को जानता है, उसी प्रकार प्राज्ञ आत्मा से जुड़ा हुआ पुरुष न बाहर की किसी वस्तु को जानता है, न अन्दर की किसी वस्तु को। हिन्दू धर्मशास्त्रकारों न जहाँ एक ओर इसे मानव-जीवन के लिए महत्वपूर्ण बताया तो दूसरी तरफ यह नियन्त्रण भी लगाया कि पत्नी के अलावा अन्य किसी भी स्त्री से संबंध नहीं स्थापित किया जाना चाहिए। इसीलिए श्रीकृष्ण ने गीता में इसे धार्मिक रूप से मान्यता प्रदान की है। वैसे भी प्राचीन आर्यों के जीवन में धर्म, अर्थ, काम और मोक्ष नामक चारों पुरुषार्थों की प्राप्ति पर अधिक बल दिया जाता है। फिर भी हिन्दू-विवाद के उद्देश्य में इसे तीसरा स्थान दिया जाता है।

धर्मशास्त्रों में उल्लिखित हिन्दू-विवाह के उपरोक्त तीन उद्देश्यों के अतिरिक्त कुछ दूसरे सामान्य उद्देश्य निम्नलिखित हैं।

(5) समाज के प्रति कर्त्तव्यों का पालन—मनुष्य के समाज के प्रति भी कुछ कर्तव्य होते हैं जिसका पालन भी विवाह के द्वारा ही हो सकता है। समाज की निरन्तरता को बनाये रखने के लिये विवाह करना परमावश्यक है क्योंकि विवाह के द्वारा उत्पन्न सन्तान मृत व्यक्तियों की खाली जगह भरती है।

(6) व्यक्तित्व का विकास—विवाह के बिना स्त्री-पुरुष का विकास कदापि संभव नहीं हो सकता है। **मनु के** अनुसार वह पूर्ण पुरुष है जिसके पत्नी और बच्चे हों, उस पुरुष को पूर्ण नहीं कहा जा सकता है जो एक पत्नी पर विजय नहीं पाता

और वह तब तक सम्पूर्ण पुरुष नहीं है जब तक एक संतान को जन्म नहीं देता है। इस प्रकार स्त्रीं और पुरुष एक दूसरे के बिना अधूरे हैं। एक दूसरे के व्यक्तित्व के विकास में सहायक है।

वर्तमान काल में हिन्दुओं में प्रचलित विवाह

सत्यार्थ प्रकाश के अनुसार उपरोक्त आठ प्रकार के विवाहों में ब्राह्म विवाह को सर्वोत्कृष्ट दैव और प्राजापात्य को मध्यम, आसुर और गान्धर्व को निकृष्ट राक्षस को अधम और पंचाश को महाभ्रष्ट मानता है। वर्तमान काल में हिन्दू समाज में केवल दो प्रकार के विवाह-ब्राह्म और असुर विवाह का ही प्रचलन है।

डॉ॰ मजूमदार के अनुसार यद्यपि साधारणतया ब्राह्म विवाह उच्च जाति के लोगों में और आसुर विवाह निम्न जाति के लोगों में प्रचलित हैं तथापि उच्च जाति में भी आसुर विवाह पूर्णतया नहीं मिट पाया है। उदाहरणार्थ बंगाल के कुलीन लोग आज भी अपनी लड़की का विवाह ब्राह्म विवाह के अनुसार एक ऐसे व्यक्ति से करना पसन्द नहीं करेंगे जो कुलीन नहीं है, ऐसी अवस्था में अपनी लड़की को वस्त्र, अलंकार आदि देने के स्थान पर वे प्रायः लड़के वाले से रुपये की माँग पेश करते हैं। फिर भी सामान्य रूप से ब्राह्म विवाह और आसुर विवाह ही वर्तमान काल में हिन्दुओं में प्रचलित विवाह है। इसके अतिरिक्त आधुनिक समय में गान्धर्व विवाह का प्रयत्न भी दिन-प्रतिदिन बढ़ता जा रहा है। जिसका की लोकप्रिय स्वरूप प्रेम विवाह है।

(1) ब्राह्म विवाह कन्यादान—इस विवाह को पूर्णता प्रदान करने के लिये कुछ धार्मिक संस्कारों का होना आवश्यक है। उनमें होम, पाणिग्रहण और सप्तपदी प्रमुख है। अग्नि में मन्त्र-पाठ के साथ लाजाओ अथवा लोई का होम किया जाता है। साथ ही वधू के हाथ को वर अपने हाथ के लेकर पाणिग्रहण करता है और छः मन्त्रों से वे दोनों कुछ प्रतिज्ञाएँ करते हैं। इसके बाद ग्रन्थि बन्धन किए हुए वर वधू दोनों अग्नि के पास उतर-पूर्व की दिशा में सात कदम एक साथ चलते हैं, जिसे सप्तपदी कहते हैं। ये समस्त संस्कार पुरोहित के द्वारा मन्त्र सहित कराये जाते हैं। अतः स्पष्ट है कि हिन्दू-विवाह एक पवित्र धार्मिक संस्कार है। इसे पवित्र इस कारण समझा जाता है कि विवाह तभी सम्पूर्ण कहा जाता है, कि जब इस पवित्र संस्कारों को पवित्र ढंग से किया जाए। कानूनी दृष्टिकोण से हवन और सप्तपदी ये दोनों महत्वपूर्ण हैं।

(2) असुर विवाह—वर्तमान काल में हिन्दुओं में ब्राह्म विवाह के अलावा आसुर विवाह भी प्रचलित है। इस विवाह में कन्या मूल्य लेकर लड़की की शादी कर

दी जाती है। यह प्रायः नीच जातियों में अधिक प्रचलित है। कुछ वैश्यों में भी आसुर विवाह का प्रचलन देखने को मिलता है। धर्मशास्त्रों में कन्या का मूल्य लेना अनुचित बतलाया गया है। आसुर विवाह को उच्च जातियों में मान्यता प्राप्त नहीं है। इस प्रकार का विवाह ज्यादातर जनजातियों में किया जाता है, इस कारण नीच जातियों में इसका प्रचलन स्वाभाविक ही है।

हिन्दू-विवाह के आधुनिक रूप

पति-पत्नी की संख्या के आधार पर विवाह को दो भागों में विभाजित किया गया है– 1. एक-विवाह और 2. बहुविवाह के दो भेद हैं– (अ) बहुपत्नी विवाह और (ब) बहुपति विवाह। हिन्दू-विवाह के अन्तर्गत विभिन्न प्रकार के विवाहों के संबंध में जानकारी प्राप्त करना महत्त्वपूर्ण होगा।

एक-विवाह

एक-विवाह के अन्तर्गत पुरुष आजीवन एक ही स्त्री से वैवाहिक संबंध स्थापित करता है और स्त्री के जीवन काल में वह दूसरी स्त्री से विवाह नहीं करता। **वकेनोविक** के अनुसार वास्तव में उसी विवाह को एक-विवाह कहना उचित होगा जिसमें व्यक्ति का संबंध एक ही स्त्री से हो, अपितु इसमें से किसी की मृत्यु हो जाने पर भी दूसरा पक्ष विधुर या विधवा दूसरा विवाह करने की अनुमति नहीं है। जब किसी स्त्री का पति तथा किसी भी पुरुष की पत्नी जीवित है तब तक दूसरा विवाह नहीं किया जा सकता है। उस प्रकार के विवाह की एक-विवाह की संज्ञा दी जाती है।

हिन्दुओं ने एक ही विवाह को आदर्श विवाह की संज्ञा दी है। इसका प्रमाण 'दम्पति' शब्द के प्रयोग से स्पष्ट है। दम्पति का अर्थ दो से होता है। ऐसी स्थिति में एक पुरुष या नारी के जीवन में एक से अधिक स्त्री या पुरुष का स्थान नहीं है। कोई भी धार्मिक संस्कार पत्नी के बिना पूरा नहीं हो सकता है। धर्मशास्त्रों के अनुसार वही व्यक्ति आदर्श पुरुष है जो अपनी पत्नी के जीवित रहते हुए आजीवन दूसरा विवाह नहीं करता है। हिन्दू स्त्रियों के लिये तो यह आदर्श और भी कठोर है। उनके लिए सतीत्व व पातिव्रत्य का आदर्श ही यह है कि किसी भी अवस्था में पर पुरुष का विचार न किया जाये।

मनु के अनुसार जो स्त्री मन, वचन और देह से भी परपुरुष के साथ व्यभिचार न करे उसे पति के साथ स्वर्ग में निवास करने वाली साध्वी की संज्ञा दी जाती है और पर पुरुष के साथ व्यभिचार से स्त्री की निन्दा पाप, लोगों से पीड़ित सियार पाने

की चर्चा की गई है। स्कन्दपुराण तथा मार्कण्डेय पुराण के अनुसार अपने कोढ़ी पति को उसकी इच्छा की पूर्ति हेतु वेश्या के पास ले जाने वाली पतिव्रता शंडिली दीर्घकर अपने सतीत्व की सामर्थ्य से सूर्योदय रोक देती है। इस सबका उद्देश्य स्त्रियों के लिए एक-विवाह के आदर्श व महिमा को ही प्रस्तुत करना है।

हमारी भारतीय संस्कृति एवं परम्परा में यह व्यवस्था की गयी है कि किसी भी समय पुत्र की अनिवार्यता होती है– उदाहरण के लिए परिवार की गतिशीलता के लिये विवाह प्रथम शर्त है। इस कारण प्रदान पत्नी से पुत्र-प्राप्ति न होने या बिना संतान को जन्म दिये पत्नी का मृत्यु हो जाने की स्थिति में पुरुषों को विवाह करने की अनुमति है। अधिकांश शास्त्रकार सन्तान प्राप्त करने के लिये देवर से ही नियोग या पति के अभाव में देवर से विवाह की व्यवस्था करते हैं। बौद्धायन धर्मसूत्र विधवा को नियोग का अधिकार देता है, किन्तु पति के जीवनकाल में उसके क्लीब या व्याधिपीड़ित होने पर भी ऐसा कर सकती है। कौटिल्य तो पत्नी के किसी सम्बन्धी अथवा सगोत्र द्वारा तथा विष्णु सपिण्ड सातवीं पीढ़ी तक के सम्बन्धी अथवा उत्तम वर्ण वाले व्यक्ति के नियोग द्वारा सन्तान उत्पन्न करने का अधिकार देते हैं। मनु ने औरस पुत्र के अभाव में देवर या सपिण्ड को इस कार्य में समर्थ बताया है। लेकिन इस प्रथा का दुरुपयोग न हो तथा कर्त्तव्य-बुद्धि से संतान प्राप्ति के लिए ही इस प्रथा का व्यवहार हो, इस उद्देश्य से शास्त्रकारों ने इसके कठोर नियम बनाये हैं और बार-बार यह निर्देश दिया है कि सम्बन्ध कामभाव से नहीं होना चाहिए। कहा गया है कि इन नियमों का पालन वाले पुरुष पुत्रधूगामी होने के महापापों से पतित होते है। इस अवस्था में उनकी संतान जारज समझी जाती थी और उन्हें सम्पत्ति में हिस्सा नहीं मिलता था। विधवा विवाह या पत्नी सदैव पति, गुरु आदि बड़े व्यक्तियों की आज्ञा अनुमति से ही नियत व्यक्ति से नियोग कर सकती थी। लेकिन जब ये कठोर नियम भी अनैतिकता रोकने में असमर्थ रहे, शास्त्रकारों ने कलिकाय में इस प्रथा को निषिद्ध ठहराया। उनके द्वारा निषिद्ध ठहराने के बावजूद भी उत्तर भारत की अनेक जातियों में पति के रहने पर भी देवर से शादी की प्रथा पाई जाती है। फिर भी एक विवाह को ही आदर्श माना गया है। इस आदर्श का वर्णन मनुसंहिता में इस प्रकार है।

पारस्परिक निष्ठा मृत्युपर्यन्त बनी रहे, यह पति और पत्नी के लिये सर्वोच्य नियम का सार माना जाये, विवाह बन्धन में जुड़े हुए पुरुष तथा स्त्री दृढ़ता एवं स्थिरपूर्वक इस प्रकार आचरण करें कि वे एक-दूसरे से अलग न हों तथा पारस्परिक निष्ठा का उल्लंघन नहीं करें।

बहुपति-विवाह

विवाह के आदर्शों के अन्तर्गत हिन्दुओं में बहुपति विवाह को विशेष मान्यता प्रदान नहीं की गई है। प्रत्येक पत्नी का यह परम कर्त्तव्य समझा जाता है कि वह आजीवन एक पुरुष के प्रति वफादार रहकर अपने पतिव्रत धर्म का पालन करे। पाँच पाँडवों का द्रोपदी से विवाह आदि बहुपति-विवाह के दो-एक उदाहरण मिलते अवश्य हैं पर ये सब अपवाद मात्र हैं, नियम नहीं। यहाँ बहुपति विवाह को सिर्फ भारत ही नहीं बल्कि दुनिया के किसी भी जनजातीय समाज में मान्यता प्राप्त नहीं है। भारतवर्ष में इसका प्रचलन टोडा तथा खास जनजातियों नायरों में यह काफी प्रचलित है। किन्तु सामान्य रूप से बहुपति विवाह को हिन्दू समाज में अच्छी दृष्टि से नहीं देखा जाता है।

बहुपत्नी-विवाह

प्राचीनकाल में बहुपत्नीत्व विवाह काफी प्रचलित था। एक विवाह को ही आदर्श विवाह की संज्ञा दी जाती है। एक पुरुष का अनेक स्त्रियों से विवाह बहुपत्नी विवाह या बहुपत्नीत्व है और शास्त्रकारों ने इस प्रकार के विवाहों की अनुमति केवल कुछ विशेष परिस्थितियों में ही इस विवाह को मान्यता प्रदान की है। फिर भी धनिक वर्गों में विशेषकर राजाओं में बहुतपत्नी-विवाह का खूब प्रचलन देखने को मिलता था। **कपाडिया** ने लिखा है कि संस्कार सम्बन्धी कृत्यों में चार पत्नियों की स्वीकृति प्रदान की गई है तथा उनकी स्थिति को परिभाषित करने के लिए, अलग-अलग शब्दों का इस्तेमाल किया जाता है। ये पत्नियाँ महिषी मुख्य पत्नी, परिवृत्ति प्रभावशाली वक्ता, व्यक्तिगत रूप से प्रिय तथा पालागली पालागल अर्थात् दरबार के सबसे निम्न अधिकारी की पुत्री के नाम से इनका परिचय कराया जाता था। **आपस्तम्ब** ने यह निर्देश दिया है कि अगर एक पत्नी धार्मिक उत्तरदायित्वों को उचित ढंग से निभाने की क्षमता उसमें है और पुत्र को जन्म देने में समर्थ है तो उसके पति को दूसरी स्त्री से विवाह नहीं करना चाहिये। पर यदि दोनों में से किसी भी एक गुण का अभाव पत्नी में है, तो उस अवस्था में पुरुष दूसरा विवाह करने के लिये स्वतंत्र है। धार्मिक तथा पारिवारिक कर्त्तव्यों के पालन के लिये पुत्र की आवश्यकता व महत्व होने के कारण पुत्र की प्राप्ति के लिये दूसरे विवाह का समर्थन शास्त्रकारों ने सही ठहराया है। ऐसे विवाह को उचित भी माना गया है।

मनु के अनुसार जो पत्नी आठ साल तक जब किसी संतान को जन्म नहीं दे सकती है तथा जिस स्त्री की संतान जीवित नहीं रहती उस पत्नी के स्थान पर ग्यारहवें वर्ष दूसरी स्त्री को पत्नी के रूप में ग्रहण कर लिया जाये। कौटिल्य ने भी उस पुरुष को दूसरी स्त्री से विवाह करने की आज्ञा दी है जिसकी पत्नी के आठ वर्ष तक कोई सन्तान उत्पन्न न हो, जिस पत्नी का पिछले दस वर्षों से गर्भपात होता रहा हो और जो पिछले बारह वर्षों में केवल कन्या संतान को ही जन्म देती रही है।

मनु ने यह भी लिखा है कि जो पत्नी मद्यपान करती हो अथवा दुराचारिणी हो, जो अपने पति के अनुकूल नहीं हो, जो रोगग्रस्त अथवा अपव्ययी हो अथवा क्रूर हो, उसे त्याग देना ही उचित है। अर्थात् इन अवस्थाओं में भी अन्य स्त्री से विवाह-सम्बन्ध किया जा सकता है, यही निर्देश अप्रत्यक्ष रूप में दिया गया है। लेकिन पत्नी को त्याग देने का यह कार्य न तो सरल था और न ही इसका अर्थ पत्नी को घर से निकाल देना था।

इस सम्बन्ध में **विज्ञानेश्वर** की व्याख्या इस प्रकार है किसी भी पत्नी को तभी त्यागना चाहिए जब उसने शूद्र से व्यभिचार किया हो। इस परित्याग का अर्थ यह है कि उस धार्मिक कृत्यों तथा दाम्प्तय के कार्यों में भाग नहीं लेने दिया जाये, न कि यह कि उसे गलियों में छोड़ दिया जाये। उसे एकान्त कमरे में सुरक्षित रखना चाहिये तथा भोजन एवं वस्त्र प्रदान करना चाहिये। **नारदजी** ने व्यभिचारिणी स्त्री के लिये बहुत-कुछ ऐसे ही नियमों का प्रतिपादन किया है।

वेदव्यास तो इस विषय में और भी अधिक सहनशीलता व उदारता का परिचय देते हैं। उनके अनुसार उस पत्नी को, जो व्यभिचार की अपराधिनी हो, घर में तो रखना चाहिये किन्तु धार्मिक और दाम्पत्य सम्बन्धी कार्यों में हिस्सा बांटने नहीं देना चाहिये। साथ ही उसे साम्पत्तिक अधिकार से वंचित करना तथा उनके प्रति घृणा का व्यवहार करना चाहिये। मगर उस व्यभिचार के बाद होने वाले मासिक धर्म अर्थात् रजस्वला हो जाने पर पति को उस स्त्री को पत्नी के सामान्य अधिकार दे देने चाहिएँ। अर्थात् व्यभिचार से संतान उत्पन्न होने की सम्भावना न होने तक पत्नी को क्षमा किया जा सकता है।

इस रूप में भी एक-विवाह के आदर्श को ही प्रस्तुत किया गया है। इन्हीं सब कारणों से उत्तर वैदिक काल तथा प्रारम्भिक स्मृति युग यद्यपि बहुपत्नीत्व की प्रथा का कुछ प्रचलन था फिर भी उसे विवाह का आमतौर पर प्रचलित रूप मानना उचित न होगा।

बहुपत्नी विवाह के कारण

उपरोक्त आदर्शों व प्रतिबन्धों के के बावजूद भी स्मृति युग के पश्चात् ही बहुपत्नी विवाह के कारण लोग काफी संख्या में बहुपत्नी विवाह कर रहे हैं। इस विवाह का प्रचलन हिन्दू समाज में दिन पर दिन बढ़ता ही जा रहा है निम्नलिखित कारणों के परिणामस्वरूप बहुपत्नी विवाह काफी प्रचलित हैं–

1. धनोपार्जन में स्त्रियों के महत्व के कारण भी बहुपत्नी विवाह प्रथा को मान्यता प्राप्त हो गई थी। भारत में कृषि पर अधिक ध्यान दिया जाता है। यहाँ कृषि-सम्बन्धित विभिन्न कार्यों को करने के लिये अधिक से अधिक स्त्रियों की आवश्यकता हुआ करती थी। इस कारण बहुपत्नी-विवाह पर अधिक बल दिया जाता था। क्योंकि इसके द्वारा एक परिवार को पत्नियों तथा उनकी सन्तानों के रूप में ख़ूब काम करने वाले विश्वस्त श्रमिकों की प्राप्ति होती थी। विशेषकर निम्न जातियों में स्त्रियाँ घर से बाहर जाकर काम-काज करके जीविकोपार्जन भी करती हैं, इस कारण भी बहुपत्नी विवाह प्रथा को प्रोत्साहन मिला।
2. चूँकि पुत्र की अकांक्षा और वंश की निरन्तरता को बनाये रखने के लिये व अन्य व्यक्तिगत कर्त्तव्यों को पूरा करने के लिये इस विवाह पर अधिक बल दिया जाता है, इसलिये प्रथम स्त्री से पुत्र-प्राप्ति न होने की दशा में एक से अधिक स्त्रियों से विवाह कर लिया जाता था।
3. मध्यकालीन युग में अधिक से अधिक पत्नियाँ रखना सामाजिक दृष्टि से अच्छा माना जाता था। इस कारण धनिक व्यक्ति, जमींदार, राजा आदि द्वारा बहुपत्नी विवाह करने की प्रथा थी।
4. बहुपत्नी-विवाह को समाज में मान्यता प्रदान करने के लिये कुलीन विवाह प्रणाली ने महत्वपूर्ण भूमिका निभाई है। कुलीन विवाह के दो स्पष्ट परिणामों में बहुपत्नी विवाह का उल्लेख किया गया है। प्रथम तो यह है कि कुलीन विवाह प्रथा के कारण उच्च कुल के पुरुषों को दहेज के रूप जो आर्थिक लाभ होता उसके कारण दूसरे तथा तीसरे विवाह की इच्छा जागृत होती है। दूसरे कुलीन विवाह की प्रथा के परिणामस्वरूप उच्च कुलों में विवाह योग्य पुरुषों की कमी उत्पन्न हो जाती है और इस कमी को बहुपत्नी विवाह द्वारा इसकी पूर्ति की जाती है।

बहुपत्नी विवाह से पहला फायदा यह होता है कि बच्चों का पालन-पोषण एक

से अधिक स्त्रियाँ करती हैं जिससे बच्चों की देखभाल अच्छी तरह से हो जाती है। जो पुरुष काम करते हैं उनके परिवार में ही अनेक स्त्रियाँ मिल जाती हैं, इस कारण यौन-सम्बन्धी व्यभिचार का प्रसार नहीं होता है। इसके अतिरिक्त इस प्रकार के विवाह से परवरिश काफी अच्छी प्रकार से होती है क्योंकि अधिकतर शक्तिशाली और धनवान व्यक्ति ही बहुपत्नी विवाह करते हैं।

इस प्रथा का सबसे प्रमुख दोष यह है कि इससे स्त्रियों की सामाजिक स्थिति बहुत गिर जाती है। साथ ही, ऐसे विवाह से परिवार पर आर्थिक बोझ बढ़ जाता है। इसके अतिरिक्त परिवार में अधिक स्त्रियों का अर्थ ही यह है कि परिवार का वातावरण ईर्ष्या, द्वेष और लड़ाईं झगड़े से कलुषित होगा।

उपरोक्त हानियों से हिन्दू समाज की रक्षा के लिये ही हिन्दू-विवाह अधिनिंयम सन् 1955 में पास किया गया है जिसमें एक हिन्दू-विवाह के वैध होने के लिये पहली शर्त यह है कि विवाह के समय दोनों पक्षों में से किसी का भी जीवन-साथी पति या पत्नी जीवन न हो। सरकारी कर्मचारियों पर भी प्रतिबन्ध लगा दिया गया है कि वे दो विवाह नहीं कर सकते हैं। महिला आन्दोलन तथा शिक्षा व समानता के विचारों के विस्तार के फलस्वरूप बहुपत्नीत्व के विरुद्ध जनमत तैयार हो रहा है।

हिन्दू-विवाह के निषेध

हिन्दू समाज में विवाह सम्बन्धित निषेध तीन प्रकार के हैं 1. अन्तर्विवाह 2. बहिर्विवाह 3. कुलीन-विवाह।

अन्तर्विवाह

धर्मशास्त्र प्रत्येक हिन्दू को अपने वर्ण में ही विवाह करने का निर्देश देता है लेकिन व्यावहारिक रूप में प्रत्येक वर्ग अनेक जातियों व उपजातियों में विभाजित है तथा ये उपजातियाँ फिर अनेक भागों में विभक्त हैं। यह सभी एक-एक अन्तर्विवाही समूह हैं। इस कारण अन्तर्विवाह की सीमा आज वर्ण या जाति तक विस्तृत नहीं बल्कि वास्तव में उपजाति या उससे भी छोटे समूह में सीमित और संकुचित है। **केतकर** ने व्यंगात्मक शब्दों में कहा है कि भारत में करोड़ों हिन्दू आपस में इस प्रकार विभक्त और उपविभक्त हैं कि उनमें ऐसी जातियाँ भी हैं जो पन्द्रह परिवारों के बाहर नहीं कर सकती हैं। **कपाडिया** ने भी लिखा है कि कभी-कभी वह अन्तर्विवाह स्थानीय क्षेत्र के आधार पर भी पनप जाता है। गाँव वाले प्रायः यह जानते हैं कि नगर

के लोग गाँव से लड़कियाँ तो विवाह करके ले जा रहे हैं, पर नगर से उन्हें लड़कियाँ वधू के रूप में नहीं मिल पा रही है। ऐसी अवस्था में भी वे अपना एक घेरा बना लेते हैं और उसी के अन्दर विवाह करते हैं। इस प्रकार का घेरा 50 से 300 परिवारों तक का होता है।

वैदिक और उत्तर-वैदिक काल में अन्तर्विवाह का क्षेत्र काफी विस्तृत था और इस विस्तृत क्षेत्र में ब्राह्मण, क्षत्रिय और वैश्य एक-दूसरे से वैवाहिक सम्बन्ध स्थापित करने के लिए स्वतंत्र होते थे। इसका प्रमुख कारण यह था कि जातियों का संबंध इण्डो-आर्यन प्रजाति से था और कोई सांस्कृतिक या प्रजातीय भिन्नता नहीं थी। इसलिए वे आपस में विवाह करने के लिये स्वतंत्र थे। **मनु** ने भी अन्तर्वर्ण विवाह की अनुमति दे रखी थी परन्तु अत्यन्त नीच वर्ण की लड़कियों से केवल कुछ विशेष परिस्थितियों में ही विवाह करने के लिये स्वतंत्र थी। ऐसा प्रतीत होता है कि 11वीं शताब्दी तक इस सम्बन्ध में कोई विशेष रोक नहीं लगाई गई थी। लेकिन इसके बाद धीरे-धीरे अन्तर्वर्ण विवाह पर प्रतिबन्ध कठोर होने लगे।

हिन्दू-अन्तर्विवाह के कारण

हिन्दू-अन्तर्विवाह के प्रमुख कारण क्या थे इस पर निम्न बिन्दुओं में प्रकाश डाला जा रहा है–

(1) हिन्दू समाज पर मुसलमानों का हमला–मुसलमानों का राज्य कायम होने के पश्चात् ही उन लोगों ने हिन्दू समाज को समूल समाप्त करने तथा धर्म का अंत करने का हरसंभव प्रयास किया। इससे बचने के लिये जाति-प्रथा के नियमों, विशेषकर विवाह सम्बन्धी नियमों को मजबूती प्रदान की गई, जिससे हिन्दूओं का विवाह मुसलमानों से न हो पाये।

(2) जन्म पर अधिक बल–शुरू में कर्म के आधार पर ही मनुष्य को ऊँचा पद प्रदान करने के लिये पर्याप्त थी, परन्तु धीरे-धीरे कर्म से जन्म पर अधिक बल दिया जाने लगा और जन्म या रक्त की शुद्धता की रक्षा के लिये अन्तर्विवाह के नियमों सुदृढ़ कर दिया गया।

(3) जैन और बौद्ध धर्म का प्रभाव–जब जैन तथा बौद्ध धर्म पूर्ण रूप से विकसित हो गये उसके पश्चात् उनके अनुयायियों के साथ हिन्दू धर्म को मानने वालों का मतभेद काफी बढ़ने लगा था और अधिक हो गया और अन्तर्विवाह के द्वारा स्वयं को अन्तर्विवाह की सहायता से अलग करने का प्रयास करने लगे। दूसरी बात यह कि जैन और बौद्ध धर्म के कारण ब्राह्मणों के सामाजिक पद और प्रतिष्ठा को गहरा

आघात लगा। इसलिए धर्मों के पतन के बाद ही ब्राह्मणों ने अपनी खोई मर्यादा को पुनः प्रतिष्ठित करने के लिये विवाह पर कठोर नियम लागू किये और नीच जातियों में इनका प्रचलन काफी बढ़ गया।

(4) बाल-विवाह—विवाह की आयु हिन्दू समाज में दिन-प्रतिदिन घटती ही गई। इसका प्रभाव यह हुआ कि आठ-नौ वर्ष या उससे भी कम आयु के लड़के-लड़कियों का कोई हाथ अपने विवाह के सम्बन्ध में न रह गया और इस प्रकार स्वतन्त्र चुनाव के द्वारा अपनी जाति के बाहर जीवन-साथी की सम्भावना भी कम होती गई।

(5) प्रजातीय मतभेद—धीरे-धीरे भारतवर्ष में अनेक प्रजातीय समूहों का विकास होने लगा तथा इनमें प्रजातीय और सांस्कृतिक भिन्नता बहुलता होने के कारण प्रत्येक समूह अपने समूह के अन्दर ही विवाह करना पसन्द करने लगा और इस प्रकार अन्तर्विवाही समूह मजबूत होने लगे।

हिन्दू अन्तर्विवाह प्रतिबन्धों का दुर्बल होना

आज भी अन्तर्विवाह के नियमों को कठोरता से लागू किया जाता है और सामाजिक दृष्टिकोण से, आज भी, इसके विपक्ष में अधिक प्रभावशाली जनमत नहीं है फिर भी अंग्रेजों के आ जाने के बाद पाश्चात्य शिक्षा, यातायात के साधनों में उन्नति, राष्ट्र के आन्दोलनों का प्रभाव, रोमांस का विस्तार, वैज्ञानिक धारणा आदि के कारण अन्तर्विवाह के नियम ढीले पड़ने लगे हैं और अन्तर्जातीय विवाह की और झुकाव बढ़ता जा रहा है। साथ ही सन् 1872 का विशेष विवाह अधिनियम, सन् 1949 का हिन्दू वैधकरण अधिनियम ने अन्तर्जातीय विवाह की वैधानिक अड़चनों को दूर कर लिया है। परन्तु जैसा कि **कपाड़िया** का कथन है, अब भी जाति की नैतिक शिक्षा इतनी अधिक है कि केवल कानून द्वारा अन्तर्विवाह के नियमों को तोड़ा जा सकेगा सन्देहजनक है।

बहिर्विवाह

अगर हम पूरे भारतवर्ष को लेते हैं तो यहाँ चार प्रकार के बहिर्विवाह पाए जाते हैं। वे हैं—1. टोटम बहिर्विवाह 2. गोत्र बहिर्विवाह, 3. पिण्ड बहिर्विवाह 4. प्रदर बहिर्विवाह। इनमें से टोटम बहिर्विवाह भारतीय जनजातियों की एक प्रमुख विशेषता है।

हिन्दुओं में बहिर्विवाह का नियम (अ) गोत्र, (ब) प्रवर से (स) पिण्ड पर आधारित है। दूसरे शब्दों में हिन्दुओं में सगोत्र, सप्रवर और सपिण्ड विवाह करने का निषेध है। कुछ विद्वानों का कथन है कि सनातन धर्म में आर्य जाति की सुरक्षा के लिये चार बड़े-बड़े दुर्ग हैं। गोत्र और प्रवर वर्ण व्यवस्था आश्रम तथा धर्म सतीत्वमूलक नारी धर्म। गोत्र प्रवर का महत्व प्राचीनकाल में वास्तव में अत्यधिक था। परन्तु जैसाकि प्रभु का कथन है, उत्पत्ति काल से लेकर आज तक बहिर्विवाह के नियमों से सम्बन्धित ये तीन शब्द, गोत्र, प्रवर और पिण्ड के वास्तविक अर्थों और अवधारणाओं का काफी विस्तार हो चुका था। अवधारणाओं में भी काफी बदलाव दृष्टिगत होने लगे थे जिसके संबंध में स्वतंत्र रूप से कुछ भी नहीं कहा जा सकता है।

(अ) गोत्र बहिर्विवाह—डॉ॰ अलकेतर के शब्दों में सगोत्र विवाह पर ईसा से 600 वर्ष किसी प्रकार की रोक नहीं लगाई गई थी तो दूसरी करन्दीकर के अनुसार ऋग्वेदकाल में 'गोत्र' शब्द यद्यपि परिवार से सम्बन्धित नहीं था, फिर भी इसमें समूह की धारणा धीरे-धीरे जुड़ती रही और छान्दोग्य उपनिषेद् में तो ये शब्द निश्चय ही परिवार के अर्थ में आया है। **कपाडिया** के अनुसार वैदिक काल में सगोत्र विवाह किसी प्रकार की रोक नहीं लगायी गयी थी।

ऋग्वेद में 'गोत्र' शब्द का उल्लेख मिलता है। इन प्रयोगों के आधार पर गोत्र के तीन-चार सम्भावित पर्यायवाची हो सकते हैं—जैसे गौशाला, गाय का समूह, पहाड़, किला आदि। इन अर्थों से यह स्पष्ट है, कि गोत्र या तेरे घेरे में रहने वाले व्यक्तियों से या एक विशेष समूह के व्यक्तियों का जुड़ाव है। इसी से धीरे-धीरे गोत्र का सम्बन्ध उन व्यक्तियों हो गया, जो कि एक परिवार के घेरे में जीवन व्यतीत करते थे। इस प्रकार के परिवार से सम्बन्धित जितने भी सदस्य होते थे उनमें आपस में विवाह करने की प्रथा नहीं थी। यह गोत्र बहिर्विवाह का प्रारम्भिक रूप या नियम था। महाभारत के श्लोकों में गोत्र शब्द का प्रयोग इसी संदर्भ में किया गया है। **कौटिल्य** और बौद्धायन ने भी इसे इसी अर्थ में प्रयोग किया है। सम्पत्ति के हस्तान्तरण के सम्बन्ध में जो नियम प्राचीन धर्मशास्त्रों में मिलता है उससे यह जानकारी प्राप्त होती है कि एक मूल पुरुष से प्रादुर्भूत सभी वंशजों का एक ही गोत्र समझा जाता था। सम्भवतः उस समय सम्पत्ति के सभी उत्तराधिकारी सगोत्र के अन्तर्गत वही व्यक्ति आते थे जो किसी एक सामान्य पूर्वज या मूल पुरुष ऋषि से जिनका संबंध था।

कुछ लेखकों के अनुसार गोत्र तथा प्रवर एक दूसरे से अलग नहीं है। पर यह

गलत है। **करन्दीकर** का कहना है कि गोत्र का सम्बन्ध केवल रक्त सम्बन्धित व्यक्तियों से है जबकि प्रवर आध्यात्मिक सम्बन्धों का उल्लेख प्राप्त होता है।

विज्ञानेश्वर ब्राह्मणों के गोत्र को ही वास्तविक गोत्र की संज्ञा दी है : क्षत्रियों और वैश्यों के गोत्र उनके पुरोहितों पर निर्भर होते हैं। शूद्रों का कोई गोत्र नहीं होता परन्तु धीरे-धीरे किसी-न-किसी आधार पर सब जातियों में गोत्र की भावना विकसित होती गयी फिर भी प्रत्येक जाति में इसकी धारणा और संगठन भिन्न-भिन्न हैं।

(ब) प्रवर बहिर्विवाह—गौतम के लेख से जानकारी प्राप्त होती है। धर्मसूत्रकाल के आरम्भ में प्रवर बहिर्विवाह सगोत्र बर्हिर्विवाह से बहुत-कुछ घुला-मिला था। आगे चलकर प्रवर का अर्थ बहुत स्पष्ट हो गया। वैदिक इण्डेक्स के अनुसार प्रवर का अर्थ आह्वान करना होता है। इण्डो-आर्यन लोगों में अग्नि की पूजा या हवन का प्रचलन था। हवन करते समय पुरोहित अपने प्रमुख श्रेष्ठ ऋषि-पूर्वज का नाम लेते थे। इस प्रकार प्रवर के तहत एक व्यक्ति के उन पूर्वजों का समावेश होता है जो अग्नि का आह्वान करते हैं। **प्रभु** के अनुसार धीरे-धीरे इनके साथ सामाजिक धारणा भी जुड़ गई और इन ऋषि-पूर्वजों का महत्व अनेक घरेलू और सामाजिक संस्कारों में भी हो गया जिनमें विवाह संस्कार प्रमुख है। संक्षेप में यह कहा जा सकता है कि वे सभी व्यक्ति, जो एक सामान्य ऋषि-पूर्वज से अपना संस्कारात्मक या आध्यात्मिक सम्बन्ध जोड़ते हैं अपने को उसी एक पूर्वज से सम्बन्धित मानने के कारण आपस में विवाह नहीं करते। अतः स्पष्ट है कि प्रवर का कोई भी सम्बन्ध रक्त से नहीं है, बल्कि यह एक धार्मिक या आध्यात्मिक या संस्कार से सम्बन्धित समूह की ओर संकेत करता है। करन्दीकर ने भी इसे स्वीकार किया है।

चूँकि धार्मिक संस्कार सम्बन्धी कार्यों पर ब्राह्मणों का एकाधिकार था, इस कारण प्रवर की धारणा ब्राह्मणों में ही विशेष रूप से पाई जाती है। इस प्रवर के आधार पर ही ब्राह्मणों ने क्षत्रियों को यह विश्वास दिलाया कि वे क्षत्रियों से श्रेष्ठ हैं। इसी कारण अन्य जातियों में इसका महत्व नहीं के बारबर है।

धर्मसूत्रकाल या मनु के समय में यह निषेध अधिक कठोर नहीं था। महामहोपाध्याय काने के अनुसार सगोत्र और सप्रवर विवाह पर निषेध तीसरी शताब्दी के बाद बहुत कठोर हो गया। नवीं शताब्दी के बाद तो सगोत्र विवाह एक क्षमा न करने योग्य पाप समझा जाता था और आज भी विशेषकर महाराष्ट्र में इस सम्बन्ध में कठोर निषेध है। सन् 1949 के हिन्दू विवाह के अनुसार सगोत्र और सप्रवर विवाह सम्बन्धी सभी वैधानिक कठिनाइयाँ दूर हो गई हैं।

(स) सपिण्ड बहिर्विवाह—सगोत्र और सप्रवर विवाहों के अतिरिक्त हिन्दुओं में सपिण्ड विवाह पर भी निषेध पाया जाता है। **मनु के** अनुसार सपिण्ड विवाह का निषेध मातृ-पक्ष की लड़की से विवाह न करने से सम्बन्धित है। इसमें माता से 6 पीढ़ी नीचे तक की लड़कियाँ आती थीं, इस कारण मनु ने मामी, मौसी और बुआ की लड़कियों से विवाह करना बहुत बुरा समझा।

विज्ञानेश्वर के अनुसार एक ही पिण्ड अर्थात् देह रखने वालों में एक ही शरीर के अवयव रखने के कारण सपिण्डता का सम्बन्ध होता है। पिता और पुत्र का संबंध एक ही पिंड से है, क्योंकि पिता की देह स्थानांतरित हो जाते हैं इसी प्रकार दादा आदि के शरीरावयव पिता द्वारा पोते में आने से वे सपिण्ड है। माता के शरीर का अंश आने से पुत्र की माता के साथ सपिण्डता की क्रिया होती है। इस प्रकार जहाँ-जहाँ सपिण्ड शब्द का इस्तेमाल हो, वहाँ एक शरीर के अवयवों का सम्बन्ध समझना चाहिए। इस तरह सपिण्ड का जुड़ाव मातृ पक्ष की लड़कियों से ही नहीं, बल्कि पितृ-पक्ष की लड़कियों से भी होता है। विज्ञानेश्वर की यह व्याख्या मिताक्षरा के मत से सपिण्ड के अर्थ को भलीभांति प्रस्तुत करती है।

वास्तव में सपिण्ड की व्याख्या मिताक्षरा दायभाग के टीकाकारों द्वारा विभिन्न रूपों में की गई है। मिताक्षरा का कहना है कि जिस प्रकार विज्ञानेश्वर की उपयुक्त व्याख्या से स्पष्ट है, पिण्ड का अर्थ रक्त की निकटता है। एक ही शरीर निकट रक्त सम्बन्ध या वंशानुसंक्रमण द्वारा समान शरीरवयव रखने वाले व्यक्ति को सपिण्ड की संज्ञा दी जाती है। यह सपिण्डता का सम्बन्ध माता की तरफ की पाँच पीढ़ियों तक और पिता की तरफ की सात पीढ़ियों तक मान्य होता है और इनके अन्तर्गत आने वाले व्यक्तियों में परस्पर वैवाहिक संबंध स्थापित नहीं किये जा सकते हैं।

दायभाग के टीकाकारों के अनुसार पिण्ड का अर्थ श्राद्ध में पितरों को दिया जाने वाला चावल का गोला होता है। उनका कहना हैं कि वह व्यक्ति, जो इस प्रकार पूर्वजों को पिण्डदान करने के अधिकारी है, उन्हें सपिंड कहा जाता है और इनमें इस कारण विवाह नहीं हो सकता। महाभारत काल में इस सम्बन्ध में कोई कठोर नियम नहीं थे अर्जुन ने अपनी मामा की बेटी सुभद्रा से शादी की थी। अर्जुन के भाई सहदेव और पुत्र अभिमन्यु ने भी ऐसा ही किया था। श्रीकृष्ण ने भी अपने मामा की लड़की रुक्मिणी से विवाह किया था। कर्नाटक और मैसूर के ब्राह्मणों में बहन की लड़की से विवाह की प्रथा का उल्लेख मिलता है।

बहिर्विवाह निषेध के प्रमुख प्रयोजन—समाज में बहिर्विवाह इन निषेधों में सर्वमान्य उद्देश्य भाई और बहन, माता और पुत्र, पिता और पुत्री के बीच यौन सम्बन्ध

को रोकना है। धर्मशास्त्रों ने स्पष्ट ही घोषणा की है कि माता, बहन, पुत्री, पुत्रवधू आदि से यौन-सम्बन्ध महापाप है और इसे किसी भी परिस्थिति में क्षमा नहीं किया जा सकता। **डॉ. वनावलकर** के अनुसार ये निषेध विवाह-सम्बन्ध को नियन्त्रित करने और प्रतिषिद्ध यौन-सम्बन्धी निषेधों को लागू करने के लिये हैं। काने के अनुसार इन निषेधों के दो उद्देश्य हैं प्रथम यदि निकट सम्बन्धित व्यक्ति आपस में विवाह करते हैं तो उनका दोष उनकी संतानों को प्राप्त हो जाएगा, दूसरा, उद्देश्य यह है कि निकट सम्बन्धियों में विवाह होने से उनमें अशोभन प्रेम-विवाद पनपने का डर रहेगा जिससे नैतिक पतन की सम्भावना है।

बहिर्विवाह के सामाजिक परिणाम—1. बहिर्विवाह के नियमों के अनेक योग्य लड़के-लड़कियों को छोड़ना पड़ता है क्योंकि हिन्दुओं में इसका क्षेत्र अत्यन्त विस्तृत है और पिता की सात और माता की पाँच पीढ़ियों में विवाह नहीं हो सकता। इस प्रकार जीवन-साथी चुनने में अत्यन्त कठिनाई होती है।

2. इस कठिनाई से लाभ उठाने की इच्छा से ही लड़कों के पिता कन्या पक्ष से अधिक वर-मूल्य की माँग करते हैं। वर-मूल्य या दहेज प्रथा स्वयं ही एक सामाजिक समस्या है।

इस वर-मूल्य प्रथा के कारण ही बाल-विवाह, बेमेल विवाह और बाल-विधवाओं की समस्या उत्पन्न होती है।

अनुलोम व प्रतिलोम विवाह

हिन्दुओं में जीवन-साथी के चुनाव के सम्बन्ध में जितने प्रतिबन्ध या निषेध प्रचलित किये गये थे, उनमें अनुलोम या प्रतिलोम भी उल्लेखनीय है। ये दोनों ही नियम प्राचीन भारतीय समाज से सम्बन्धित है जबकि अन्तर्जातीय विवाह पर कोई विशेष प्रतिबन्ध नहीं था अर्थात् जब ब्राह्मण, क्षत्रिय, वैश्य आदि वर्गों में परस्पर विवाह-सम्बन्ध स्थापित हो जाते थे। इस प्रकार के विवाह को अन्तर्जातीय या अन्तर्वर्णीय कुलीन विवाह भी कहते हैं। इनके विषय में संक्षेप में हम इस प्रकार विवेचना कर सकते हैं—

अनुलोम और प्रतिलोम विवाह क्या है?—शास्त्रों में बार-बार कहा गया है कि कन्या का विवाह अपने से उच्च कुल के साथ करना चाहिए। शास्त्र के अनुसार इस प्रकार के विवाह को अनुलोम और उसके विपरीत रूप को प्रतिलोम कहा गया है। जब उच्च वर्ण के पुरुष का अपने वर्ण अर्थात् अपने से निम्न वर्ण की कन्या के साथ विवाह होता है तो उसे अनुलोम विवाह कहा जाता है। दूसरे शब्दों में, कन्या की अपने

बराबर या उससे ऊँचे वर्ण के लड़के के साथ विवाह अनुलोम है। इसके विपरित निम्न वर्ग के पुरुष तथा उच्च्य वर्ण की स्त्री के के मध्य वैवाहिक सम्बन्ध को प्रतिलोम विवाह की संज्ञा दी जाती है अर्थात् प्रतिलोम के अन्तर्गत वर का वर्ण कन्या के वर्ण से नीचे दर्जे का हो।

मनुस्मृति के अनुसार ब्राह्मण अपने से निम्न तीन वर्णों की कन्याओं से अर्थात् वैश्य तथा शूद्र कन्या से, क्षत्रिय अपने वर्ण के अतिरिक्त अन्य दो वर्णों वैश्य और शुद्र की कन्याओं से और अपने वर्ण के अतिरिक्त शूद्र कन्या के विवाह करने के लिये स्वतंत्र हैं। मनुस्मृति 3-13 दूसरी ओर, मनुस्मृति में ही एक दूसरे स्थान पर यह कहा गया है कि ब्राह्मण तथा क्षत्रिय के लिये आपद् के समय भी अर्थात् सवर्ण कन्या के न मिलने पर भी शूद्र की कन्या से विवाह की इजाजत नहीं है मनुस्मृति 3-14 इन दो विरोधी मतों से ऐसा प्रतीत होता है कि मनुस्मृति की प्रारम्भिक परम्परा का अध्ययन करने पर यह पता चलता है कि अनुलोम विवाह को मान्यता प्राप्त थी, पर बाद में इस प्रकार के विवाह पर रोक लगा दी गयी।

मनुस्मृति के शब्दों में जो वह ब्राह्मण जिसका संबंध द्विज कुल से है तथा वैश्य सवर्ण स्त्री के स्थान पर किसी हीन कुल की स्त्री से विवाह करता है उसका कुल वंश भी हीन शूद्र हो जाता है। अत्रि और गौतम का मानना है कि जो व्यक्ति शुद्र कन्या से विवाह करता है पतित हो जाता है। **शौनक** के अनुसार उससे पुत्र उत्पन्न होने पर पतित होता है और भृगु का मत है कि शूद्रो की सन्तान होने पर पतित होता है मनुस्मृति 3-16 शूद्र के साथ सम्भोग करने से ब्राह्मण नरक में जाता है और उससे पुत्र उत्पन्न पर वह ब्राह्मणत्व खो देता है। इन सब कथनों से एक बात यह स्पष्ट हो जाती है, कि अनुलोम विवाह के अन्तर्गत ब्राह्मण, क्षत्रिय एक वैश्य में परम्पर विवाह करने की अनुमति स्मृतिकार में भी थी क्योंकि ये सभी द्विज थे और इस समानता के आधार पर वे आपस में विवाह कर सकते थे पर शूद्रों की अनुमति उच्च्य वर्ण के पुरुषों को नहीं दी गई थी।

तो दूसरी तरफ प्रतिलोम को मनु ने मान्यता प्रदान की है। इसीलिये मनुस्मृति विवाह सम्बन्धों का कठोरता से विरोध किया गया है और इस प्रकार के विवाहों को बिल्कुल निकृष्ट तथा हेय माना गया है। ऐसे विवाहों से उत्पन्न संतानों को अछूत कहा जाता है। उदाहरणार्थ, ब्राह्मण लड़कों और शूद्र लड़की उत्पन्न सन्तान को मनु की श्रेणी में रखा और ये चाण्डाल अपवित्र है। इस प्रकार हम देखते हैं कि आरम्भ में प्रतिलोम विवाह भले ही मान्य हो, पर बाद में इस प्रकार के विवाह को सही नहीं माना जाने लगा। **हट्टन** के अनुसार यह निषेध इस प्रकार था कि इस प्रकार के विवाहों

से उत्पन्न सन्तान माता या पिता दोनों में से किसी के भी कुल को प्राप्त नहीं कर पाती थी।

परम्परागत अनुलोम प्रथा के अन्तर्गत उच्च वर्ण के लोग कई विवाहों को कर सकते थे। कुछ विद्वानों का कथन है कि उस समय ब्राह्मण चार विवाह कर सकता था, क्षत्रिय तीन, वैश्य दो एवं शूद्र एक। स्पष्ट है कि विवाह के ये अधिकार जातीय उच्चता के आधार पर थे। ब्राह्मण की दशा सर्वश्रेष्ठ थी, अतः उसे चार वर्णों से एक-एक कन्या को पत्नी के रूप में प्राप्त करने का अधिकार था। इसके विपरीत शूद्र की स्थिति सबसे निम्न थी, इस कारण वह केवल एक ही विवाह कर सकता था। डॉ. राधाकृष्णन का मत है कि दसवीं सदी के बाद हिन्दू समाज में अनुलोम विवाह को प्रोत्साहित नहीं किया गया और धीरे-धीरे इस प्रथा का अन्त होकर इसका एक दूसरा रूप सामने आया जिसे सजातीय कुलीन विवाह की संज्ञा दी गई थी।

कुलीन विवाह

कुलीन विवाह का अर्थ—जैसा कि उपरोक्त विवेचना से स्पष्ट है कि कुलीन विवाह वह प्रथा है जो कि लड़की को अपनी ही जाति या उपजाति में अपने से बराबर या ऊँचे कुलों में विवाह करने की आज्ञा देती है। दूसरे शब्दों में लड़की को अपने से नीचे कुलों या वंश में विवाह करने की छूट है परन्तु एक व्यक्ति को अपनी लड़की का विवाह अपनी ही जाति में अपने बराबर या अपने से ऊँचे कुलों में करना पड़ता है। यही कुलीन विवाह है।

कुलीन विवाह के जन्म के प्रमुख कारण

अन्तर्जातीय कुलीन विवाह या अनुलोम प्रथा के खत्म हो जाने के साथ सजातीय कुलीन विवाह का जन्म हुआ। इसका मुख्य कारण यह था कि जाति में विभिन्न सामाजिक स्थिति प्रतिष्ठा या मर्यादा वाले समूह बन गए जैसा कि कान्यकुब्जों में बिस्वा के आधार पर विभिन्न समूह है। जब एक ही जाति के अन्दर इस तरह के समूहों में नीचे कुल की लड़की का विवाह उससे ऊँचे कुल में होता है तो उसे सजातीय कुलीन विवाह कहते है।

सजातीय कुलीन विवाह के उत्पन्न होने का मुख्य कारण एक ही जाति में विभिन्न सामाजिक स्तर या स्थिति वाले समूहों का होना है। स्तरों या स्थितियों में असमानता, प्रजातीय श्रेष्ठता, राजनीतिक प्रभुता या क्षेत्रीय प्रभुता आदि हैं सजातीय कुलीन विवाह का प्रमुख कारण राजनीतिक प्रभुता और राजवंश से सम्पर्क के आधार

पर ऐसी समानताओं की उत्पत्ति हुई थी। कान्यकुब्जों में उन्हें उच्च स्थान प्राप्त था। जिन्हें मुगल बादशाहों से किसी-न-किसी प्रकार का सहयोग अवश्य प्राप्त होता था। बीस बिस्वा के कान्यकुब्ज सबसे उच्च स्थान प्राप्त था। डॉ. शर्मा ने उत्तर प्रदेश के ब्राह्मणों की कुलीन विवाह प्रथा का जो अध्ययन किया है उससे यह जानकारी प्राप्त होती है कि सनाढ्यों ने जिन परिवारों को बदायूँ के एक राजा के द्वारा सम्मानित किया गया, उनकी सन्तानों को श्रेष्ठ माना जाता है। उसी प्रकार अल्मोड़ा और नैनीताल जिलों के कुर्माचली ब्राह्मणों को राजाओं द्वारा सम्मान प्राप्त होता था, उन्हें श्रेष्ठ कहा जाता था। उत्तर प्रदेश के अहीर अपनी लड़कियों का विवाह इस प्रदेश के पश्चिम दिशा में अवस्थित गाँवों में करने की इच्छा रखते थे और डॉ॰ शर्मा के अनुसार इसका कारण यह है कि भगवान् कृष्ण का जन्म पश्चिम में हुआ था और अहीर उन्हें अपना पूर्वज कहते थे। इसलिए पश्चिम के गाँवो को पूर्व के गाँवो की तुलना में काफी अच्छा माना जाता है।

कपाड़िया के अनुसार अनबिल लोगों में दो सामाजिक समूह पाये जाते हैं—देसाई और भटेला। इनमें देसाई की सामाजिक स्थिति भटेला से ऊँची है। इसलिए देसाई अपनी कन्या की शादी भटेला से नहीं करना चाहता है। उसी प्रकार स्वयं को ग्रामों के अनुसार विभाजित करने का प्रयास किया है। चारोतर के पाटीदारों की सामाजिक स्थिति ऊँची है, इसलिये वह आपस के क्षेत्र से कन्यायें ले लेते हैं, देते नहीं।

कुलीन विवाह का परिणाम

सामाजिक मान्यता के अनुसार जिस वर्ग का संबंध श्रेष्ठ कुल से होता है उसे काफी उच्च स्थान प्राप्त होता है। उस वर्ग के लड़कों को वर के रूप में पाने का प्रयास निचले स्तर के सभी वर्ग या कुल करते हैं। यही वजह है कि ऊँचे कुल के लड़कों की कमी होती जा रही है और लड़कियों को उनकी योग्यता के अनुसार वर नहीं मिल पाता। दूसरा वह समूह है जो नीचे कुल का है। इस कुल में लड़कियों की संख्या कम होती जा रही है। इस वजह से लड़कियाँ अविवाहित रह जाती है या एक लड़के से कई लड़कियों की शादी हो जाती है। कहीं-कही ऊँचे कुलों की संख्या अधिक होती है और लड़की पक्ष के लोग दहेज के अन्तर्गत ज्यादा से ज्यादा धन देकर लड़कियों का विवाह करते हैं फलतः दहेज का प्रचार-प्रसार होता है अतः ऊँचा दहेज देकर आजीवन ऋणी जाते हैं। जो लोग दहेज देने में असमर्थ होते हैं वे अपनी सामाजिक प्रतिष्ठा बचाने के लिए किसी भी उम्र वाले कुलीन पुरुष के साथ लड़की का विवाह

कर देते हैं चाहे लड़की आठ-दस साल की हो और वर कोई बूढ़ा साठ-सत्तर साल का। बंगाल और बिहार के कुलीन पुरुषों के पास सौ से भी अधिक पत्नियाँ होती हैं। सबसे नीचे के कुल में भी लड़कियों की कमी के कारण बाल विवाह का प्रचलन तथा कन्या मूल्य की माँग बढ़ती है।

इन्हीं दुष्परिणामों के प्रति आज का हिन्दू बहुत सचेत होता जा रहा है इसके फलस्वरूप इस प्रथा का प्रचलन अब कम हो गया है, अन्तर्राष्ट्रीय विवाह के प्रचलन के बढ़ने से कुलीन विवाह में कमी आई है।

4

दहेज समस्या

हमें कदम-कदम पर कठिनाइयों का सामना करना पड़ता है परन्तु ये कठिनाईयाँ हमारे सामने किस रूप में सामने आएँगी इसका अंदाजा हम नहीं लगा सकते हैं। अतः हमें इन कठिनाइयों को दूर करने का प्रयास करना चाहिए न कि इनसे हार मान लेनी चाहिए क्योंकि उनके निराकरण की भी सम्भावनाएँ होती हैं और समाधान भी होते हैं, जिनका रास्ता तथा विकल्प बनाने होते हैं। शिक्षा, व्यवसाय, आर्थिक, सामाजिक, धार्मिक सभी ऐसे क्षेत्र हैं जहाँ समस्या उत्पन्न होती है और उन्हें दूर करने का प्रयास किया जाता है। दहेज प्रथा भी काफी बड़ी समस्या है। इसे वर मूल्य प्रथा भी कहा जाता है जिसमें वर पक्ष कन्या पक्ष से विवाह के समय धन तथा उपयोगी सामान की माँग करते हैं। वर पक्ष के अनुसार वर के ऊपर बाल्यावस्था से लेकर जवानी तक जितना व्यय हुआ है वह कन्या पक्ष से दहेज के रूप में लेना चाहिए जिसे वर मूल्य कहा जाता है जबकि वर मूल्य प्रथा तथा दहेज एक समान नहीं होते हैं। विवाह के समय प्रायः लड़कियों के घर वालों की तरफ से कन्या व वर को कुछ वस्तुएँ तथा धन उपहार स्वरूप देने की प्रथा है जिसे दहेज कहा जाता है। कन्या इसके विपरीत वर मूल्य वह निश्चित धन या भेंट है जो विवाह के पूर्व वर पक्ष निश्चित कर लेते हैं जिसे विवाह से पूर्व ही कन्या पक्ष को चुका देना होता है ऐसा न होने पर विवाह सम्पन्न नहीं होता है।

इस प्रकार हम समझ सकते हैं कि दहेज बुरी प्रथा नहीं है क्योंकि दहेज प्रथा कन्या पक्ष के द्वारा वर-वधू को सप्रेम अपनी स्वेच्छा से दी जाती है जबकि वर मूल्य बुरी प्रथा है। दहेज निषेघ अधिनियम सन् 1961 में लागू किया गया था। कानूनी आधार पर भी वर मूल्य और दहेज की धारणाओं में काफी अंतर है।

दहेज प्रथा के प्रमुख कारण

दहेज की शुरूआत किन कारणों से हुई इनसे पर निम्न बिन्दुओं में प्रकाश डाला जा रहा है–

सीमित क्षेत्र–जाति और उपजातियों मे विवाह होने से उपयुक्त वर मिलना कठिन होता है और वर-मूल्य प्रथा का प्रादुभाव होता है।

बाल-विवाह–बाल-विवाह के कारण लड़के या लड़कियों को स्वयं अपने जीवन-साथी चुनने का अवसर नहीं मिलता और लड़के का पिता अपने लाभ के लिए वर मूल्य को माँगता है।

हिन्दुओं में विवाह की अनिवार्यता–इस अनिवार्यता से लड़के लाभ उठा सकते हैं और वर-मूल्य की माँग करते हैं।

कुलीन विवाह–कुलीन विवाह के कारण ऊँचे कुल में लड़कों की अत्यधिक कमी होती है और उचित वर पाने के लिए अधिक से अधिक मूल्य देने को लड़की वाले बाध्य होते हैं।

शिक्षा तथा मान-सम्मान–आधुनिक युग में शिक्षा और प्रतिष्ठा का अत्यधिक महत्व होने के कारण प्रत्येक पिता कन्या के लिए शिक्षित और प्रतिष्ठित लड़के को ढूँढता है। इनकी संख्या अधिक होने के कारण इनका मूल्य बढ़ता है।

आर्थिक महत्व–धन का महत्व भी आज के समाज में बहुत अधिक है। धन के आधार पर आज योग्य वरों को खरीदने का प्रयत्न किया जाता है।

यातायात के माध्यमों में विकास–यातायात के साधनों में उन्नति के कारण नगरीकरण और औद्योगीकरण बढ़ता गया और एक जाति या उपजाति के लोग दूर-दूर छिटक गए। इससे अपनी जाति या उपजाति में वर मिलना कठिन हो गया तथा वर-मूल्य प्रथा को बढ़ाया मिला।

दहेज प्रथा के गुण

जहाँ एक ओर दहेज प्रथा के कारण कन्याओं का वैवाहिक जीवन दूषित होता जा रहा है तो दूसरी कुछ गुण भी पाये जाते हैं जिन पर निम्न बिन्दुओं में प्रकाश डाला जा रहा है–

(1) बाल-विवाह पर रोक–वर पक्ष की तरफ से ज्यादा से ज्यादा वर मूल्य की माँग करने के कारण लोग अपनी कन्या का विवाह जल्दी नहीं कर पाते हैं, इससे बाल-विवाह को अत्यधिक बल नहीं मिलता।

(2) स्त्री-शिक्षा—वर-मूल्य की बढ़ती माँग के कारण जब लड़कियों का विवाह जल्दी नहीं हो पाता है तो लड़कियों को शिक्षा प्राप्त करने का, और इससे आगे चलकर अपने पैरों पर खड़े होने का अवसर मिल जाता है। लोग लड़कियों को इसलिये पढ़ाते हैं कि शिक्षित लड़कियों के लिये कम वर-मूल्य देना होगा।

दहेज प्रथा के दोष

(1) दो परिवारों में शत्रुता—वर मूल्य के लेन-देन को लेकर दहेज के नाम पर वधू को काफी प्रताड़ित किया जाता है और उसकी प्रतिक्रियास्वरूप दो परिवारों से तनाव हो जाता है। कभी-कभी यह तनाव बढ़ते-बढ़ते शत्रुता का रूप ले लेती है और नव वर-वधू का वैवाहिक जीवन भी दुःखमय हो जाता है।

(2) धन की कमी—वर पक्ष की बढ़ती हुई इच्छाओं की पूर्ति हेतु लड़की के माता-पिता महाजन से ऋण लेते हैं अथवा अपनी सम्पत्ति को बेचते या गिरवी रखते हैं। इस कारण अनेक परिवारों में आजीवन धन का अभाव बरकरार रहता है।

(3) दुःखमय वैवाहिक जीवन—तय किए गए वर-मूल्य को न देने पर वर-पक्ष व वधू पक्ष के मध्य क्लेश काफी बढ़ जाता है तथा उन्हें कष्टों का सामना करना होता है। भारतीय दण्ड-विधान में एक लोटा-चोर के लिए भी दण्ड-व्यवस्था है, लेकिन आश्चर्य की बात है कि इस दण्ड विधान में इस प्रकार के अपराधी परिवारों के लिए किसी भी प्रकार का दण्ड का विधान नहीं है जो अपनी वधुओं की समस्त आशा और अभिलाषाओं का गला घोंटकर उन्हें काफी प्रताड़ित करते हैं।

(4) शिशु हत्या—जब वर मूल्य प्रथा अत्यधिक गम्भीर रूप धारण कर लेती है तो बहुधा अनेक माता-पिता अपनी लड़की को पैदा होते ही मार डालते है। राजस्थान में इस प्रकार की हत्या को कानून द्वारा रोकना पड़ा था।

(5) आत्महत्या—आज शिशु हत्या का दूसरा रूप यह है कि लड़कियाँ अपने माता-पिता के दुर्व्यवहार या तानों से परेशान होकर या उन्हें योग्य वर की तलाश में दर-दर की ठोकरें खाते देख आत्महत्या को ही आत्मरक्षा के साधन के रूप में चुन लेती हैं।

(6) बेमेल विवाह—वर मूल्य की माँग को पूरा न कर सकने पर योग्य वर नहीं मिल पाता और प्रायः कन्या के माता-पिता बेमेल विवाह करने पर तैयार हो जाते है। बंगाल, बिहार उत्तर प्रदेश के पूर्वी भागों में ऐसे बेमेल विवाह के अनेक उदाहरण पाए जाते हैं।

समस्या का समाधान

कानूनी हल—दहेज व वर मूल्य प्रथा को समाप्त के लिए भारतीय संविधान में विभिन्न प्रात्वधानों को बरकरार रखने के साथ-साथ इसके अनुपालन करने का हरसंभव प्रयास किया जा रहा है क्योंकि राष्ट्र के महिला-संगठनों ने यह माँग सरकार से की थी। इस माँग की पूर्ति के लिए सरकार ने एक दहेज-प्रतिबन्ध विधेयक लोकसभा तथा राज्यसभा के सम्मुख प्रकट किया था। इस विधेयक की कुछ धाराओं के सम्बन्ध में लोकसभा तथा राज्यसभा के बीच कुछ मतभेद था। इन मतभेदों को दूर करने के लिए 9 मई 1961 को संसद ने इन दोनों सदनों का एक संयुक्त अधिवेशन आमन्त्रित किया गया। इस ऐतिहासिक अधिवेशन ने प्रत्यक्ष या अप्रत्यक्ष रूप से दहेज माँगने अथवा देने और लेने पर रोक लगाने व दण्ड देने का विधेयक स्वीकार कर लिया।

संयुक्त अधिवेशन में निर्णय किया कि विवाह के अवसर पर दिए गए उपहार दहेज नहीं समझे जायेंगे, लेकिन विवाह तय करते समय माँगे गए उपहार पर यह बात लागू नहीं होगी। दूसरे शब्दों में अमुक-अमुक या इतना उपहार देना ही होगा, इस प्रकार की कोई शर्त विवाह तय करते समय नहीं रखी जा सकेगी और वह दण्डनीय होगी। यह दण्ड 6 माह का कारावास और 5 हजार रुपये का जुर्माना हो सकता है एवं दहेज लेने-देने से सम्बन्धित किसी प्रकार का समझौता गैर-कानूनी होगा। इस कानून का उल्लंघन करते हुए जो कुछ भी दहेज दिया जाएगा, वह सभी पत्नी की सम्पत्ति मानी जाएगी, और पत्नी को या उसके उत्तराधिकारी को प्राप्त होगी।

संयुक्त अधिवेशन की बहस में जयपाल सिंह ने इस विधेयक का पूर्ण विरोध किया। उन्होंने कहा कि विधेयक लाखों आदिवासी भारतीयों के सामाजिक रीति-रिवाजों में दखलन्दाजी होगी। आचार्य कृपलानी ने भी विधेयक का विरोध किया। उन्होंने कहा कि बुराई कानून से दूर नहीं की जा सकती उन्होंने स्त्रियों को इस प्रथा के विरुद्ध सत्याग्रह की सलाह दी। कानून मन्त्री ए. के. सेन ने भी इस विरोध का स्वागत करते हुए कहा कि यह कानून पुस्तक का एक बेकार का पृष्ठ बनने के बजाय मानव-आचरण का एक मापदण्ड प्रमाणित होगा। यह सही मार्ग करेगा तथा घृणित दहेज प्रथा सम्बन्धी सामाजिक विचारधारा में परिवर्तन लाएगा। कानून बनने से दहेज प्रथा की पुरानी ताकत खत्म हो जाएगी। इस विधेयक को 22 मई, 1961 को राष्ट्रपति की स्वीकृति भी प्राप्त गई है और इस प्रकार विधेयक अब कानून के रूप में 1 जुलाई, सन् 1961 से लागू हो गया है।

दहेज प्रथा को समाप्त करने का हरसंभव प्रयास किया जा रहा है। इसके अन्तर्गत कुछ महत्वपूर्ण कदम उठाये जा रहे हैं जिन पर निम्न में प्रकाश डाला जा रहा है–

(1) लड़कियों को शिक्षित करना–दूसरी ओर लड़कियों को भी पढ़ाना-लिखाना चाहिए जिससे कि उनके जीवन में विवाह अनिवार्य न हो और वह बाध्यता दूर हो जाए जिसके होने से लड़कों के पिता अनुचित लाभ उठाते हैं।

(2) जीवन-साथी का अपनी स्वेच्छा से चयन–लड़कों और लड़कियों को पढ़ाने-लिखाने से उनको नौकरियों की सुविधा प्राप्त होने पर उन्हें एक-दूसरे के निकट आने का अवसर प्राप्त होगा और वे अपनी इच्छा से अपने जीवन-साथी को चुन सकेंगे। इस प्रकार के विवाह में वर-मूल्य को समाप्त किया जा सकेगा।

(3) स्वस्थ जनमत–इस सम्बन्ध में सबसे आवश्यक परिस्थिति स्वस्थ जनमत के द्वारा ही उत्पन्न हो सकती है। जब तक सामाजिक जागरण न होगा और लड़के व लड़कियाँ स्वयं अपने विवाह में वर-मूल्य का विरोध न करेंगे, तब तक इस दिशा में अधिक सफलता की आशा नहीं है। सरकार की ओर से इस बात का प्रयत्न होना चाहिए कि प्रचार जनमत को इस प्रथा के विरुद्ध क्रियाशील किया जाए।

(4) गाँधीजी का सुझाव–दहेज प्रथा की समस्याओं पर अपना ध्यान केन्द्रित करते हुए महात्मा गाँधी ने कहा था कि धन के लोभ में पड़कर लड़कियों के माँ-बाप को भी अंग्रेजी डिग्री वालों की मोह त्याग देना चाहिए और बहादुर नौजवान ढूँढ़ने के लिये अपनी छोटी जातियों और प्रान्तों से बाहर निकलने में संकोच नहीं करना चाहिए। जब तक किसी खास जाति के ही सौ दो सौ युवक-युवतियों के भीतर जीवन-साथी का चुनाव करना पड़ेगा या होता रहेगा, तब तक इस प्रथा की कितनी ही निन्दा की जाए, यह कायम रहेगी। अगर बुराई को जड़ से मिटाना है तो लड़के-लड़कियाँ या उनके माँ-बापों को जाति का बन्धन तोड़ना होगा। विवाह को उम्र भी बढ़ानी पड़ेगी और यदि आवश्यकता हुई तो लड़कियों को कुँवारी रहने का भी साहस करना पड़ेगा। इस सबके लिए ऐसी शिक्षा देनी होगी, जो राष्ट्र के युवक-युवतियों की मनोवृत्ति में क्रान्ति पैदा कर दे।

(5) लड़कों को आत्मनिर्भर बनाने का प्रयास–लड़कों के शिक्षित होने और उसके पश्चात् उन्हें अच्छी नौकरी प्राप्त करने के पश्चात् योग्य वरों की संख्या बढ़ जाएगी। उनके लिए प्रतियोगिता घट जाने से वर-मूल्य प्रथा को आसानी से रोका जा सकेगा।

(6) दहेज निषेध अधिनियम 1961–इसके अनुसार दहेज लेने या देने को

अपराध माना गया है। इस अधिनियम की धारा 5 के अनुसार दहेज लेनेदेने से सम्बन्धित किसी भी प्रकार के समझौते को गैर-कानूनी करार कर दिया गया है। साथ ही, अगर कोई व्यक्ति की माँग करता है तो उसे 6 महीने कैद की सजा के साथ-साथ 5,000 रुपये तक जुर्माना हो सकता है। बाद में केन्द्र सरकार ने इस कानून में दहेज प्रतिबंध अधिनियम, 1984 के द्वारा इस के अंतर्गत बदलाव कर सजा की अवधि को बढ़ाकर 2 वर्ष और जुर्माने की रकम को बढ़ाकर 10 हजार कर दिया गया है। इस अधिनियम के अन्तर्गत दहेज प्रतिबंध संशोधन अधिनियम 1986 द्वारा एक बार फिर परिवर्तन किये गये हैं। इस संशोधन के द्वारा दहेज सम्बन्धी अपराध के लिए सजा की अवधि 2 वर्ष से बढ़ाकर 5 वर्ष और जुर्माने की रकम 10 हजार से बढ़ाकर 15 हजार रुपये कर दी गई है। इस संशोधित अधिनियम के द्वारा दहेज अधिनियम के द्वारा दहेज सम्बन्धी अपराध को गैर-जमानती अपराध घोषित कर दिया गया है तथा देश के इतिहास में पहली बार दहेज-मृत्युओं को हत्या का रूप दिया जा रहा है।

(7) अन्तर्जातीय विवाह का प्रचार—अन्तर्जातीय विवाह पर अधिक बल देने से वर-मूल्य समस्या को काफी हद तक समाप्त किया जा सकता है। क्योंकि इससे योग्य लड़कों की कमी को अन्तर्जातीय विवाह की सहायता से दूर किया जा सकता है और वर मूल्य प्रथा को भी समाप्त किया जा सकेगा।

दहेज हत्याएँ

यद्यपि दहेज निषेधाज्ञा कानून, 1961 ने दहेज प्रथा पर रोक लगा दी है, लेकिन वास्तव में कानून के रहते हुए भी यह समस्या यथावत् विद्यमान है। दहेज संबधी शिकायतों के निपटान के लिए अलग से महिला अपराध निवारण शाखायें काम कर रही हैं। राष्ट्रीय महिला आयोग भी इस तरह की समस्याओं पर विशेष ध्यान देती हैं। इस प्रकार की कार्यवाहियों के कारण अब दहेज माँगने वाले पतियों और उनके परिवारों पर दहेज निषेधाज्ञा कानून के तहत मुकदमे दर्ज होने लगे हैं। इन सब उपायों के बावजूद गत वर्षों में दहेज की माँग और उसके साथ दहेज हत्याएँ बढ़ी हैं। भारत सरकार द्वारा मई, 2000 में दी गई रिपोर्ट के अनुसार भारत में हर 90 मिनट में एक दहेज हत्या हो जाती है। इस प्रकार एक दिन में 16 तथा एक वर्ष में लगभग 6,000 दहेज के कारण हत्याएँ होती है।

एक अध्ययन के अनुसार दहेज हत्याएँ किन-किन कारणों से हो रही हैं इन पर निम्न बिन्दुओं पर प्रकाश डाला जा रहा है—

1. लड़की के शिक्षा के स्तर और दहेज के लिए की गई हत्या में कोई पारस्परिक संबध नहीं होता,
2. दहेज हत्या के कारणों में सबसे महत्वपूर्ण समाजवैज्ञानिक कारक अपराधों पर वातावरण का दबाव है जो उसके परिवार के आन्तरिक और बाह्म कारणों से उत्पन्न होते हैं,
3. मध्यम वर्ग की स्त्रियों की दर निम्नवर्ग या उच्चवर्ग की स्त्रियों से अधिक होती है,
4. परिवार की रचना नव वधू के जलाने में निर्णायक भूमिका अदा करती है,
5. यह समस्या निम्न जाति की समस्या की अपेक्षा उच्च जाति में अधिक है,
6. लगभग 70% 21-24 वर्ष आयु समूह ही होती हैं,
7. दहेज हत्या से पूर्व युवा वधू को कई प्रकार से सताया जाता है।

भारत सरकार ने दहेज के अंतर्गत की जाने वाली हत्याओं को रोकने का काफी प्रयास किया है परन्तु भ्रष्टाचार व रिश्वतखोरी के परिणाम स्वरूप इस पर आज भी पूर्ण रूप से रोक नहीं लगायी जा सकी है। उदाहरण के लिए विवाह में सर्वेक्षण से यह जानकारी प्राप्त हुई हैं कि यहाँ पर प्रतिवर्ष 15 लाख कन्याओं की हत्या हो रही है। ग्रामीण लोगों का मानना है कि अगर लड़की पैदा होगी तो उन्हें दहेज देना पड़ेगा इसलिए वे कन्या भ्रूण के पैदा होते ही उन्हें दाइयों के सहयोग से मार दिया जाता है। दहेज दानव की समस्या दिनों-दिन विकराल आकार ग्रहण करती जा रही है। जहाँ सम्पत्ति के लोभ में बहुओं को जिंदा जलाया जा रहा है। परिणामस्वरूप बिहार तथा अन्य राज्यों में स्त्री-पुरुष अनुपात में काफी कमी होती जा रही है। 1981 में बिहार में एक हजार पुरुषों पर 946 महिलायें थीं जो संख्या 1991 में घटकर 911 हो गई। नारी उत्पीड़न और दहेज के मामले में उत्तर प्रदेश और राजस्थान, बिहार का नाम सबसे ऊपर आता है, विवाह पश्चात् कन्या की स्थिति में विशेष बदलाव नहीं आता है बल्कि उनकी स्थिति पहले की अपेक्षा और भी खराब हो जाती है।

भारत में महिलाओं को आधी आबादी की संज्ञा दी जाती है। भारत देश में ग्रामीण महिलाएँ उपेक्षित रही हैं, उनका आवश्यकतानुसार सर्वांगीण विकास नहीं हो पा रहा है जबकि ये जनसंख्या और श्रम-शक्ति का एक बड़ा भाग हैं। भारत में लगभग 40 करोड़ 63 लाख महिलाएँ आज भी गांवों में रहती हैं। ये महिलाएँ अधिकांशतया ग्रामीण क्षेत्रों की गरीब और अशिक्षित महिलाएँ हैं जो कि आर्थिक रूप से ग्रामीण अर्थव्यवस्था में महत्वपूर्ण भूमिका निभाती हैं। किन्तु विकास के सभी लाभों में ग्रामीण महिलाओं का यह वर्ग आज भी अछूता रहा है। इनके पास न तो सामाजिक

प्रतिष्ठा है और न ही जीवन-यापन के लिए पर्याप्त संसाधन। भारत के अधिकार लोगों के जीविका का साधन कृषि है और देश के आर्थिक विकास में ग्रामीण महिलाएँ महत्वपूर्ण भूमिका निभाती हैं। भारत में अधिकांशतः 85% ग्रामीण महिलाएँ कृषि क्षेत्रों में खेतिहर या मजदूरी के रूप में अपनी व अपने परिवार की रोजी-रोटी चलाती हैं।

महिलाओं की आर्थिक स्थिति को वर्तमान समाज की स्थिति के विकास के एक निर्धारक के रूप में स्वीकार किया जाता है। क्योंकि महिलाएँ प्रत्यक्ष अथवा अप्रत्यक्ष रूप से आर्थिक क्रियाओं में योगदान देती हैं। ग्रामीण महिलाएँ समस्त पारिवारिक दायित्वों का बोझ स्वयं उठाकर पुरुषों को केवल अवसर प्रदान करती हैं या स्वयं भी पारिवारिक उत्तरदायित्वों का निर्वाह करने के साथ-साथ पुरुषों के साथ कंधा मिलाकर क्रियाओं में समान भागीदारी भी निभाती हैं।

भारत सरकार व राज्य सरकारों के द्वारा विभिन्न क्षेत्रों में कार्यरत महिलाओं के कल्याण एवं उनके सामाजिक और आर्थिक उत्थान के लिए अनेक योजनाएँ व कार्यक्रम प्रारंभ किए गए हैं, ताकि महिलाओं की आर्थिक व सामाजिक स्थिति में सुधार कर उनका सर्वांगीण विकास किया जा सके। किंतु कार्यक्रमों का समुचित लाभ ग्रामीण महिलाओं को प्राप्त नहीं हो सका। क्योंकि योजनाओं को अभी तक सरकार अपने स्तर पर प्रभावशाली तरीके से संचालित नहीं कर सकी है। महिला कल्याण व उत्थान से संबंधित योजनाएँ व कार्यक्रम केवल आँकड़ों व सरकारी दस्तावेज में सिमट कर ही रह जाते हैं जो व्यावहारिक सच्चाई को प्रकट नहीं करते हैं। श्रमिक महिलाओं के बारे में आठवीं योजना के लक्ष्यों को प्राप्त करने तथा अन्य योजनाओं को पूरा करने की दिशा में जोर दिया गया था, परन्तु महिलाओं में संगठन की कमी के कारण विभिन्न प्रकार की योजनाओं के चलते भी वे लाभ नहीं उठा पा रही हैं।

पुरुषों के परंपरागत व्यवसायों में महिला श्रमिकों की संख्या में निरंतर बढ़ोतरी नहीं है। और प्रत्येक आर्थिक क्षेत्र में चाहे वह ग्रामीण अर्थव्यवस्था हो अथवा शहरी अर्थव्यवस्था, महिलाओं की अपनी आर्थिक स्थिति में कोई सुधार नहीं हुआ है। महिला होने के नाते उनके साथ परिवार, समाज, राज्य में आर्थिक व सामाजिक आधार पर भेदभाव किया जाता रहा है। महिलाएँ कृषि श्रमिक के रूप में दो-तिहाई के लगभग कार्य करती हैं किन्तु कार्य का मूल्यांकन परिवार व मजदूरी देने के संबध में आंकलन भेदभावपूर्ण तरीके से किया जाता है।

महिलाओं सर्वांगीण विकास के अंतर्गत सभी पंचवर्षीय योजनाओं में काफी धनराशि इन योजनाओं के तहत व्यय की जाती हैं, परन्तु इसके बाद भी अपेक्षित

विकास नहीं हो पा रहा है। कल्याण कार्यक्रमों को आगे बढ़ाने के लिये 1953 में केंद्रीय समाज कल्याण बोर्ड का गठन किया गया। योजनाओं के अन्तर्गत महिलाएँ पूर्ण रूप से शिक्षित नहीं होने के कारण देश के विकास में एक बाधा के रूप में देखी गयीं। अब महिला कल्याण के स्थान पर महिला विकास पर अधिक ध्यान दिया जा रहा है ताकि महिलाओं का उत्थान कर उन्हें देश के विकास की मुख्य धारा से जोड़ा जा सके। राष्ट्र में ग्रामीण क्षेत्रों में शिक्षा का स्तर काफी कम है जो अत्यंत शोचनीय है। शिक्षा के निम्न स्तर के कारण भी विकास की योजनाएँ ग्राम व शहर की पूरी तरह से विकास नहीं हो सका है।

महिलाओं का आज भी सर्वांगीण विकास नहीं हो पा रहा है क्योंकि पुरुष प्रधान समाज अभी भी दखल दे रहा है क्योंकि वह चाहता कि पुरानी परम्पराओं को जड़ से समाप्त कर दिया जाय।

स्त्रियों के उत्थान के अंतर्गत किये जाने वाले प्रयास

सरकार द्वारा स्त्रियों के सर्वांगीण विकास के अन्तर्गत एक शिक्षण कार्यक्रम शैक्षिक संगठनों के जरिये सन् 1982 में इसकी शुरुआत की गई। इसके लिए 90 प्रतिशत सहायता केंद्रीय सरकार द्वारा मुहैया करायी जाती है। इसमें सरकारी कार्यकर्त्ताओं समेत अन्य कार्यकर्त्ताओं तथा सामाजिक कार्यकर्त्ताओं के लिए प्रशिक्षण शिविर चलाना, इसके अलावा कानूनी सहायता हैण्ड बुक, गाइड आदि उपलब्ध कराना तथा महिलाओं के खिलाफ हिंसा में हिंसा के खिलाफ आवाज उठाने तथा परम्परागत संचार माध्यमों का इस्तेमाल आदि शामिल हैं। इस कार्यक्रम में अपहरण, पाश्विकता, शोषण व लूट-खसोट से पीड़ित स्त्रियों के विकास पर ध्यान दिया जाता है।

5

विधवा-विवाह

भारतीय समाज में विधवा-विवाह को आज भी मान्यता प्राप्त नहीं है। हिन्दुओं में इस सम्बन्ध में जितने प्रतिबन्ध हैं उनमें से एक प्रतिबन्ध यह भी है कि एक स्त्री अपने पति की मृत्यु के बाद पुनर्विवाह नहीं कर सकती जबकि पुरुषों के लिये ऐसा कोई प्रतिबन्ध नहीं है।

विधवा-विवाह से संबंधित अवधारणाएँ

विधवा विवाह का समर्थन कोई नवीन अवधारणा नहीं है क्योंकि वैदिक काल में भी देवर के साथ विवाह करने की प्रथा भी नियोग के द्वारा मात्र एक लड़के को प्राप्त करने के लिए अन्य व्यक्तियों से यौन-सम्बन्ध स्थापित कर सकती थी। लेकिन महाकाव्य के काल से विधवा-विवाह पर निषेध लागू हो गया। स्मृतिकाल की श्रुतियों से ज्ञात होता है कि दो परिस्थितियों में विधवायें पुनर्विवाह कर सकती थीं- एक तो जब एक युवती को बिना विवाह-संस्कार से कोई बलपूर्वक उठा ले या विवाह के बाद यौन-सम्बन्ध होने से पहले ही पति की मृत्यु हो गई हो। इसके अतिरिक्त उस काल में बाल-विधवाओं के विवाह को भी आज्ञा थी। पर धीरे-धीरे यह प्रथा भी समाप्त हो गई। जैन और बौद्ध धर्म के काल में इस सम्बन्ध में नियम काफी कठोर हो चुके थे और मुसलमानों के राज्य-स्थापना के बाद तो विधवाओं के पुनविर्वाह के निषेध चरम सीमा तक पहुँच गए। भारत में इस समय प्रायः 3,15,76,982 विधवायें हैं।

विधवा-विवाह के कुछ प्रमुख कारण

भारतवर्ष में सामाजिक परिस्थितियाँ ही विधवाओं के पुनर्विवाह पर रोक लगाती है। हिन्दू-समाज में विधवाओं के सम्बन्ध में जो निषेध पाए जाते हैं, उनके कुछ सामाजिक और धार्मिक कारण हैं, जिन्हें आगे वर्णित किया जा रहा है—

(1) अंधविश्वास—भारत में अंधविश्वास के कारण भी विधवाओं से विवाह करना उचित नहीं समझा गया क्योंकि ऐसा विश्वास किया जाता है, कि विधवा अभागिन होती है और उसके दुर्भाग्य से ही उसके पति की मृत्यु हुई है। यदि दूसरा कोई व्यक्ति ऐसी विधवा से विवाह करेगा तो विधवा का दुर्भाग्य उसी के दुर्भाग्य से उसे ढेर सारे कष्टों का सामना करना पड़ सकता है। इस डर से विधवा से कोई विवाह करने को तैयार नहीं होता।

(2) धार्मिक और सामाजिक निषेध का प्रसार—वैष्णव धर्म की जटिलता के कारण समाज में विभिन्न प्रकार की विचारधाराएँ जोर पकड़ती जा रही हैं। ब्राह्मणों ने विभिन्न शास्त्रों के माध्यम से विधवा विवाह को निषिद्ध बताया है। इस कारण उसका विरोध साधारणतः नहीं किया जाता। साथ ही उस समय स्त्रियों के सतीत्व की रक्षा करने का हरसंभव प्रयास किया जा रहा है। जिसके कारण एक पति अतिरिक्त किसी अन्य व्यक्ति से यौन-सम्बन्ध स्थापित करना सही नहीं माना जाता है।

(3) पवित्रवादी धारणा—हिन्दू धर्म पर जैन, बौद्ध और इस्लाम आदि धर्मों का आक्रमण एक के बाद दूसरा होता ही गया। इसके फलस्वरूप ब्राह्मण अपनी सामाजिक दशा की रक्षा के लिये पवित्रता की धारणा को उत्तरोत्तर दृढ़ करते गए। पवित्रतावादी इन धारणाओं का विस्तार अनेक सामाजिक निषेधों के रूप में हुआ जिनमें विधवा-विवाह पर निषेध एक था।

(4) कन्यादान का आदर्श—विधवा विवाह के निषेध प्रमुख रूप से कन्यादान के आदर्श पर आधारित हैं। कन्यादान की धारणा के अनुसार, पिता अपनी लड़की या कन्या को विवाह में एक पुरुष को विधिवत् दान कर लेता है, और कोई व्यक्ति किसी वस्तु का दान एक बार ही कर सकता है। जो व्यक्ति उस दान को ग्रहण करता है उसका अधिकार उस वस्तु पर उसकी मृत्यु के बाद भी बना रहता है। इस कारण एक बार दान में दिया गया, एक कन्या का दान, फिर कैसे हो सकता है? इस कारण कन्या का दोबारा विवाह नहीं हो सकता।

(5) स्त्रियों में शिक्षा की कमी—स्त्रियों के शिक्षित न होने के कारण भी विधवा-विवाह के प्रतिकूल परिस्थिति बनी रही। चूँकि भारतवर्ष में ज्यादातर स्त्रियाँ अशिक्षित हैं, इस कारण एक ओर से धर्म तथा शास्त्रों के पजों में फँसी रही ओर दूसरी और सामजिक सुधार-आन्दोलन भी पूर्ण रूप से सफल नहीं हो सका है।

(6) आत्मनिर्भरता की कमी—परिवार में स्त्रियों की शिक्षा पर अधिक ध्यान नहीं दिया जाता जिसके कारण वे आत्मनिर्भर नहीं बन पाती हैं। विधवा-विवाह को

प्रोत्साहन नहीं मिल सका है। विधवाओं का विवाह तब तक नहीं किया जा सकता है जब तक कि उन्हें शिक्षा तथा आर्थिक स्वतन्त्रता प्राप्त न होगी।

(7) प्राचीन दृष्टिकोण—पुराणों, महाकाव्यों आदि के द्वारा इस बात का उल्लेख मिलता है कि पति-पत्नी का सम्बन्ध स्वर्ग में भगवान द्वारा निर्धारित होता है। यह जन्म-जन्मान्तर का बन्धन होता है। ऐसे में दोनों व्यक्तियों के बीच तीसरे व्यक्ति को कोई स्थान नहीं दिया जाता है।

(8) रक्त की शुद्धता कायम रखना—भारत में मुसलमानों के आगमन के पश्चात् हिन्दुओं में रक्त की शुद्धता को बरकरार रखने की समस्या काफी जोर पकड़ने लगी थी। जिसके कारण स्त्रियों पर सामाजिक प्रतिबन्ध और भी कठोर कर दिये गए क्योंकि हिन्दू स्त्रियों से यहाँ तक कि विधवाओं से भी विवाह करने में मुसलमानों को कोई परहेज नहीं था। इस कारण एक ओर बाल-विवाह का प्रचलन बढ़ता गया और दूसरी ओर विधवाओं की पुनर्विवाह पर रोक प्रबल होती गयी।

विधवा-विवाह के अनुकूल परिस्थितियाँ

(1) सामाजिक गतिशीलता और धर्म का कम महत्व—हमारे देश में वर्तमान समय में सामाजिक गतिशीलता बढ़ जाने से लड़के-लड़कियों को एक-दूसरे के निकट आने का और एक-दूसरे की समस्याओं को समझाने का मौका मिला है जिसके कारण समायोजन में भी काफी सहायता मिलती है। साथ ही धर्म का महत्व घटने से विधवा पुनर्विवाह के सम्बन्ध में जो धार्मिक कठिनाइयाँ थीं, वह दूर हो गईं, जिससे विधवा-विवाह के प्रति अनुकूल परिस्थितियाँ उत्पन्न हो रही हैं।

(2) शिक्षा का प्रसार—शिक्षा का प्रसार होने से युवक-युवतियों में विवाह-सम्बन्धी संकीर्णता दूर हो गई और मानवीय दृष्टिकोण से अनेक प्रगतिशील युवक विधवाओं से विवाह करने को राजी हो जाते हैं।

(3) आर्य समाज तथा ब्रह्म समाज के प्रयत्न—आर्य समाज एवं ब्रह्म समाज ने विधवा-विवाह को प्रचलित करने की दिशा में विशेष कार्य किये। राजा राममोहन राय तथा ईश्वरचन्द्र विद्यासागर के नाम इस सम्बन्ध में उल्लेखनीय हैं। आर्य समाज ने यह प्रचार किया कि वैदिक काल में विधवाओं के विवाह होते थे, इस कारण ऐसे विवाह शास्त्रानुकूल हैं।

(4) स्त्री आन्दोलन—विधवा विवाह के लिए स्त्री आन्दोलन विशेष महत्वपूर्ण है। स्त्रियों की सामाजिक स्थिति में सुधार हो जाने से, आदि साथ ही उनको सामाजिक स्तर पर उन्हें सम्मान की दृष्टि से देखे जाने के साथ ही उन्हें पुरुषों के

समान बराबरी का अधिकार दिलाने से विधवा विवाह के सम्बन्ध में अनुकूल परिस्थितियाँ उत्पन्न हो रही हैं।

विधवा-विवाह से संबंधित निर्योग्यताएँ

हमारे देश में विधवा विवाह पर अधिक बल देने के क्रम में राजा राममोहन राय, ईश्वरचन्द्र विद्यासागर और साथ ही आर्य समाज तथा ब्रह्म समाज के प्रयत्नों से सरकार का ध्यान भी विधवा-विवाह की समस्या की तरफ गया जिसके फलस्वरूप सरकार भी इस और प्रयत्नशील हुई। जयादातर उच्च जातियों में ही विधवा विवाह को अच्छा नहीं माना जाता है और इस सम्बन्ध में विधवाओं की दो विशेष निर्योग्यताएँ प्रदान की गई थीं जिनका उल्लेख निम्न शीर्षकों में मिलता है–

1. पुनर्विवाह सम्बन्धी निर्योग्यता और

2. मृत पति की सम्पत्ति में अधिकार-सम्बन्धी निर्योग्यता। इन दो निर्योग्यताओं को सरकार की ओर से दो अधिनियमों के द्वारा दूर करने प्रयास किया गया। इससे संबंधित अधिनियम निम्नवत् हैं–

(1) हिन्दू उत्तराधिकार अधिनियम, सन् 1956–इस अधिनियम के पारित हो जाने से अब परिस्थिति यह है कि विधवा पत्नी को अपने पति की सम्पत्ति पर सीमित नहीं अपितु पूर्ण अधिकार मिल गया है। अब वह किसी प्रकार से अपनी संपत्ति का उपयोग करने के लिये स्वतंत्र है। संतान न होने की दशा में पति की समस्त सम्पत्ति पर विधवा का अधिकार होता है। अगर वह विधवा दुबारा शादी कर लेती है तो पति की सम्पत्ति उससे वापस ले ली जाती है और वह सम्पत्ति पति के परिवार को लौट जाती है।

विधवा पुनर्विवाह के बारे में उपयुक्त सामाजिक तथा वैधानिक पहलुओं की विवेचना से यह साफ हो जाता है कि विधवाओं के पुनर्विवाह के सम्बन्ध में काफी अनुकूल परिस्थितियाँ पैदा हो गई हैं, विशेषकर वैधानिक अडचनें लगभग समाप्त हो चुकी हैं। फिर भी आज विधवा-विवाह भारी संख्या में नहीं कराये जा रहे हैं। बम्बई जैसे प्रगतिशली क्षेत्र में साल में केवल 50 या 60 विधवाओं का पुनर्विवाह होता है।

(2) हिन्दू विधवा पुनर्विवाह अधिनियम, सन् 1856–विधवाओं की पुनर्विवाह सम्बन्धी निर्योग्यताओं का अंत दूर करने के लिये यह अधिनियम सन् 1856 में पारित किया गया। इसके अनुसार विधवाओं की पुनर्विवाह सम्बन्धी अड़चनों को दूर करने का हरसंभव प्रयास किया गया।

विधवा-विवाह की नैतिक समीचीनता

विधवा-पुनर्विवाह से अनेक नैतिक लाभ हैं और साथ ही अनेक सामाजिक बुराइयाँ भी दूर हो जाने की सम्भावना है। विधवा-विवाह के नैतिक औचित्य निम्नलिखित हैं–

(1) अनुचित यौन-सम्बन्ध पर रोक–प्राचीन काल में सती-प्रथा के द्वारा समाज विधवाओं की समस्या से छुटकारा पा लिया जाता था, लेकिन आज सती-प्रथा के समाप्त होने के बाद विधवाओं की समस्या और अधिक प्रबल हो चुकी है। इनके पुनर्विवाह पर निषेध अनुचित यौन-सम्बन्धों को बढ़ावा देता है। प्राकृतिक नियम के अनुसार ही यौन-सम्बन्धी वासनाएँ प्रत्येक पूर्णवयस्का युवती में होती हैं और जब उन्हें जबरदस्ती दबा देने का प्रयत्न किया जाता है, तो यौन-सम्बन्धी अपराध को एक प्रकार से बढ़ावा ही मिलता है। अगर ऐसे अपराधों को समाप्त करना है तो विधवा-पुनर्विवाह को भी नैतिक दृष्टिकोण से सही मान लिया जाना चाहिए।

(2) विधवाओं की दयनीय अवस्था–आज भी हिन्दू समाज में पति की मृत्यु पत्नी के विगत जीवन के पापों का परिणाम समझी जाती है। जीवन-भर वैधव्य धर्म का आजीवन पालन करने के दौरान महिलाओं को न जाने कितने कष्टों का सामना करना पड़ता है। इस पर भी जब समाज उससे यह माँग करता है कि वह नारी जीवन की समस्त आशा और भावनाओं की बलि दे दे तब उसकी अवस्था वास्तव में दयनीय हो जाती है। विशेषकर बाल-विधवाओं की अवस्था आजमी मर्मस्पर्शी है। इतनी छोटी सी उम्र में विवाह कर देने से उनका मस्तिष्क पूर्ण रूप से विकसित नहीं हो पाता है साथ ही साथ उनसे यह उम्मीद की जाती है, कि उसी दिन से वे अपनी समस्त इच्छा, कामना और वासना को त्यागकर पत्थर की भाँति हो जाएँ। वह न तो अच्छे कपड़े पहन सकती हैं और न ही किसी प्रकार की सुहाग की निशानी का प्रयोग कर सकती हैं। आजीवन दूसरों की गृहस्थी और बच्चों को सम्भालती रहें, पर अपनी एक गृहस्थी और बच्चों की बात सोचना भी उनके लिये अक्षम्य अपराध है। परिवार के अन्य सदस्य उन्हें बोझ की दृष्टि से देखते हैं और इस धारणा के कारण वे सभी के कटु-व्यवहार को सहन करती हैं। बातों के ताने, व्यवहारों की तीक्ष्णता और आजीवन ढ़ेर सारी प्रताड़नाओं को सहना पड़ता है। उनके जीवन का अतीत धुँधला है, वर्तमान असहनीय तथा भविष्य अन्धकारमय है। उस असहाय नारियों की अन्तर्वेदना कोई भी समझने का प्रयास नहीं करता है। यह न केवल व्यक्तित्व के विकास में ही बाधक

है, न केवल उनको आत्मग्लानि देने वाला ही है, बल्कि नैतिक दृष्टिकोण से घोर सामाजिक अन्याय भी है। इस सामाजिक बुराई को दूर करने का प्रयास करना होगा। इस कारण विधवा-पुनर्विवाह को भी उचित मानना होगा।

(3) यह समस्या समाज के एक बड़े अंग की है—विधवाओं की यह समस्या दो-चार हजार स्त्रियों की समस्या नहीं, बल्कि प्रायः 3 करोड़ 16 लाख विधवाओं की है। समाज के इतने बड़े अंग को निर्योग्ताओं के अन्धकार में डाले रखना उचित नहीं है। समाज, जाति या राष्ट्र की उन्नति के दृष्टिकोण से इस बड़ी संख्या को लाभदायक बना देना जरूरी होगा। अगर प्रयत्न किया जाये तो जो आज निकम्मे और बेकार समझे जाते हैं, उनके द्वारा ही राष्ट्र को अनेक लाभ हो सकते हैं। इस दृष्टिकोण से विधवा-पुनर्विवाह उचित ही नहीं, अपितु आवश्यक है।

(4) विधवाओं के सर्वांगीण विकास के लिए—परिवार में विधवाओं को अच्छी दृष्टि से नहीं देखा जाता है। उनको इन परिवारों में जिन परिस्थितियों के बीच रहना पड़ता है उनमें रहते हुए उनके व्यक्तित्व का विकास किसी भी अवस्था में आसान कार्य नहीं है। यह सामान्यतः प्रजातन्त्र नैतिक सिद्धान्त के विरुद्ध कि समाज के एक बड़े अंग को उनके व्यक्तित्व के विकास का कोई भी मौका न दिया जाये। इस दृष्टिकोण से भी विधवा विवाह उचित है।

(5) विधवाओं के बच्चों की बर्बादी रोकने के लिए—अगर विधवा के बच्चे है तो उनके भविष्य पर बहुत बुरा प्रभाव पड़ता है। जिन परिस्थितियों के मध्य माता की जीवन ही दुखःद और आशाविहीन है वहाँ उसके बच्चों का जीवन कितना अन्धकारमय होगा, इसका अनुमान सरलता से लगाया जा सकता है। राष्ट्र के भविष्य और इन बच्चों के जीवन की बर्बादी को रोकने के लिये भी विधवा पुनर्विवाह नैतिक आधार पर उचित है।

(6) विधवाएँ परिवार पर ही नहीं, राष्ट्र पर भी बोझ हैं—जिन परिस्थितियों में विधवाएँ आज निवास कर रही हैं, उन परिस्थितियों में उनके जीवन में समानता की तो झलक भी नहीं दिखाई देती। यह प्रत्येक समाज का और उस समाज के प्रत्येक सदस्य का नैतिक कर्त्तव्य है कि इन विधवाओं को, परिवार और समाज पर बोझ न बनाकर, उपयोगी सदस्यों में बदल दें। यह काम विधवा पुनर्विवाह के द्वारा सरलता से हो सकता है।

(7) वेश्यावृत्ति तथा धर्म-परिवर्तन को रोकने के लिए—स्वाभाविक यौन-प्रवृत्तियों को दबा न सकने के कारण विधवाएँ प्राय अनुचित यौन-सम्बन्ध स्थापित कर लेती

हैं चूँकि समाज ऐसे कार्यों को कभी मान्यता नहीं देता, इस कारण प्रायः उन विधवाओं का समाज से बहिष्कार हो जाता है और जीविका-पालन का अन्य कोई रास्ता न देखकर वे वेश्यावृत्ति को अपनाती हैं या धर्म-परिवर्तन के द्वारा अपने जीवन को फिर से बचाने का प्रयत्न करती हैं। यह मानी हुई बात है कि वेश्या वर्ग में नई भर्तियाँ अधिकतर गरीब और मध्यम श्रेणी की विधवाओं की ही होती हैं। इन परिस्थितियों से उत्पन्न बुराइयों को अगर रोकना है तो विधवा-विवाह को प्रोत्साहित करना होगा।

6

विवाह—विच्छेद

वैवाहिक संबंधों का वैधानिक रूप से अंत को ही विवाह विच्छेद की संज्ञा दी जाती है। इस प्रकार के विच्छेद में अदालत किसी प्रकार हस्तक्षेप नहीं करती है। इस प्रकार विवाह-विच्छेद के अंतर्गत पति-पत्नी के वैवाहिक संबंधों का एक प्रकार से अंत विवाह विच्छेद से एक बात स्पष्ट हो जाती है कि पति-पत्नी अब आने वाले दिनों में एक साथ नहीं रह सकते हैं और इसी कारण सुखमय पारिवारिक जीवन व्यतीत करने में भी असफल हैं। इस दृष्टिकोण से विवाह-विच्छेद अस्वस्थ्य वैवाहिक जीवन की चरम गति या स्थिति है।

हिन्दुओं में विवाह-विच्छेद—हिन्दू अधिनियम के अनुसार हिन्दुओं में आज भी विवाह-विच्छेद को मान्यता प्राप्त नहीं हुई है। उत्तरकालीन धर्मशास्त्र विवाह-विच्छेद का खण्डन करते हैं, लेकिन पूर्वकालीन धर्मशास्त्र में विवाह-विच्छेद को स्वीकृति प्रदान की गई है। पाराशर और मनु तक ने कुछ निश्चित परिस्थितियों में स्त्रियों को विवाह-विच्छेद को सही ठहराया है। **मनु** के अनुसार उन्मत्त, पतित और असाध्य रोगों से पीड़ित पति से पत्नी सम्बन्ध विच्छेद करने के लिये स्वतंत्र है। **बौधायन** के अनुसार अगर पति का 5 वर्ष तक लापता रहे तो स्त्री पति के परिवार या गोत्र के किसी अन्य व्यक्ति से विवाह कर सकती है। **कौटिल्य** के अनुसार एक स्त्री विवाह-विच्छेद करने के लिये स्वतंत्र है जबकि पति दुश्चरित्र हो, राजद्रोही हो, पत्नी के जीवन को नष्ट कर रहा हो या नपुंसक हो।

आगे चलकर स्त्रियों के सम्पूर्ण अधिकारों को छीन लिया जाता है, विशेष रूप में ऊँची जातियों में विवाह-विच्छेद के प्रतिकूल धारणा का काफी प्रसार हो रहा है। विवाह-विच्छेद के साथ धार्मिक धारणाओं को भी जोड़ दिया गया। उदाहरणार्थ विवाह सम्बन्ध स्वर्ग में निश्चित होता है और इस कारण ईश्वर को ही उसे तोड़ने का अधिकार है। साथ ही, लड़कियों को बचपन से यह शिक्षा दी जाने लगी कि पति

देवता है और उसकी सेवा ही पत्नी का परम धर्म है। संक्षेप में, हिन्दुओं में विवाह अभिमन्यु-व्यूह है जिसमें प्रवेश का मार्ग तो है, निकलने का नहीं। पति का स्नेह और प्रेम या केवल 'करुणा' की अगर प्राप्त हो सकी तो वाह-वाह, नहीं तो आजीवन असह्य वेदना के अश्रु से देवता के चरण-कमल को सींचने का भी सौभाग्य प्राप्त नहीं हो पाता है। हिन्दुओं में विवाह स्वर्ग में स्थिर होता है, इसलिये स्वर्गारोहण के पूर्व उससे कैसे निष्कृति मिल सकती है। सच तो यह है कि यहाँ स्त्रियों के लिए विवाह पवित्र विवाह-बन्धन न होकर पवित्र मृत्यु-बन्धन ही है।

विवाह-विच्छेद की आवश्यकता—मुख्यतः इस बात में सन्देह किया जाता है कि क्या विवाह-विच्छेद उचित है तथा क्या विवाह-विच्छेद के पक्ष में राय देना उचित होगा? वर्तमान युग में विवाह-विच्छेद की आवश्यकता को अस्वीकार नहीं करना चाहिए। इसके प्रमुख कारण निम्नवत् हैं–

(1) विवाह-विच्छेद उचित है—आज स्त्रियाँ शिक्षित हो जाने के पश्चात् सामाजिक, आर्थिक और राजनीतिक सभी विषयों में निर्णय लेने के लिये स्वतंत्र हैं। समानता के सिद्धान्त ही प्रगति की कसौटी है, तब अगर हिन्दू समाज को भी प्रगतिवादी होना है तो यह आवश्यक है कि विवाह के सम्बन्ध में स्त्री-पुरुषों में समानता को अपनाया जाए न कि सामाजिक, धार्मिक और नैतिक कानूनों का एक ऐसा बोझ स्त्रियों पर लाद दिया जाए कि वे अपनी स्वतन्त्र सत्ता को उपलब्ध करना ही भूल जाएं। इस दृष्टिकोण से भी विवाह-विच्छेद उचित है।

(2) हिन्दू-विवाह के नियम—हिन्दू विवाह के नियम एकतरफा है और साथ ही विवाह के आदर्शों पर कुठाराघात है। पुरुष अपनी पत्नी से असन्तुष्ट होकर दूसरा विवाह कर सकता है या पत्नी को मायके भेज सकता है या घर में ही रखकर उसके ऊपर अत्याचारों द्वारा अपने प्रतिशोध की ज्वाला भी बुझा सकता है, पर स्त्रियों के पास कोई भी उपाय नहीं है जिससे यदि उन पर अत्याचार हो रहा है या विवाह बेमेल है या अन्य किसी कारण से पारिवारिक जीवन विषमय है तो भी इन अवस्थाओं से किसी प्रकार छुटकारा पा सके।

(3) वैवाहिक जीवन को सुखी बनाना—हिन्दू समाज के वैवाहिक जीवन में सामाजिक और धार्मिक कानूनों का ऐसा जाल बिछा है जिसमें रहकर हिन्दू स्त्री दुखी जीवन को सुखी बनाने की बात सोच भी नहीं सकती। चाहे पति अत्याचारी, शराबी, जुआरी, चोर, भ्रष्टाचारी ही क्यों न हो, पत्नी को उसी परिवार में जीवन व्यतीत करना होगा। उसके लिए इन परिस्थितियों से छुटकारा पाने की कोई भी सम्भावना नहीं है। यह वैवाहिक जीवन को सुखी बनाने के दृष्टिकोण से अनुचित है, समानता और

प्रजातंत्र के सिद्धान्त के दृष्टिकोण से अन्याय है और समानता के दृष्टिकोण से स्त्रियों पर एक प्रकार का अत्याचार है।

(4) स्त्रियों की दशा–हिन्दू समाज में स्त्रियों की दशा काफी दयनीय है। विवाह-विच्छेद के अधिकार से पूर्णतया वंचित होने के कारण उन पर हर तरह का अत्याचार होता है तथा उनको सहन करने के अतिरिक्त उनके सामने दूसरा कोई रास्ता नहीं होता। इस कारण वे अपनी अवस्था को ऊँचा उठाने की बात सोच भी नहीं सकतीं। विवाह-विच्छेद करने के लिये स्वतंत्र होने के पश्चात् काफी हद तक उनका विकास किया जा सकेगा।

(5) विवाह-विच्छेद की आवश्यकता–वर्तमान युग में नए आविष्कारों औद्योगीकरण एवं नगरीकरण के फलस्वरूप ऐसी अवस्थाएँ उत्पन्न हो गई है कि सभी सामाजिक संस्थाओं और अवस्थाओं में अनेक परिवर्तन हो रहे हैं। इस अवस्था में यदि विवाह जैसी महत्वपूर्ण संस्था अपरिवर्तनीय बनी रहेगी तो सामाजिक विघटन उत्पन्न हो सकता है। इस दृष्टिकोण से भी विवाह-विच्छेद को आवश्यक माना जा सकता है।

विवाह-विच्छेद का खण्डन

आज भी हिन्दू समाज में विवाह विच्छेद को मान्यता प्राप्त नहीं हुई है। इसके विरोध में निम्न तर्कों का उल्लेख किया जा रहा है–

(1) पारिवारिक विघटन–विवाह-विच्छेद के परिणामस्वरूप पारिवारिक विघटन की समस्या प्रबल होती जायेगी। इसमें सन्देह नहीं कि विवाह-विच्छेद के द्वारा परिवार टूट जाता है और कुछ प्रारम्भिक समस्याएँ उत्पन्न हो जाती हैं, पर यही सब कुछ नहीं है। विवाह-विच्छेद का अधिकार होने पर स्त्रियों पर वे अत्याचार नहीं होंगे जो आज हो रहे है। पति और पत्नी को समानता के सिद्धान्त को मान लेना होगा और उनको सहयोग द्वारा मित्रता के आधार पर पारिवारिक जीवन को अधिक सुखी बनाने की भावना जागृत करनी होगी। इसलिए विवाह-विच्छेद द्वारा विवाह-बन्धन टूटने की अपेक्षा अधिक सुदृढ़ होंगे।

(2) स्त्रियों के सम्मुख आर्थिक समस्याएँ–विरोधियों का कथन है कि चूंकि भारतवर्ष में स्त्रियाँ अधिक शिक्षित नहीं हैं और न ही आर्थिक मामले में आत्मनिर्भर, इसीलिए विवाह-विच्छेद के बाद स्त्रियों के सम्मुख अपने भरण-पोषण की समस्या खड़ी हो जाएगी। जब तक ऐसी स्त्रियों के पुनर्विवाह या आर्थिक आश्रय का प्रबन्ध न हो तब तक उन्हें विवाह विच्छेद से हानि ही होगी। लेकिन स्त्रियों की दशा और

आर्थिक आत्मनिर्भरता की समस्या विवाह-विच्छेद से पृथक् है। विवाह-विच्छेद के अधिकार को न देने से अगर स्त्रियों का शिक्षित और आत्मनिर्भर होना सम्भव हो जाए तो विवाह-विच्छेद का विरोध ठीक भी है। लेकिन विवाह-विच्छेद के विरोध से ऐसी सम्भावना नहीं है पृथक् समस्या को अलग से सुलझाना ही उचित होगा।

(3) विवाह-विच्छेद—संतानों की देखभाल सही प्रकार से नहीं हो सकेगी। विवाह-विच्छेद के बाद संतानों का लालन-पालन सही प्रकार से नहीं किया जा सकेगा, और बहुधा बच्चे बिगड़ जाते हैं। स्टेट नर्सरी की उचित व्यवस्था और साथ ही समानता के आधार पर बच्चों को बोर्डिंग हाउस में रखकर सरकार की ओर से शिक्षा का प्रबन्ध हो जाने ये यह समस्या हो सकती है। विदेशों में इस सम्बन्ध में व्यवस्था इस रूप में है कि विवाह-विच्छेद के बाद बच्चा माता के संरक्षण में रहता है और माता उसके पालन-पोषण का खर्च देता है। रूस में भी माता-पिता में जो अधिक योग्य होता है उसके संरक्षण में बच्चे को रखा जाता है। बच्चा क्या चाहता है इसका भी ख्याल रखना होगा।

विवाह-विच्छेद के सम्बन्ध में कुछ आवश्यक सावधानियाँ

विवाह-विच्छेद से काफी दुष्परिणाम सामने आयेंगे जिनका उल्लेख निम्न शीर्षकों में किया जा रहा है—

1. स्त्रियों को अपने पैरों पर खड़े न होने तक कानून को उनका काफी सहयोग करना चाहिए जिससे उनकी आर्थिक हितों की रक्षा हो सकेगी, नहीं तो विवाह-विच्छेद से वेश्यावृत्ति को प्रोत्साहन मिल सकता है।
2. विवाह-विच्छेद को बढ़ावा देने के लिये लोगों को जागृत करना काफी आवश्यक है, जिससे इस अधिकार का दरुपयोग न हो।
3. बच्चों के लालन-पालन सम्बन्धी हितों की भी कानूनों के द्वारा पूर्ण रूप से रक्षा करनी होगी। पिता को बच्चे के सभी खर्चे को बर्दाश्त करना होगा और बच्चे को माता के संरक्षण में रखना ही उचित होगा बशर्ते कि माता चरित्रहीन न हो।

एक गतिशील व प्रगतिशील समाज के लिए विवाह-विच्छेद की आवश्यकता को अस्वीकार नहीं किया जा सकता। पर इस सम्बन्ध में उपरोक्त आवश्यक सतर्कता को बरतना ही जरूरी है। इन सब बातों को ध्यान में रखते हुए ही हिन्दू विवाह की शर्तों को स्पष्ट कर दिया गया है, हालाँकि न्यायिक पृथक्करण तथा विवाह-विच्छेद की अनुमति भी कुछ निश्चित आधारों पर दी गई है। इस

अधिनियम व उसके प्रभाव के बारे में हम अगले एक अध्याय में विस्तारपूर्वक विवेचना करेंगे। यहाँ केवल इतना कह देना ही पर्याप्त होगा कि इस अधिनियम ने एक महत्वपूर्ण माँग की पूर्ति कर दी है।

4. विवाह-विच्छेद का अधिकार कुछ गंभीर और न टाली जा सकने वाली परिस्थितियों में ही देना उचित होगा।

7

अन्तर्जातीय विवाह

धार्मिक मान्यताओं के अनुसार कोई भी हिन्दू अपनी जाति से बाहर विवाह नहीं कर सकता है परन्तु प्रत्येक जातियों की एक उपजाति भी होती है जिसके परिणामस्वरूप अन्तर्विवाह का क्षेत्र इन उपजातियों तक ही सीमित है। दूसरे शब्दों में प्रत्येक हिन्दू को अपनी उपजाति में ही विवाह करना होता है। अन्तर्जातीय विवाहों पर प्रतिबन्ध है। ये प्रतिबन्ध कुछ प्रजातीय और सांस्कृतिक कारणों से हैं। रक्त की शुद्धता को बनाए रखने की इच्छा, जन्म पर अधिक बल देना, सांस्कृतिक भिन्नता, हिन्दू समाज तथा धर्म, पर जैन, बौद्ध और मुसलमान धर्म के आक्रमण आदि अन्तर्जातीय विवाह पर प्रतिबन्ध के कुछ प्रमुख कारण हैं।

हमारे देश पर पश्चिमी सभ्यता का भी काफी प्रभाव पड़ा है जिसके बाद कई ऐसे नियम बनाये गये जिनके क्रियाशील होने से अन्तर्विवाह के प्रतिबन्ध धीरे-धीरे दुर्बल होने लगे। हमारा झुकाव अन्तर्जातीय विवाह के लिए दिन-प्रतिदिन बढ़ता गया। इसके कुछ महत्त्वपूर्ण कारकों का नीचे की पंक्तियों में उल्लेख किया जा रहा है—

अन्तर्जातीय विवाह को बढ़ावा देने वाले प्रमुख कारक

अन्तर्जातीय विवाह को बढ़ावा देने वाले कारकों पर निम्न शीर्षकों में प्रकाश डाला जा रहा है—

(1) सह-शिक्षा—मात्र शिक्षा का ही नहीं, सह-शिक्षा का विस्तार दिन-प्रतिदिन होता रहा है। **डॉ॰ घुरिये** का मत है कि सह-शिक्षा युवक युवतियों को एक-दूसरे के निकट लाने का और यौन सम्बन्धी नैतिक पतन से उनकी रक्षा करने का सर्वोत्तम उपाय है। इनके उत्साह और शिक्षा जाति के बन्धन को तोड़ने में अवश्य सफल होंगे।

(2) महिला आन्दोलन—हमारे देश काफी समय पहले से स्त्रियों में शिक्षा का विस्तार और उनको पुरुषों के समान राजनैतिक आर्थिक तथा सामाजिक अधिकार और स्वतन्त्रता प्रदान करने का प्रयास किया जाता रहा है। जाति-पांति के आधार पर उनके ऊपर लगाए हुए विवाह सम्बन्ध धीरे-धीरे निर्बल होते जा रहे हैं जिनसे उनकी तरह से भी अन्तर्जातीय विवाह को बढ़ाबा मिला।

(3) समानता की धारणा—छापाखाना, यातायात और संदेशवाहन के साधनों में उन्नति होने के कारण दुनिया के विभिन्न देशों में प्रजातन्त्रवाद के साथ, हमारा सम्पर्क दिन-प्रतिदिन बढ़ता ही गया। एक ओर प्रजातन्त्रवाद के साथ सम्पर्क और सूरी ओर शिक्षा के विस्तार के कारण समानता की धारणा धीरे-धीरे जड़ पकड़ती रही और जाति-पाँति के आधार पर ऊँच-नीच की जो भावनाएँ विभिन्न जातियों में अब तक पाई जाती थीं, वह धीरे धीरे दुर्बल होती गईं।

(4) छापाखाना और यातायात के साधन—छापेखाने तथा यातायात और संचार के साधनों में उन्नति से भी विभिन्न समुदाय, धर्म और जाति के लोग एक-दूसरे के निकट आ गए, क्योंकि यातायात के साधनों में उन्नति होने से सामाजिक गतिशीलता बहुत बढ़ गयी और छापेखाने की सहायता से मासिक पत्रिका, समाचारपत्र, पुस्तक आदि की सहायता से एक-दूसरे के बारे में जानकारी प्राप्त करने का अवसर प्राप्त हुआ।

(5) राष्ट्रीय आन्दोलन—अन्तर्जातीय विवाह को प्रोत्साहित करने में भारत का राष्ट्रीय आन्दोलन भी एक प्रमुख सहायक कारण है। राजनीतिक आन्दोलन के क्षेत्र में महात्मा गाँधी के आ जाने के बाद राष्ट्रीय आन्दोलन जनता का आन्दोलन हो गया। एक साथ मिलकर एक तिरंगे झण्डे के नीचे कन्धे से कन्धा मिलाकर राष्ट्रीय आन्दोलन में भाग लेने और एक साथ जेल जाने से विभिन्न जातियों में एक भ्रातृत्व भाव की जागृति हुई। यह अन्तर्जातीय विवाह को प्रोत्साहित करने में सहायक सिद्ध हुई है।

(6) वैज्ञानिक शिक्षा—वैज्ञानिक ज्ञान के बढ़ने के साथ ही हमें एक बात स्पष्ट रूप से ज्ञात हो गई कि कोई भी जाति या प्रजाति आज शुद्ध नहीं है और उनमें ऊँच-नीच का भेदभाव मनुष्य की ही मन-गढ़न्त रचना है जिसका कि कोई वैज्ञानिक आधार नहीं है। इस कारण अन्तर्जातीय विवाह से कोई हानि भी हो सकती है। इससे अन्तर्जातीय विवाह को काफी बढ़ावा मिला।

(7) दहेज प्रथा की रोक-थाम—वर-मूल्य प्रथा को किसी प्रकार रोका नहीं जा सका है बल्कि इसे दिन पर दिन और अधिक बढ़ावा मिल रहा है। अत्याधिक दहेज

के कारण लड़कियों और लड़कों के विवाह नहीं हो पा रहे हैं। ऐसी परिस्थिति में युवक और युवतियों को अपने विवाह सम्बन्ध में निर्णय करने का अवसर मिल गया। कभी-कभी तो लड़कियों के माता-पिता दहेज से अपने प्राण बचाने के लिये स्वयं अन्तर्जातीय विवाह करने को तैयार हो जाते हैं या उसकी अनुमति अपने लड़के-लड़की को देते हैं।

(8) आवश्यक वैधानिक सुविधाएँ– अन्तर्जातीय विवाह को कानून के द्वारा भी स्वीकृति प्रदान की गई है। सन् 1872 में विशेष विवाह अधिनियम पास हुआ और सन् 1923 में संशोधित हुआ। इसके अनुसार अन्तर्जातीय विवाह की वैधानिक अड़चनें दूर हो गईं और सभी हिन्दू, बौद्ध, सिक्ख, और जैन अन्तर्विवाह वैध हो गए। हिन्दू-विवाह वैधकरण अधिनियम सन् 1949 में पास हुआ है। इसके अनुसार इस अधिनियम के पहले और बाद में विभिन्न धर्मों, जातियों, उपजातियों और सम्प्रदायों के व्यक्तियों में होने वाले विवाहों को स्वीकृति प्रदान की गई है। यह भारत के समस्त हिन्दुओं पर, जिनमें सिक्ख और जैन भी सम्मिलित हैं, लागू होता है।

(9) रोमांस–वर्तमान सामाजिक परिस्थितियाँ रोमांस को बढ़ावा देने के अनुकूल हैं। स्त्रियों और पुरुषों को समान अधिकार मिलना, शिक्षा का विस्तार, सामाजिक गतिशीलता का बढ़ना-सह-शिक्षा, नारी और पुरुष को एक साथ कारखाने, दफ्तर आदि में काम करने की सुविधा आदि के कारण रोमांस आज तेजी से रहा है। इसके फलस्वरूप प्रेम-विवाह का प्रचलन भी दिन-प्रतिदिन बढ़ता जा रहा है तथा प्रेम-विवाह में जाति-पांति का प्रतिबन्ध बाधा की सृष्टि करने में सर्वथा असफल हो सकता है। इससे अन्तर्जातीय विवाह को बढ़ावा मिल रहा है।

(10) ब्रह्म समाज और आर्य समाज के प्रभाव–ब्रह्म समाज और आर्य समाज ने धार्मिक आधार पर समाज-सुधार का जो आन्दोलन चलाया उससे जाति-पांति और छुआछूत पर ही कुठाराघात नहीं हुआ बल्कि स्त्रियों की दशा सुधारने की भी अन्यन्त चेष्टा हुई। ये दोनों समाज अन्तर्जातीय विवाह के विपक्ष में नहीं, पक्ष में ही हैं।

(11) पाश्चात्य शिक्षा–पाश्चात्य शिक्षा हमारे सामाजिक मूल्यों में क्रान्तिकारी परिवर्तन लाई है जिसके कारण हम अनेक कुसंस्कारों या अन्धविश्वासों के पंजे से बहुत कुछ मुक्त हो सके हैं। साथ ही पाश्चात्य शिक्षा के कारण भारत में एक सांस्कृतिक समानता उत्पन्न हो सकी है जिससे विभिन्न जातीय समूह एक-दूसरे के बहुत निकट आ गये हैं और अन्तर्जातीय विवाह के अनुकूल वातावरण की सृष्टि हुई है।

(12) औद्योगीकरण एवं नागरिक संस्कृति—औद्योगीकरण के परिणामस्वरूप हमारे देश में हजारों तरह के उद्योग-धन्धे पनप गए और साथ ही नगरों का भी विकास हुआ, जहाँ कि प्रायः सभी जातियों और प्रान्त के लोग साथ-साथ मिलकर रहने और काम करने लगे। ऐसी परिस्थिति में एक-दूसरे के प्रति सहनशीलता तथा धर्म और जाति के प्रति निरपेक्षता बढ़ती गई तथा जाति-पांति का भेदभाव दूर होता गया। इससे अन्तर्जातीय विवाह को काफी बल मिला।

अन्तर्जातीय विवाह के लाभ

डॉ॰ घुरिये के मत में विभिन्न सम्बन्धों को दृढ़ करने के लिये और राष्ट्रीयताओं के पोषण के लिये अन्तर्जातीय विवाह के द्वारा रक्त का एकीभाव एक प्रभावशाली साधन है। अन्तर्जातीय विवाह के प्रमुख लाभ निम्नवत् हैं—

(1) जातीयता की समाप्ति—डॉ॰ घुरिये जातिवाद की समस्या को हल करने में अन्तर्जातीय विवाह को जनप्रिय करने की आवश्यकता पर अधिक देते हैं। अगर विभिन्न जाति के लड़के और लड़कियों को अन्तर्जातीय विवाह के द्वारा एक-दूसरे के निकट आने का अवसर दिया जायेगा तो जाति-प्रथा उपेक्षित होगी और जातिवाद के विरोध में क्रियात्मक आवाज उठने लगेगी क्योंकि वे व्यक्ति जो जाति के बन्धनों को तोड़कर विवाह करते हैं, केवल जातिविहीन वातावरण की ही सृष्टि नहीं करेंगे, बल्कि एक ऐसी पीढ़ी का भी पोषण करेंगे जो जाति-प्रथा की अधिक कट्टर विरोधी होगी।

(2) सामाजिक तथा राष्ट्रीय एकता की स्थापना में सहायक—आज भारत असंख्य समूहों में विभाजित है, चाहे उस विभाजन का आधार धर्म, जाति, पेशा कुछ भी हो। इस कारण इन समूहों में कोई एक सामान्य आधार नहीं है जिसके बल पर वे एक-दूसरे के निकट आ सकें। विभिन्न जाति या समूहों के बीच जो कटुभाव आज हमारे समाज में दिखाई देता है और जिसके कारण भारतवर्ष में सामाजिक राष्ट्रीय एकता स्थापित होने के रास्ते में काफी अड़चनों का सामाना करना पड़ रहा है अन्तर्जातीय विवाह के प्रचलित हो जाने पर, वे सभी अड़चनें दूर हो जायेंगी। **डॉसन** और **गेटिस** के अनुसार एक आन्तरिक एकता, समूहों के सदस्यों में अपनेपन की भावना, राष्ट्रीयता के प्रमुख लक्षण हैं। ये सभी लक्षण अन्तर्जातीय विवाह द्वारा धीरे-धीरे पनपने लगेंगे और सामाजिक और राजनीतिक जीवन दृढ़ जायेगा। इसी उद्देश्य को दृष्टिकोण में रखते हुए आज राष्ट्र के नेता लोग अन्तर्जातीय विवाह को प्रोत्साहित करने के लिये प्रयत्नशील हैं।

(3) जनसंख्या की समस्या का समाधान—आज भारत में बढ़ती हुई जनसंख्या की समस्या एक बहुत बड़ी समस्या है जिसका कि प्रमुख कारण जल्दी-विवाह है। अन्तर्जातीय विवाह से ऐसे विवाह बहुत कम हो जायेंगे और जनसंख्या की समस्या का एक स्वाभाविक हल मिल सकेगा।

(4) विधवा-विवाहों और बाल-विवाह की समस्याओं का निदान—जाति के प्रतिबन्ध, अन्तर्विवाह के नियम, कुलीन-विवाह प्रथा, वर मूल्य-प्रथा आदि के कारण हिन्दू समाज में बाल विवाह और विधवा से सम्बन्धित कई गंभीर समस्यायें हो गई हैं। अन्तर्जातीय विवाह के प्रचलित होने से जीवन-साथी चुनने का क्षेत्र बढ़ जायेगा और दहेज प्रथा भी समाप्त हो जायेगी। इसके परिणामस्वरूप बाल-विवाह और विधवा-विवाह से सम्बधित समस्याएँ हल हो जायेंगी।

(5) योग्य जीवन-साथी के चुनाव में सहायक—अन्तर्विवाह के नियमों के अनुसार विवाह अपनी जाति में नहीं, वास्तव में अपनी उपजाति में करना होता है। जिसमें जीवन-साथी चुनने का क्षेत्र अत्यन्त सीमित हो जाता है और वर या वधू प्राप्त नहीं हो पाते हैं। अन्तर्जातीय विवाह के द्वारा विवाह की यह जातीय या उपजातीय सीमा रेखा विस्तृत हो जाएगी और योग्य जीवन-साथी के चुनने में काफी सरलता होगी। फलस्वरूप व्यक्तिगत और पारिवारिक जीवन अधिक सुखी होने की सम्भावना होगी।

(6) वंशानुसंक्रमण में गुणवत्ता—अन्तर्विवाह के नियमों के अनुसार एक बहुत ही सीमित समूह के अन्दर ही विवाह करने से वंशानुसंक्रमण के गुण दिन-प्रतिदिन घटते जाते हैं और अच्छी संतानों की संख्या कम होती जाती है। इसके विपरीत अन्तर्जातीय विवाहों के होने से नए और उत्तम वाहकाणुओं का आयात बाहरी परिवारों से सम्भव हो जाता है जिससे उत्तम संतान उत्पन्न होने लगती है। बच्चों के व्यक्तित्व के विकास और सामाजिक प्रगति के दृष्टिकोण से यह अत्यन्त महत्वपूर्ण है।

(7) दहेज प्रथा को रोकने में सहायक—दहेजप्रथा समाज के पवित्र स्वरूप के लिये अत्यंत विनाशकारी है। अतः दहेज या वर-मूल्य प्रथा को रोकने या समाप्त करने के लिये भी अन्तर्जातीय विवाहों की वृद्धि आवश्यक है। वर-मूल्य-प्रथा विशेषकर उस समाज में होता है जहाँ जीवनसाथी चुनने का क्षेत्र अत्यन्त सीमित होता है या जहाँ उचित वरों की अत्यधिक कमी के कारण उनको प्राप्त करने के लिये लड़कियों के अभिभावकों में आपस में प्रतियोगिता होती रहती है। अन्तर्जातीय विवाह का अधिकाधिक प्रचलन होने पर ये दोनों परिस्थितियाँ खत्म हो जायेंगी।

भारत धर्म, जाति, देश आदि के विभाजन पर बहुत से समूहों में विभाजित है इस विभिन्नता में कोई एक सामान्य आधार नहीं है जिससे उनमें निकटता आ सके। अन्तर्जातीय विवाह को जनप्रिय बनाने के आधार पर जातिवाद के दूर करने की आवश्यकता है। अलग-अलग जाति के बालक-बालिकाएँ आपस में विवाह सुख में एक दूसरे के समीप आएँगे और निकटता बढ़ने के अवसर प्राप्त होंगे। जाति के बन्धनों को तोड़कर विवाह करने से एक ऐसी पीढ़ी का पोषण होगा जो जाति प्रथा के अधिक कट्टर होंगे। समूहों में भी एक दूसरे के प्रति निकटता की भावना आ सकेगी। जिसके कारण भारतवर्ष में सामाजिक राष्ट्रीय एकता स्थापित होने के रास्ते स्पष्ट होंगे। अन्तर्जातीय विवाह प्रचलित होंगे तथा यह कदम धीरे-धीरे पनपने लगेगा। सामाजिक और राजनीतिक जीवन मजबूत होगा। इसी दृष्टिकोण के उद्देश्य रखते हुए राष्ट्र के नेता अन्तर्जातीय विवाह को प्रोत्साहित करने के लिए प्रयत्नशील हैं।

8

मुस्लिम विवाह व्यवस्था

मुस्लिम समाज इस्लाम धर्म को मानने वाला है और इसी पर आधारित है तथा कुरान इनका धर्म ग्रन्थ है। इस्लाम का अभिप्राय है—ईश्वर की इच्छा के सामने झुकना। इस्लाम का अर्थ है—समर्पण या उत्सर्ग। इस्लाम एक ही धर्म तथा एक ही ईश्वर 'अल्लाह' को मानता है। जिस प्रकार हिन्दू धर्म की अवधारणा है कि मृत्यु के बाद मनुष्य की आत्मा नहीं मरती, वह अमर है किन्तु इस्लाम में ऐसी कोई अवधारणा नहीं है। पैगम्बरों की बनाई राह पर इस्लाम धर्म अनुसरण करता है। इन पैगम्बरों में मोहम्मद साहब अन्तिम पैगम्बर थे। उनका ध्येय पथभ्रष्ट मानवता को अल्लाह का संदेश समझाना था जो उनको जबरील नामक देवदूत से प्राप्त हुआ। अल्लाह की मानवता के सामने इस प्रकार प्रदर्शित की गई कि जो पैगम्बर का ईश्वरीय ज्ञान था वह बाद में कुरान नामक ग्रंथ में संगृहीत किया गया। मुस्लिम रीति-रिवाजों तथा मुस्लिम जीवन पद्धति देश और काल के अनुसार होती रही।

डॉ॰ कपाडिया का यह कथन अक्षरश, सच है, उदाहरणार्थ, भारतीय मुसलमानों को ही लीजिये। भारत में स्थायी रूप से बस जाने के बाद मुसलमानों ने संयुक्त परिवार प्रणाली को अपनाया, बाल-विवाह को स्वीकार किया, कुछ धार्मिक विश्वास आदि में भी हेर फेर किया। इसका प्रमुख कारण यह है कि भारत के अधिकतर मुसलमान वास्तव में मूलतः हिन्दू ही हैं, वे धर्म परिवर्तन के द्वारा मुसलमान बने हैं। अतः हिन्दू-समाज व्यवस्था, जीवन-दर्शन आदि से सम्बद्ध मूल धारणाओं को वे धर्म परिवर्तन के द्वारा मुसलमान बन जाने के बाद भी, पूर्णतया त्याग न सके। साथ ही शिक्षित मुसलमानों ने इस बात को अनुभव किया कि इस्लाम के सामाजिक विधान में कुछ परिवर्तन की आवश्यकता है। इसका कारण तो यह है कि वह कानून जो मरुस्थल के भ्रमणशील लोगों के लिये बनाया गया था, कृषक समाज अथवा औद्योगिक सभ्यता की आवश्यकताओं की पूर्ति नहीं कर सकता। दूसरा कारण यह

है कि पाश्चात्य सभ्यता के सम्पर्क ने वैवाहिक सम्बन्धों का एक नवीन ढांचा तथा आदर्श प्रदान किया है। इसलिये डॉ. कपाड़िया का निष्कर्ष यह है कि भारतीय मुसलमानों का बहुसंख्यक भाग अब अरब देश अथवा संसार के अन्य किसी भाग के इस्लामी बन्धुओं की अपेक्षा हिन्दुओं से अधिक सादृश्य या समानता रखता है। उन हिन्दुओं ने, जिन्होंने इस्लाम धर्म को स्वीकार किया, इस्लाम को मानते हुए भी अपने प्राचीन धार्मिक विश्वासों तथा सामाजिक व्यवहारों का परित्याग नहीं किया।

मुस्ल्मि विवाह का अर्थ

मुस्लिम विवाह, जिसे निकाह कहते हैं, मुस्लिम कानून के अनुसार एक सामाजिक समझौता है जिसका कि उद्देश्य घर बसाना, बच्चों का उत्पाद और उन्हें वैधता प्रदान करना है। **मुल्ला** ने लिखा है कि मुस्लिम निकाह विवाह एक शिष्ट समझौता हैं जिसका उद्देश्य बच्चे उत्पन्न करना तथा उन्हें पोषित करना है।

उपरोक्त परिभाषाओं से स्पष्ट है कि मुस्लिम विवाह एक समझौता है। मुस्लिम विवाह में वे सब बातें मिलती हैं जो भारतीय समझौता अधिनियम के अनुसार वैध समझौते में होनी चाहिएँ। निकाह को वैध बनाने के लिए किसी धार्मिक संस्कार की आवश्यकता नहीं समझौता क्या है और वह कब वैध होता है। इस अधिनियम के अनुसार के अनुसार वे समझौते वैध हैं जिनमें निम्न तत्व हों—(अ) किसी भी पक्ष की ओर से एक प्रस्ताव, (ब) उस प्रस्ताव को दोनों पक्षों की स्वतन्त्र स्वीकृति। ये दोनों पक्ष कानूनी दृष्टिकोण से समझौता करने के योग्य हों तथा (स) समझौते के प्रतिफल के रूप में कुछ धन।

मुस्लिम विवाह एक समझौते के रूप में

मुस्लिम विवाह एक समझौता इस अर्थ में है कि विवाह के समय दोनों पक्षों में जो समझौता होता है उसमें उपरोक्त अधिनियम के सभी तत्व अन्तर्निहित हैं। जैसे—1. एक ओर से विवाह का प्रस्ताव आता है। प्रायः लड़के के पक्ष से खितवा माँग के रूप में निकाह का प्रस्ताव आता है। 2. दूसरी ओर से इस प्रस्ताव की स्वीकृति होती है। यह प्रस्ताव और स्वीकृति एक ही बैठक में होती है। यह कायदा है कि दो पुरुष अथवा एक पुरुष तथा दो स्त्रियों की उपस्थिति में प्रस्ताव आना चाहिए और उसकी तत्क्षण स्वीकृति होनी चाहिए। ब्यान रहे कि ये पुरुष और स्त्रियाँ बालिग हों। यदि ऐसा नहीं तो यह विवाह वैध नहीं माना जाता। साथ ही साथ यदि प्रस्ताव दो अलग-अलग बैठकों में स्वीकृत हुआ तो विवाह वैध नहीं हो सकता। साक्षियों की

अनुपस्थिति में विवाह फासिद अर्थात् अनियमित माना जाता है, परन्तु बातिल अर्थात् अवैध नहीं होता। लड़की इन गवाहों के सामने अपनी स्वीकृति देती है। 3. लड़के के पक्ष से समझौते के प्रतिफल के रूप में महर लड़की को भेंट देने का वचन दिया जाता है। इसी से यह स्पष्ट है कि मुसलमानों का विवाह एक सामाजिक समझौता है।

मुस्लिम विवाह

मुस्लिम विवाह एक शिष्ट सामाजिक समझौता है, न कि हिन्दुओं की तरह एक धार्मिक संस्कार। कुछ विद्वानों का कथन है कि भारतवर्ष में मुसलमानों में विवाह का जो रूप देखने को मिलता है वह वास्तव में उनके आदि-विवाह के स्वरूप का परिमार्जित रूप है। **राबर्टसन स्मिथ** ने लिखा है कि इस्लाम के पूर्ववर्ती प्राचीन अरब-समाज में विवाह का जो रूप प्रचलन में था वह बहुत ही अस्थिर व अव्यवस्थित प्रतीत होता है। स्त्री अपने पति के चुनाव में स्वतन्त्र थी। इस विवाह को बीना विवाह के नाम से पुकारते थे। कालान्तर में इस प्रकार का विवाह समाप्त हो गया क्योंकि इससे पारिवारिक जीवन न केवल अस्थिर बल्कि अनिश्चित भी था। इसलिये बीना विवाह का स्थान बाल अर्थात् आधिपत्य के विवाह ने ले लिया। इस विवाह के अन्तर्गत बीना विवाह में स्त्रियों को जो असीमित स्वतन्त्रता प्राप्त थी, उसे छीन लिया गया तथा मनमाने तौर पर पति छोड़ देने का अधिकार भी स्त्रियाँ खो बैठीं। बाल विवाह सम्बन्धी प्रायः सभी अधिकार पुरुष का हो गया और इस विषय में उसकी स्थिति, अधिकार या आधिपत्य बहुत ही ऊँचे स्तर पर पहुँच गया। इसीलिये इसे बाल या आधिपत्य का विवाह कहते हैं। इसमें स्त्री को विवाह के पश्चात् अपना घर छोड़कर पति के घर पर आकर उसी के पास रहना पड़ता था और संतानों पर पति के परिवार का ही पूर्ण अधिकार होता था तथा उनकी देखभाल भी पति या उसके परिवार के द्वारा होती थी। इतना ही नहीं, विवाह-विच्छेद के सम्बन्ध में भी पति का पूर्ण अधिकार हो गया। इस प्रकार प्राचीन प्रथा में वैवाहिक सम्बन्ध में जो अनिश्चितता थी, उसे बहुत-कुछ सुधारा गया और विवाह के सम्बन्ध में पुरुष के अधिकारों को मान्यता दी गई।

पुरुष के इन आधिकारों के दो सम्भावित परिणाम हुए। पुरुष द्वारा पत्नियों का विवाह-विच्छेद एक सामान्य घटना हो गई और द्वितीय, बहुपत्नी विवाह का प्रचलन हुआ। **डॉ॰ कपाडिया** का कथन है कि मोहम्मद साहब के समय में अरब लोगों में प्रचलित विवाह का रूप बहुपत्नी विवाह ही था। युद्ध में छीनकर लाई गई

स्त्रियों से या तो विवाह कर लिया जाता था या उन्हें उप-पत्नी सेविका आदि के रूप में रखा जाता था। इसके अतिसार विवाह का अनुबन्ध तभी किया जाता था जबकि स्त्री के पिता या उनके नाते-रिश्तेदार को मेहर अर्थात् वधू का मूल्य वर-पक्ष ने चुका दिया था। इन तरीकों में अन्तर्निहित भाव यह था कि पत्नी पर पुरुष या पति का ही सर्वोच्च अधिकार है क्योंकि पत्नी को उस पुरुष ने या तो युद्ध में जीतकर हासिल किया है, उसे उचित मूल्य के बदले में खरीदा है। दोनों ही स्थितियाँ इस बात की द्योतक हैं कि पत्नी पर पति का पूर्ण आधिपत्य है और यह उसका प्रयोग मनमाने ढंग से कर सकता है। स्त्री को सम्पत्ति के रूप में मानने की यह भावना इसी से स्पष्ट है कि विवाह-विच्छेद के मामले में पति को असीमित अधिकार दे दिया गया तथा पत्नी पर जमाये गये अनेक अधिकार भी पति के ही हिस्से में आये। डॉ॰ कपाड़िया ने लिखा है कि पत्नी के ऊपर पति के जो अधिकार होते थे उनमें दूसरों के साथ दाम्पत्य के अधिकार भोगना, उसके उत्तराधिकारियों द्वारा विधवा का दायभाग लेना तथा अपनी पत्नी का जब चाहे तब विवाह-विच्छेद करने की पूर्ण स्वतन्त्रता प्राप्त होना सम्मिलित थे। अरब लोगों में यह रिवाज था कि अतिथि के प्रति आतिथ्य भाव प्रदर्शित करने के लिये अपनी पत्नी भी दे जाती थी। वह अरब जो श्रेष्ठ संतान प्राप्त करने की इच्छा रखता था, अपनी पत्नी को किसी महान् पुरुष के साथ रहने की आज्ञा देता था। उस अवस्था में पति कुछ समय के लिए बाहर या दूसरी जगह चला जाता है। वह तभी लौटता था जबकि पत्नी की गर्भावस्था पर्याप्त रूप से विकसित हो जाती थी। जब कोई अरब यात्रा के लिये बाहर रहता था तो वह अपनी पत्नी अपनी अनुपस्थिति में अपने मित्र को सौंप जाता था। ऐसा भी होता था कि अरब उस व्यक्ति को, जो उसकी भेड़ों की देखभाल करता था, अपनी पत्नी को भोगने में साझीदार बना लेता था। अरब का अपनी पत्नी की पवित्रता के विषय में कोई विचार नहीं था। यह इस बात से स्पष्ट हो जाता है कि वह उसे अपनी सम्पत्ति मानता था जिसको भोगने अथवा जैसे उचित समझे वैसा उसका उपभोग करने में वह अपने-आपको मुक्त समझता था।

सर विलियम म्योर ने लिखा है कि मोहम्मद साहब ने जो स्थिति स्त्री के लिए निर्धारित की वह निम्न कोटि की है और उसके अनुसार स्त्री के भाग्य में केवल अपने स्वामी की सेवा करना ही लिखा है और वह उस स्वामी की जो बिना कोई कारण बतलाए तथा बिना एक घण्टे की भी पूर्वसूचना दिए पत्नी को अलग कर सकता है। इस आदर्श के अन्तर्गत जबकि पति को विवाह-विच्छेद का सीमाहीन अधिकार

प्राप्त है तब इस प्रकार का कोई भी अधिकार पत्नी के लिए सुरक्षित नहीं है। पत्नी की इच्छा या अनिच्छा का कोई प्रश्न नहीं उठता। पति की देख-रेख उचित ढंग से कर भी पाता है या नहीं यह बात भी अधिक महत्व की नहीं है।

मुस्लिम विवाह की शर्तें

1. विवाह के समय वह मुसलमान, जो कि 15 वर्ष की आयु प्राप्त कर चुका है तथा जो सही दिमाग का है, निकाह समझौते के योग्य है।
2. नाबलिग बच्चों के विवाह उनके संरक्षकों की स्वीकृति से हो सकते हैं।
3. विवाह की स्वीकृति स्वतन्त्र रूप से या बिना किसी दबाव के होनी चाहिए। जबरदस्ती या धोखे से स्वीकृति प्राप्त कर लेना वैधानिक दृष्टिकोण से अवैध है।
4. एक मुसलमान स्त्री एक समय में केवल एक ही पुरुष से विवाह कर सकती है।
5. एक मुसलमान पुरुष स्त्री के अतिरिक्त किताबिया स्त्री अर्थात् यहूदी या ईसाई स्त्री के साथ विवाह कर सकता है, परन्तु मूर्ति पूजक विवाह पूर्ण रूप से निषिद्ध है। इसके विपरीत एक मुसलमान स्त्री का विवाह केवल एक मुसलमान पुरुष से ही हो सकता है अर्थात् वह किताबिया पुरुष से विवाह नहीं कर सकती।
6. मुसलमानों में विवाह बहुत ही निकट रक्त सम्बन्धियों में हो सकता है। कोई व्यक्ति माता या आजी, पुत्री या नातिन, पिता की पत्नी पक्ष के बाबा की पत्नी, पुत्र की पत्नी की पुत्री के पुत्र की पत्नी से विवाह नहीं कर सकता, पर मुसलमानों में चचेरी बहन या ऐसी सौतेली बहन से, जिसकी माँ दूसरी हो, विवाह किया जा सकता है।

विवाह-समझौते का प्रतिफल 'महर'

जैसा कि ऊपर कहा जा चुका है, कि मुस्लिम विवाह तब तक वैध नहीं है, जब तक लड़के के पक्ष से विवाह-समझौते के प्रतिफल के रूप में महर लड़की को न भेंट की जाए या भेंट देने का वचन न दिया जाए। पत्नी को कानून द्वारा अपने पति से महर लेने का अधिकार होता है परन्तु इसकी रकम कानून द्वारा निर्धारित न होने से घटती-बढ़ती रहती है। **डॉ. कपाडिया** ने लिखा है कि चूँकि अब महर

वधू का मूल्य नहीं माना जैसा कि प्राचीन अरब कानून में यह था और वधू की स्वीकृति वैध विवाह का आवश्यक अंग है, इसलिये ऐसा सोचा जा सकता है कि अब मुस्लिम विवाह में कोई ऐसी बात नहीं जिसमें स्त्री को खरीदने या उसके परिणामस्वरूप स्त्री को सम्पत्ति के रूप में मानने की भावना छिपी हो। आज महर वह धन या सम्पत्ति है जिसे पति, पत्नी के सम्मान में देता है। साथ ही कानून की दृष्टि से पत्नी को महर का और पति को सहवास का अधिकार मिलता है अर्थात् महर को चुकाए बिना पति को संभोग का अधिकार नहीं होता। महर का सम्बध यौन-सम्बन्धी अधिकारों से है, यह अनेक प्रकार से दिखाया गया है। महर की रकम स्त्री की अक्षतयोनि होने उस उसी स्त्री के महर से बहुत अधिक होगी जिसका विवाह-विच्छेद हो चुका है अथवा जो स्त्री विधवा हो। महर के निम्नवत् चार प्रकार होते हैं–

(1) निश्चित महर–यह वह महर है जो विवाह के समय अर्थात् समझौते के समय पति-पत्नी में निश्चित रूप से तय हो जाता है।

(2) उचित महर–यदि विवाह के समय कोई महर तय न हुआ हो तो अदालत उचित महर तय करती है। इस प्रकार का महर पति और उसके पिता की स्थिति को देखकर तथा पत्नी के परिवार में अन्य लड़कियों को जो महर मिला है, उसके आधार पर तय होता है।

(3) सत्वर महर–यह वह महर है जो विवाह से पूर्व या संभोग से पूर्व पति को चुकाना पड़ता है।

उक्त चारों प्रकारों में महर कितना होगा, इसकी कोई निश्चित सीमा नहीं हैं। सामान्यतः यह कन्या और वर की योग्यता व स्थिति पर निर्भर होता है। पति की मृत्यु के बाद यह महर पति की सम्पत्ति से सबसे पहले अलग कर लिया जाता है और यदि सम्पत्ति का बंटवारा हो चुका है तो प्रत्येक हिस्सेदार के हिस्से से उसके हिस्से के अनुपात में यह महर वसूल कर लिया जाता है। अगर पति की ओर से पत्नी को छोड़ दिया गया है, या पति ने अपनी पत्नी को तलाक दे दिया है तो उस अवस्था में भी महर चुका देना आवश्यक होता है, वरना वह तलाक वैध नहीं माना जाता है। यदि पति-पत्नी ऐसे किसी कारण से अलग हुए हैं जो स्वयं पत्नी की ओर से उत्पन्न हुआ हो और उनमें यौन-सम्बन्ध स्थापित नहीं हुआ हो तो पत्नी किसी भी महर की अधिकारिणी नहीं होगी। अक्सर विवाह में पूरा महर नहीं चुकाया जाता और उसकी प्रथा भिन्न-भिन्न है कि पति-पत्नी में यौन-सम्बन्ध होने के पूर्व महर का कितना भाग चुका दिया जाएगा। शेष भाग तो सामान्यतः पति की मृत्यु अथवा पत्नी को नहीं चुकाई जाती है, तो उसे यह अधिकार होगा कि वह अपने आपको पति

की होने से इंकार कर दे, अथवा उसके साथ यौन-सम्बध स्थापित न करे या पति के साथ कहीं दूसरी जगह जाने से इंकार कर दे।

विवाह के भेद

मुसलमानों में विवाद के दो भेद हैं—निकाह और मुताह।

निकाह सर्वाधिक प्रचलित और स्थायी विवाह है, परन्तु इस विवाह के अतिरिक्त भी मुसलमानों में विशेषकर, शिया सम्प्रदाय में एक प्रकार का अस्थायी विवाह भी हो सकता है। जैसाकि पहले ही कहा जा चुका है, प्राचीन अरब में स्त्री अपने पति के चुनाव में स्वतन्त्र थी। वह अपने डेरे में उसे बुलाती और जब इच्छा होती तो उसे निकाल बाहर भी करती थी। इसे उस समय बिना विवाह भी कहा जा सकता था। बाद में इसका स्थान बाल विवाह ने ले लिया जिसमें कि पत्नी के समस्त अधिकार छीनकर पति को दे दिए गए।

किन्तु विवाह का यह नवीन रूप प्राचीन प्रथा को पूरी तरह नहीं मिटा सका, जो मोहम्मद साहब के समय मुताह के रूप में चलती रही। यह उस समय दोनों पक्षों की सम्पत्ति तथा पारस्परिक स्वीकृति से होता था तथा इस प्रकार के विवाह के समझौते की अवधि भी निश्चित होती थी और उस अवधि में पत्नी अपने पति से विवाह-विच्छेद नहीं करती थी। इस प्रकार यह स्पष्ट है कि प्राचीन अरब में स्त्री को जो मौलिक अधिकार प्राप्त था उसके बाद भी उससे वह अधिकार नहीं छीना गया, यद्यपि उसे सीमित अवश्य ही कर दिया गया है।

डॉ॰ कपाडिया मे लिखा है कि एक अनुश्रुति के अनुसार ऊपर लिखे समय तक मुताह विवाह पूरी तौर से नहीं हटा दिया गया था। यद्यपि पैगम्बर इस विवाह को अच्छी दृष्टि से नहीं देखते थे फिर भी उनके समय में तथा उसके बाद भी इस विवाह का प्रचलन बना रहा। कुरान में भी इस प्रकार के विवाह की निन्दा की गई है, लेकिन आश्चर्य की बात यह है कि शिया लोगों में ही, जो कि कुरान के उपदेशों के कट्टर अनुयायी हैं, इस विवाह का प्रचलन मिलता है। सुन्नियों में कुछ भी हो, मुताह विवाह की पत्नी सीघ्रा कहलाती है। साधारण पत्नी की भांति सीघ्रा का भरण-पोषणा के लिए कोई कानूनी दावा नहीं है और न ही उसे अपने पति की सम्पत्ति पर अधिकार होता है, फिर भी इस तरह के विवाह से उत्पन्न सन्तान पूर्ण रूप से वैध होती है। और उन्हें पिता की सम्पत्ति पर अधिकार होता है। **डॉ॰ कपाडिया** के अनुसार यद्यपि पैगम्बर इस प्रथा को हटा नहीं सके फिर भी उन्होंने इसकी निन्दा अवश्य की। मुताह विवाह की सबसे प्रमुख विशेषता यह है कि इसका इकरार एक

विशेष अवधि के लिए होता है और उस अवधि के बाद पति-पत्नी का वह वैवाहिक सम्बन्ध आप से आप हो जाता है। **बुखारी** द्वारा वर्णित एक अनुश्रुति में पैगम्बर कहते है कि यदि स्त्री और पुरुष परस्पर यह स्वीकार कर ले, तो उनका साहचर्य तीन रातों के लिए होगा। इसके बाद भी यदि वे किसी प्रकार आगे और रहना चाहते हैं तो वे ऐसा कर सकेंगे और यदि वे चाहें तो अपने सम्बन्ध तोड़ सकेंगे। इस अनुश्रुति हदीस या सुन्नत के अनुसार अस्थायी मित्रता स्थायी हो सकती है यदि दोनों पक्ष ऐसा चाहते हैं और इसीलिये यह अस्थायीपन कोई गम्भीर बुराई नहीं हैं। **स्मिथ** का कहना है कि अरबों में विवाह-विच्छेद बहुत प्रचलित होने के कारण विवाह-बन्धन के प्रति कोई ऐसी कोमल भावना नहीं थी जो मुताह विवाह को इस्लाम में अवैध तथा गैर-कानूनी बना देती है फिर भी यह विवाह अधिक लोकप्रिय नहीं हो सका।

स्मिथ के अनुसार इसका कारण यह था कि मुताह विवाह में स्त्री अपना घर नहीं छोड़ती थी और न ही उसके नाते-रिश्तेदार उस पर से अपना अधिकार त्यागते थे और साथ ही उस विवाह ही संतान भी पति की नहीं होती थी।

डॉ॰ कपाडिया ने लिखा है, स्त्री को बहुत अधिक स्वतन्त्रता प्रदान की और इससे उत्पन्न हुई संतान का सम्बन्ध भी उसके पति के गोत्र से नहीं जोड़ा। इस प्रकार यह इस्लाम की विवाह सम्बन्धी धारणा के विरुद्ध था। इसीलिए इस्लाम ने अरबों के यौन-सदाचार पर पवित्र प्रभाव डालने का प्रयत्न किया और मुताह विवाह की निंदा की और इसलिए पैगम्बर ने जो महान् कार्य अपने सामने रखा यह विवाह के अस्थायी रूप से स्थायित्व प्रदान करने का था। उसी के फलस्वरूप निकाह विवाह आज हमारे सम्मुख है और भारतीय मुसलमानों में इसी निकाह विवाह का प्रचलन देखने को मिलता है।

मुताह विवाह की विशेषताएँ

उपरोक्त विवेचना के आधार पर मुताह विवाह की निम्नलिखित विशेषताओं का उल्लेख किया जा सकता है—

1. आवश्यक सहवास का समय निश्चित होता है। इस निश्चित समय के बाद विवाह-सम्बन्ध बिना शर्त के आप से आप समाप्त हो जाता है।
2. महर का निश्चित उल्लेख होता है यदि सहवास का समय निश्चित है, पर यदि महर निश्चित नहीं तो मुताह वैध है। पर यदि महर निश्चित है और सहवास का समय निश्चित नहीं है तो मुताह अवैध है परन्तु निकाह किया जा सकता है।

3. ऐसे विवाह से उत्पन्न बच्चों को माता-पिता की सम्पत्ति पर अधिकार होता है और प्रत्येक संतान वैध होती है।
4. स्त्रियों को निश्चित महर का अधिकार होता है, यदि यौन सम्बन्ध स्थापित हो गया है, परन्तु भरण-पोषण का अधिकार नहीं होता, यद्यपि कानूनी दृष्टिकोण से भारत में मुताह की आज्ञा है फिर भी इसका प्रचलन नहीं है।

विवाह एवं नाबालिग

यदि कोई मुस्लिम विवाह 15 वर्ष से नीचे की आयु वाले का हुआ है और यदि वह विवाह पिता या दादा के अलावा अन्य किसी के द्वारा किया गया है, तो बालिग होने पर दोनों पक्षों को यह अधिकार रहता है कि वह उस विवाह को स्वीकार करें या न करें। इस सम्बन्ध में किसी भी तरह की कानूनी कार्यवाही की आवश्यकता नहीं होती, पति-पत्नी की सम्पत्ति या विचार ही काफी होता है, तथा विवाह आप से आप रद्द हो जाता है, पर यदि विवाह पिता या दादा के द्वारा किया गया है तो बालिग होने पर भी उसे अस्वीकार नहीं किया जा सकता जब तक अस्वीकार करने वाले पक्ष यह प्रमाणित करने में सफल न हों कि पिता या दादा ने उनका विवाह लापरवाही से या धोखे से, जबरदस्ती या अपनी स्वार्थपूर्ति के लिए किया है जो कि विवाह करने वाले पक्ष के हित के विरुद्ध था।

मुस्लिम विवाह में बली अर्थात् संरक्षक का महत्वपूर्ण स्थान है। **डॉ. कपाडिया** ने लिखा है कि स्वीकृति के मामले में, पिता का प्राचीन अधिकार अप्रत्यक्ष रूप से अब भी विद्यमान है। विवाह के सम्बन्ध में संरक्षक का यह अधिकार दो प्रकार से उपयोग में आता है 1. संरक्षक का यह देखने का मुख्य कर्त्तव्य होता है कि दोनों पक्षों में समानता के सिद्धान्त का निर्माण हो रहा है या नहीं तथा वह लड़की, जिसका कि वह संरक्षक है अनुपयुक्त अथवा अवांछनीय व्यक्ति को तो अपना साथी नहीं बना लेती है, जिसके फलस्वरूप उसके समुदाय का अपमान हो। इसीलिए कुछ सम्बन्धियों को यह अधिकार होता है कि वे वयस्क स्त्री के द्वारा किए गए विवाह के अनुबन्ध या समझौते के विरुद्ध आपत्ति इस आधार पर उठाएँ कि वह पुरुष जिसको, कि वर के रूप में चुना गया है, वंश, चरित्र, पेशा, स्थिति तथा शिक्षा में उसके समान नहीं है। 2. इसके अतिरिक्त यह संरक्षक का ही कार्य होता है कि वह महर के स्वीकृति अंश को चुका देने पर वधू का नियन्त्रण उसके पति के हाथ में सौंप दें।.....हनीफी न्यायसंहिता के अनुसार वली अर्थात् संरक्षक ही नाबालिग तथा अक्षतयोनि कन्या का विवाह उसे यह सूचना देकर करता है कि वह आ गया है।......उसका मौन ही

उसकी स्वीकृति होती है किन्तु यदि वह कुछ कहती भी है और अपनी स्वीकृति नहीं देती तो भी वह विवाह वैध अर्थात् न्यायसम्मत होता है। डॉ॰ कपाडिया ने यह लिखा है कि शफी कानून के अन्तर्गत अक्षतयोनि कन्या का विवाह, चाहे वह वयस्क भी हो गई है वली अर्थात् संरक्षक की स्वीकृति के बिना असम्भव है। इसलिए वली को वली मुआविर कहते हैं। जैसा कि पहले भी कहा जा चुका है, संरक्षक द्वारा किया हुआ विवाह तभी तोड़ा जा सकता है जब पिता अथवा पितामह के अतिरिक्त किसी अन्य संरक्षक द्वारा नाबालिग कन्या का विवाह किया गया है, तो उस अवस्था में वह पुरुष अथवा स्त्री वयस्कता के विकल्प का प्रयोग करके उस विवाह में बंधने से इंकार कर सकती है और न्यायालय से उस विवाह को समाप्त कर देने की राजाज्ञा देने के लिए कह सकती है। यदि उसका विवाह संरक्षक के द्वारा हुआ हो तो तब उसे अधिकार है कि वह उस विवाह को समाप्त कर दे यदि वह उसके पन्द्रह वर्ष की आयु प्राप्त करने के पूर्व हुआ हो और उसने उसका विरोध किया हो। इसमें केवल शर्त यही है कि उस विवाह की पूर्णतया संभोग उसके 18 वर्ष की आयु के पूर्व नहीं हुई हो। डॉ॰ कपाडिया के अनुसार विवाह में वली संरक्षक की भूमिका एक दूसरे तथ्य से भी सिद्ध होती है। वह यह कि अनुबन्ध या समझौता करने वालों में वर की ओर से वर स्वयं उपस्थित होता है जबकि वधू की ओर से उसका संरक्षक होता है।

इस सम्बन्ध में यह कहा जाता है, कि पैगम्बर ने यह घोषणा की थी कि सावधानी बरतो ताकि उचित संरक्षकों के अतिरिक्त अन्य कोई व्यक्ति स्त्रियों के विवाह समझौता नहीं करे। दो कारणों से विवाह का निश्चित करना संरक्षकों पर छोड़ा गया 1. मलिक तथा शफी के अनुसार विवाह का प्रस्तावित लक्ष्य उन लाभों को प्राप्त करना है तो इसके द्वारा उत्पन्न होते हैं, जैसे संतानोत्पादन आदि। यदि इस समझौते का परिणाम किसी भी प्रकार से स्त्रियों पर छोड़ दिया गया तो विवाह का लक्ष्य सिद्ध नहीं होगा, क्योंकि स्त्रियाँ कम बुद्धि वाली तथा चापलूसी एवं छल-कपट से प्रभावित होने वाली होती हैं। 2. विवाह का अनुबन्ध केवल उस स्त्री के कफ अर्थात् समाज के साथ हो सकता है। हनीफी तथा श्री शफी के अनुसार समानता का सम्बन्ध जन्म धन्धे आदि से है और मलिक के अनुसार आचरण तथा निष्ठा अर्थात् धर्म से है। यह समानता केवल पति के सम्बन्ध में होनी चाहिए। यह आवश्यक नहीं हैं कि पत्नी भी पति के समान हो, क्योंकि पुरुष अपने से निम्न स्त्रियों के साथ सहवास करने से नहीं गिरते। तदनुसार संरक्षक का यह कार्य या कर्त्तव्य है कि वह इस बात से सचेत रहे कि लड़की का विवाह केवल मुसलमान पुरुष से ही हो रहा है अर्थात् गैर-मुस्लिम या किताबिया में विवाह करने से कन्या को रोकना संरक्षक का कार्य है।

ऐसे विवाह वैध भी नहीं हैं, मुसलमान पुरुष के लिए, जैसा कि पहले ही कहा जा चुका है, इस प्रकार का कोई प्रतिबन्ध नहीं हैं। परन्तु स्त्रियों पर धर्म से सम्बन्धित प्रतिबन्ध यह है कि किसी गैर-मुस्लिम से विवाह अवैध है, यहाँ तक कि यदि पति भी इस्लाम धर्म को छोड़कर किसी दूसरे धर्म को स्वीकार कर ले तो विवाह अपने आप ही समाप्त हो जाता है और मुस्लिम स्त्री को दूसरे मुस्लिम से विवाह करना पड़ता है।

विवाह के अधिकार और कर्त्तव्य

एक वैध मुस्लिम विवाह पत्नी को महर, भरण-पोषण और निवास का अधिकार प्रदान करता है और उस पर यह कर्त्तव्य लादता है कि वह पति के प्रति वफादार और आज्ञाकारी रहेगी। वह पति को यौन-सम्बन्ध करने का भी अधिकार देगी, पर साथ ही तलाक के समय इद्‌दत को मानेगी। इद्दत वह समय है जिसमें तलाक घोषित होने के बाद पति-पत्नी आपस में संभोग या यौन सम्बन्ध स्थापित नहीं करते। इद्दत का यह समय साधारणतया तीन माह का होता है। उसका उद्देश्य यह ज्ञात करना है कि स्त्री पहले पति से गर्भवती तो नहीं है। अगर है तो गर्भ के बच्चे का अधिकार पिता की सम्पति पर हो जाता है। पत्नी से यह आशा की जाती है कि इद्दत के दौरान वह न तो पति से और न ही किसी अन्य व्यक्ति से यौन-सम्बन्ध स्थापित करेगी, दूसरी ओर पति के लिए यह अनिवार्य है कि अपनी पत्नी का भरण-पोषण करे जब तक कि वह आज्ञाकारी और वफादारी है। अगर पति ऐसा नहीं करता तो पत्नी अदालत की शरण ले सकती है।

हिन्दू एवं मुस्लिम विवाह में विभिन्नता

भारतीय सामाजिक व्यवस्था में हिन्दू और मुसलमान दोनों का ही महत्वपूर्ण स्थान है। ये दोनों ही सदियों से एक साथ यहाँ निवास कर रहे हैं और इसलिए अनेक क्षेत्रों में इन दोनो में सांस्कृतिक आदान-प्रदान हुआ है। यह आदान-प्रदान बहुमुखी है। फिर भी दोनों संस्कृतियाँ अपने रूप में अनोखी हैं और यही कारण है कि अनेक विषयों में हिन्दू और मुसलमानों की विवाह संस्था है। विवाह सामाजिक जीवन की एक आधारभूत संस्था के रूप में सर्वमान्य है और इसलिए हिन्दू और मुस्लिम दोनों ही संस्कृतियों में इस संस्था का रूप अलग-अलग है। यह अंतर न केवल उद्देश्यों और आदर्शों के आधार पर है बल्कि विवाह की प्रकृति और विवाह की प्रणाली में भी देखने को मिलता है। हिन्दू तथा मुस्लिम विवाह के प्रमुख आधार निम्नवत् हैं—

(1) विवाह-प्रणाली आधारित अंतर–हिन्दुओं में पत्नी अपने पिता के घर से दहेज या धन लाती है, पर मुसलमानों में पति पत्नी को महर देता है। यद्यपि कुछ मुसलमानों में हिन्दुओं की देखा-रेखी वर मूल्य प्रथा का प्रचलन भी हो रहा है। हिन्दुओं में बहुपत्नी विवाह मान्य है, पर पत्नी की संख्या सीमित नहीं हैं। मुसलमानों में भी बहुपत्नी-विवाह मान्य है, पर एक समय में चार से अधिक पत्नियों से विवाह नहीं हो सकता। हिन्दुओं में विवाह सम्बन्धी अनेक प्रकार के निषेध हैं। हर व्यक्ति को अपनी ही उपजाति में विवाह करना पड़ता है। उसी प्रकार सगोत्र, सपिण्ड और सप्रवर विवाह नहीं हो सकते। कुलीन विवाह के नियमों को भी मानना आवश्यक हो जाता है। लेकिन इस प्रकार के असंख्य निषेध मुसलमानों की विवाह संस्था में देखने को नहीं मिलते। उनमें तो कुछ निकट के रक्त सम्बन्धियों को छोड़कर और सभी के साथ विवाह-सम्बन्ध स्थापित हो सकता है। हनीफी न्यायवेत्ताओं के अनुसार कोई भी पुरुष अपनी कन्या का विवाह अपने भाई के पुत्र के साथ बिना उसकी स्वीकृति लिए कर सकता है, यद्यपि पुरुष के लिए यह छूट है कि वह अपने-आप यह निश्चित करे कि उसकी चचेरी बहन से विवाह करने से सम्बन्ध में उसकी इच्छा क्या है।

(2) प्रकृति आधारित अंतर–मुसलमानों में स्थायी और अस्थायी दोनों परिवार के विवाह पाए जाते हैं, परन्तु हिन्दुओं में मुताह विवाह के समान कोई अस्थायी विवाह मान्य नहीं हैं। हिन्दुओं में विधवा विवाह मान्य नहीं है और न ही इद्दत जैसा समय होता है, पर मुस्लिम विवाह में ये दोनों ही पाये जाते हैं।

(3) उद्देश्य एवं आदर्श का आधार–हिन्दू विवाह एक धार्मिक तथा पवित्र संस्कार है जिसके मुख्य रूप से तीन उद्देश्य और आदर्श हैं–(क) प्रत्येक हिन्दू-स्त्री पुरुष का विवाह करना एक धार्मिक कर्त्तव्य है। (ख) विवाह का एक मुख्य उद्देश्य पुत्र-प्राप्ति है जो कि अपने पितरों को तर्पण और पिण्डदान कर सके (ग) साथ ही पारिवारिक और धार्मिक जरूरतों के उद्देश्य से विवाह आवश्यक है। इसके विपरीत मुस्लिम विवाह या निकाह एक शिष्ट समझौता है जिसका कि मख्य उद्देश्य (अ) यौन-सम्बन्धी तृप्ति और (ब) संतानों की उत्पत्ति और उनका वैधकरण है।

(4) विवाह-सम्बन्ध के आधार पर अंतर–(अ) हिन्दुओं में विवाह एक अटूट बन्धन है और मृत्यु के बाद ही यह सम्बन्ध विच्छिन्न हो सकता है। परन्तु मुसलमानों का विवाह एक समझौता है, इस कारण इसे किसी भी समय तोड़ा जा सकता है। मुसलमानों में विवाह-विच्छेद सरल है, हिन्दुओं में विवाह-विच्छेद सपना है। मुसलमानों में विवाह-विच्छेद के बिना अदालत और अदालत की सहायता दोनों

ही तरह का हो सकता है। आजकल हिन्दुओं में भी विवाह-विच्छेद हो सकता है, पर केवल अदालत के द्वारा ही।

मुसलमानों में तलाक

मुसलमानों में विवाह-विच्छेद सरल है। परम्परागत रूप में विवाह-विच्छेद या तलाक से सम्बन्धित अधिकार एकतरफा है और ऐसे समस्त अधिकार पुरुष के हाथों में ही केन्द्रित है। पुरुष जब चाहे तब अपनी मर्जी के मुताबिक बिना कोई कारण बतलाए अपनी पत्नी को तलाक दे सकता है। पुरुष का अधिकार यहीं समाप्त नहीं होता। तलाक की घोषणा हो जाने पर भी स्त्री स्वतन्त्र नहीं हो जाती थी। जब तक तीन मासिक धर्म की अवधि इद्दत नहीं बीत जाए, तब तक उसे यह निश्चित करने के लिये प्रतीक्षा करनी पड़ती थी कि कहीं वह गर्भवती तो नहीं है। प्रतीक्षा की इस अवधि में पति को यह अधिकार होता था कि वह अपने वैवाहिक अधिकारों को तलाक दी गई पत्नी पर फिर से जमा ले और दुबारा विवाह को वैध बनाने के लिये आवश्यक किसी भी प्रकार के रस्म-रिवाज को पूरा किए बिना ही वह स्त्री फिर उसकी पत्नी बन जाती थी। इस पूनःग्रहण के लिये पत्नी की अनुमति अनिवार्य नहीं थी।

इस विशिष्ट स्थिति का कारण यह था कि प्राचीन अरब कानून में पत्नी पर पति का अधिकार तलाक के सूत्र दोहराए जाने पर भी समाप्त नहीं होता था। तलाक की स्थिति में भी पति का अपनी पत्नी पर अन्य किसी भी दूसरे व्यक्ति से अधिक ही अधिकार होता था। इस अधिकार की सम्मति तो तलाक के सूत्र को तीन बार दोहरा दिए जाने अथवा इद्दत की अवधि पूरी हो चुकने के बाद ही होती थी। तभी तलाक पूर्ण होता स्त्री अपने पत्नीत्व से मुक्त हो पाती।

डॉ॰ कपाडिया के अनुसार यह सम्भव यह सम्भव है कि मौहम्मद साहब विवाह-विच्छेद के अधिक पक्ष में नहीं थे क्योंकि उनका तो लक्ष्य विवाह संस्था को कुछ ऐसे ठोस आधारों पर आधारित करना था जो कि पारिवारिक जीवन में स्थिरता ला सकें। इसीलिये विवाह-विच्छेद की आज्ञा केवल तभी दी जाती थी, जब दोनों को यह आशंका उत्पन्न हो जाती कि वे ईश्वरीय सीमा के अन्दर नहीं रह सकते। इस सम्बन्ध में एक अनुश्रुति भी उद्धृत की जाती है, विवाह विच्छेद वह स्थिति है जो कानून-सम्मत तो है, किन्तु ईश्वर उसे पसन्द नहीं करता। **एम॰ सेडिलॉट** ने भी लिखा है कि मुसलमानों में विवाह विच्छेद की आज्ञा दी जाती थी, परन्तु वह उन औपचारिकताओं के अधीन थी, जो शीघ्रता में अथवा बिना भली प्रकार विचारे भी ली गई प्रतिज्ञा को वापिस लेने की सिफारिश करती थी। दूसरे शब्दों में तलाक पूर्ण होने

से पहले कुछ औपचारिकताओं या नियमों का पूरा होना भी आवश्यक है, इस दौरान में तलाक देने वालों को यह मौका मिलता है कि वह अपने निर्णय पर पुनः विचार करें और यदि उसने जल्दबाजी या गुस्से में यह निर्णय लिया हो तो उसे सुधारे जिससे कि पारिवारिक विघटन की सम्भावनायें न्यनतम या गुस्से में वह निर्णय लिया हो तो उसे सुधारे जिससे कि पारिवारिक विघटन की सम्भावनायें न्यूनतम हों। उदाहरणार्थ प्राचीन अरब कानून में इस्लाम द्वारा तलाक के अन्तर्गत जो तीन मास की प्रतीक्षा इद्दत सम्मिलित की गई उससे पति को अपनी भावनाओं को दबाने अथवा अपने निर्णय पर पुनः विचार करने का पर्याप्त समय मिल गया, यदि यह निर्णय शीघ्रता अथवा क्रोध में लिया गया हो। इस प्रकार अप्रत्यक्ष रूप से आगे चलकर मेल मिलाप के लिये अवसर दिया गया और इद्दत ने अविचारपूर्ण, शीघ्रता तथा आवेश में दिए गए तलाक पर नियन्त्रकारी प्रभाव डाला। उसी प्रकार कुछ विद्वानों का कथन है कि आज महर की रकम वर की औकात या क्षमता से ज्यादा इसलिए निश्चित कर दी जाती है कि इससे पति के विवाह-विच्छेद के निरंकुश अधिकारों पर स्वतः ही रोक लग जाती है। क्योंकि तय की हुई महर को चुकाए बिना पति अपनी पत्नी को तलाक नहीं दे सकता। फिर भी मोहम्मद साहब के समय से तलाक के अधिकार का उपयोग पुरुष द्वारा खूब स्वतन्त्रता से ही होता जा रहा है।

कुछ समय तक न्याय-विशारदों ने इस बात का प्रयत्न भी किया कि तलाक की दरें समाज में बढ़ने न पायें। इसके लिये इन न्याय विशारदों ने यह स्पष्ट निर्देश दिया कि पति के द्वारा अपनी पत्नी को तलाक देना तब तक अनुचित इसलिए निषिद्ध है, जब तक कि पत्नी के विरुद्ध व्यभिचार का अभियोग न हो। हनीफी मलिक, शफी तथा बहुसंख्यक सिया तलाक की आज्ञा तो देते हैं, लेकिन वे बिना कोई गम्भीर कारण के उस अधिकार का उपयोग उचित नहीं मानते। मुस्लिम नैयायिकों तथा कुरान के व्याख्याकारों ने तो तलाक के सम्बन्ध में पुरुषों के एकतरफा अधिकार को भी अनुचित ठहराया तथा स्त्रियों के प्रति न्याय तथा समानता बरतने की सिफारिश की। उनके अनुसार पत्नी को भी दुर्व्यवहार, भरण-पोषण की कमी तथा अन्य दूसरे उचित कारणों से पति से अलग होने की माँग करने का अधिकार है परन्तु यदि वह अपने अलग होने की माँग के समर्थन में उचित और ठोस आधार या कारण प्रस्तुत करने में असमर्थ है तो वह अपने दहेज को खो बैठेगी।

अमीर अली का भी यही कहना है कि पैगम्बर ने स्त्रियों को उचित आधार पर अलग होने की माँग करने का अधिकार प्रदान किया। पीर और पैगम्बर का इस सम्बन्ध में उद्देश्य अच्छा ही था, यह स्वीकार करना पड़ेगा, पर व्यावहारिक रूप में

तलाक की जो स्थिति है वह मुस्लिम स्त्रियों के अधिक अनुकूल नहीं है और न ही इस सम्बध में उनकी दशा पुरुषों के समान है। पत्नी भी अपने पति को तलाक दे सकती है। पर यह अधिकार भी वास्तव में विवाह के समय पति से ही पत्नी को प्राप्त होता है। अर्थात् विवाह के समय पति अपनी पत्नी को विवाह-विच्छेद का अधिकार प्रदान कर सकता है। लेकिन जैसाकि मुल्ला ने लिखा है इस प्रकार का तलाक यद्यपि देखने में पत्नी द्वारा पति का विवाह विच्छेद है, फिर भी कानूनी तौर पर पति द्वारा तलाक के रूप में ही चलता है। दूसरे शब्दों में आधारभूत रूप में पति ही पत्नी के इस अधिकतर का मूल-स्रोत है अर्थात् तलाक देने का वास्तविक अधिकार पति को प्राप्त है, उस अधिकार को पति अपनी पत्नी को अगर चाहे तो सौंप सकता है और तब कहीं पत्नी तलाक की घोषणा कर सकती है।

इसीलिये यह निरन्तर अनुभव किया गया कि तलाक का यह एकतरफा नियम स्त्रियों के लिये हितकर नहीं है। वह प्रणाली जिससे पत्नी अपने सिर पर तलाक का भय लगातार लटकता हुआ देख उसके लिये यह सदा कष्ट का कारण होने के अतिरिक्त और कुछ नहीं सिद्ध हो सकती। अतः सन् 1939 में मुस्लिम विवाह-विच्छेद अधिनियम पास करके मुस्लिम स्त्रियों की तलाक सम्बन्धी निर्योग्यता को दूर किया गया तथा उन्हें भी कुछ निश्चित अवस्थाओं में पति को तलाक देने का अधिकार प्रदान किया गया। आगे परम्परागत तथा कानूनी दृष्टिकोण से मुस्लिम विवाह-विच्छेद के बारे में विवेचन किया जा रहा है।

बिना-अदालत के विवाह विच्छेद

बिना-अदालत के हस्तक्षेप किए विवाह विच्छेद का अधिकार केवल पुरुष को ही है। स्त्रियाँ केवल पति की सहमति से ही विवाह-विच्छेद कर सकती हैं। मुसलमानों में कुछ विवाह-विच्छेद बिना अदालत के होते हैं, जो निम्नवत् हैं–

(1) जिहर–अगर पति अपनी पत्नी की तुलना ऐसी सम्बन्धी स्त्री से कर देता जिससे विवाह निषिद्ध है, तो पत्नी अपने पति को प्रायश्चित करने को कहती है या अदालत में यह अर्जी देती है कि अदालत पति को या तो प्रायश्चित करने को कहे अथवा तलाक घोषित करने को कहे। यदि पति प्रायश्चित नहीं करता है तो अदालत विवाह-विच्छेद करा देती है।

(2) तलाक– मुस्लिम कानून के अनुसार कोई भी पति, जो सही दिमाग वाला बालिग है, अपनी पत्नी को जिस समय भी चाहे, कारण बताए हुए तलाक दे सकता है। तलाक लिखित और अलिखित दो प्रकार का होता है। लिखित तलाक के लिए

तलाक-नामा जरूरी है। अलिखित या मौखिक तलाक तीन प्रकार का होता (अ) **तलाके अहसन**—इसमें पत्नी के तुहर मासिक धर्म के समय एक बार तलाक की घोषणा की जाती है और इद्दत के समय पति-पत्नी का सहवास नहीं होता। (ब) **तलाके हसन**—इसमें तीनों तुहरों के समय तलाक की घोषणा की जाती है और इन तीनों तुहरों के बीच में सहवास नहीं होगा। (स) तलाक उल बिद्दत— इसमें किसी तुहर के समय एक वाक्य में एक बार स्पष्ट रूप से पति तलाक की घोषणा करता है। घोषणा के समय पत्नी या गवाह की उपस्थिति आवश्यक नहीं हैं।

(3) इला—एक शपथ के आधार पर चार महीने तक मैथुन न करने से पति-पत्नी में विवाद-विच्छेद हो जाता है।

(4) खुला—जब पति-पत्नी दोनों ही सही दिमाग के और बालिग हैं तो पत्नी की इच्छा पर एक-दूसरे की सहमति से विवाह-विच्छेद किया जा सकता है। इसमें अपने को विवाह-सम्बन्ध से मुक्त करने के लिए पत्नी को अपने पति को कुछ प्रतिफल देना पड़ता है। इसकी शर्तें पति-पत्नी में आपस में तय कर ली जाती है और अकसर पत्नी को अपना महर या उसका एक हिस्सा पति को लौटाना पड़ता है। दूसरे शब्दों में खुला के अन्तर्गत जब पत्नी को विवाह-विच्छेद की इच्छा है और यदि उसका पति इस पर राजी हो जाता है, तो वह अपने पति को महर वापिस चुका देती है और अपने आपको विवाह बन्धन से स्वतन्त्र कर लेती है।

डॉ॰ कपाडिया के अनुसार यह प्रथा प्राचीन अरबी खुला नामक विवाह-विच्छेद की प्रथा का ही संशोधित रूप है। दोनों का अंतर इसी बात में है कि अरबी कानून के अनुसार पिता सरलतापूर्वक अपनी पुत्री की स्वतन्त्रता महर अर्थात् वधू का मूल्य वर पक्ष को वापिस लौटाकर तलाक प्राप्त कर सकता था, लेकिन इस्लाम के अनुसार पत्नी अपनी स्वतन्त्रता महर लौटाकर तलाक प्राप्त कर सकती थी, लेकिन इस्लाम के अनुसार पत्नी अपनी स्वतन्त्रता महर लौटाकर तलाक तभी प्राप्त कर सकती है जब उसका पति भी इस बात को स्वीकार कर ले। इस प्रकार इस्लामी कानून पति के पक्ष में अधिक झुका हुआ हैं।

(6) मुर्बरत—इस प्रकार का विवाह-विच्छेद पति-पत्नी की पारस्परिक सहमति और इच्छा से होता है। इसमें खुला की भाँति केवल स्त्री की इच्छा ही आवश्यक नहीं है, बल्कि दोनों की इच्छा जरूरी है।

(5) तलाक ए ताफविद—तलाक का एक रूप है। इसके अनुसार, पति विवाह संविदा में तलाक के अपने अधिकार को प्रत्यायोजित कर देता है। इस संविदा में अन्य बातों के साथ-साथ यह अनुबन्ध किया जा सकता है, कि पति के द्वारा कोई

दूसरी पत्नी ले आने पर प्रथम पत्नी को उसे तलाक देने का अधिकार होगा। न्यायालयों ने विवाह-पूर्व और विवाह के बाद किए गए इन करारों को बहाल रखा है। यह निर्धारित किया है कि ये करार न तो लोकनीति के विरुद्ध हैं और न ही मुस्लिम कानून की भावना के प्रतिकूल। असम उच्च न्यायालय ने अपने एक निर्णय द्वारा यह घोषणा करके पत्नी के इस अधिकार को और भी सबल बना दिया है कि पत्नी को दिया गया तलाक का यह अधिकार अटल है।

मुस्लिम स्त्री के संबंध विच्छेद का अधिकार

इस प्रावधान के अन्तर्गत मुस्लिम स्त्री के सम्बन्ध विच्छेद के निम्नवत अधिकार है। पहले पत्नी को बिना पति की स्वीकृति के विवाह-विच्छेद करने का अधिकार नहीं था। इस निर्योग्यता को सर्वप्रथम सन् 1939 में मुस्लिम विवाह-विच्छेद अधिनियम के द्वारा दूर किया गया। इस अधिनियम के अनुसार एक मुस्लिम स्त्री को निम्न आधारों पर विवाह-विच्छेद के अधिकार दिए गए हैं–

1. जब चार वर्ष से पति का कोई पता नहीं चल रहा हो।
2. जब पति जान बूझकर अथवा अपनी असमर्थता के कारण दो वर्ष से पत्नी के भरण-पोषण की व्यवस्था करने में असफल है।
3. जब पति को सात वर्ष अथवा उससे लम्बी अवधि की कैद का दण्ड मिल गया हो।
4. जब उचित कारण के बिना पति अपने वैवाहिक कर्त्तव्यों का पालन तीन वर्ष की अवधि से नहीं कर रहा हो।
5. विवाह के समय से ही पति नंपुसक हो।
6. दो वर्ष की अवधि से पति पागल हो अथवा कोढ़ या विषाक्त गुप्त रोग से पीड़ित हो।
7. जब 15 वर्ष की आयु से पहले पत्नी का विवाह पिता या संरक्षक के द्वारा किया गया हो और पत्नी के यौन-सम्बन्ध स्थापित होने से पूर्व तथा अपनी 18 वर्ष की आयु होने के पूर्व विवाह का प्रत्याख्यान कर दिया हो।
8. जब पति की ओर से शारीरिक या आचरण सम्बन्धी क्रूरता है, उसका बदनाम स्त्रियों से सम्पर्क है, या वह बदनाम जीवन व्यतीत करता है, या पत्नी को अनैतिक जीवन व्यतीत करने के लिए बाध्य करता है, तो उसकी सम्पत्ति को बेचता है, या उसे अपनी सम्पत्ति के उपयोग से रोकता है, या पत्नी के धार्मिक

कार्यों में बाधा पहुँचाता है, या अन्य पत्नियों की तुलना में बराबर का व्यवहार नहीं करता है।

9. मुस्लिम कानून द्वारा मान्य किसी अन्य आधार पर भी विवाह-विच्छेद हो सकता है। 1986 में भारत सरकार ने एक विवादग्रस्त मुस्लिम-महिला संरक्षण तलाक अधिनियम, 1986 पास किया है जो कि तलाकशुदा मुस्लिम महिलाओं को गुजारा भता देने के सम्बन्ध में है।

निष्कर्ष

मुस्लिम समाज में वैवाहिक सम्बन्ध को तोड़ना बहुत ही आसान है। इसका उल्लेख में भी किया जा चुका है। इन मामलों में स्त्रियों की दशा बहुत ही शोचनीय, है पुरुष बेहतर स्थिति में है। लेकिन धीरे-धीरे परिस्थितियाँ परिवर्तित हो रही हैं, पश्चिमी सभ्यता का प्रभाव (असर) इस समुदाय पर भी पड़ रहा है, साथ भी नवीन आर्थिक व्यवस्था, राजनीतिक विचारधारा, शिक्षा तथा चलचित्र, इन सबका प्रभाव भी मुस्लिम समाज पर पड़ रहा है। जिसके कारण सिर्फ पुरुष ही नहीं स्त्रियों को भी अपना व्यक्तित्व निखारने, विकसित करने तथा समानता का अधिकार माँगने के बहुमुखी अवसर प्राप्त होते जा रहे हैं। राजनीतिक, सामाजिक, आर्थिक, सामाजिक रुढ़ियाँ तथा एक तरफ इन स्त्रियों में धीरे-धीरे समान होता जा रहा है। मुस्लिम पुरुष प्रधान समाज की ओर से स्त्रियों के न्यायोचित अधिकारों की मान्यता मिलती जा रही है लेकिन परम्पराओं को एकाएक नहीं छोड़ा जा सकता इसलिए नवीन तथा प्राचीन विचारधारा में खींचातानी तो चलती ही रहेगी।

9

ईसाई विवाह

ईसाई धर्म में वंश नाम निश्चित करने का एक नियम हुआ करता है जिसके अनुसार किसी परिवार विशेष के बच्चों का वंश नाम या उपनाम निर्धारित होता है, जिससे वंशजों को पहचानने में मदद मिलती है। ईसाई परिवार में मदद मिलती है। सामान्य रूप से ईसाई परिवार अन्य प्रकार के परिवार से अधिक भिन्न नहीं है। अन्य परिवारों की भाँति ईसाई परिवार में विवाह सम्बन्ध विवाह का एक स्वरूप व्यवस्था एवं एक सामान्य निवास या घर होता है। इस सामान्य विशेषताओं को इस भाँति समझाया जा सकता है कि ईसाई परिवार का भी अन्य समाज द्वारा स्वीकृत स्त्री पुरुष को वैवाहिक सम्बन्ध से होता है ईसाई परिवार में सामान्यतः यह वंश पितृवंशीय होता है जो कि वास्तविक रक्त सम्बन्ध जैसे बच्चे के साथ उसको जन्म देने वाली मांता-पिता का सम्बन्ध या काल्पनिक रक्त सम्बन्ध जैसे बच्चे के साथ उसे गोद लेने वालों के सम्बन्ध पर आधारित होता है कुछ ईसाई परिवारों में बच्चे अपने परिवार का नाम माता से ग्रहण करते हैं न कि पिता से अर्थात् उनका वंश नाम मातृवंशीय होता है इसी प्रकार प्रत्येक ईसाई परिवार में कुछ आर्थिक व्यवस्था अर्थात् जीवित रहने के लिए आवश्यक वस्तुओं को प्राप्त करने का साधन होता है जिसके द्वारा परिवार के सदस्यों का और बच्चों का पालन-पोषण सम्बन्ध होता है। प्रत्येक ईसाई परिवार के सदस्यों के रहने के लिए निवास स्थान होता है जो घर होता है। ऐसा घर प्रधानतः पितृस्थानीय निवास ही होता है।

ईसाई विवाह क्या है?

वर्तमान समय में ईसाई लोग विवाह को जिस रूप में ग्रहण करते हैं, उसके आधार पर यह कहा जा सकता है, कि विवाह ईश्वर की इच्छा पर आधारित परिवार बसाने, संतानों को जन्म देने, व्यभिचार से बचने तथा पारस्परिक प्रेम व सहयोग द्वारा

परस्पर आराम पहुँचाने के लिए एक समझौता है जिसे कि व्यक्तिगत, आध्यात्मिक तथा सामाजिक कल्याण व प्रगति के लिए आजीवन बनाए रखना प्रत्येक पति-पत्नी का कर्त्तव्य है।

उत्तर भारत के संयुक्त चर्च के अनुसार विवाह की परिभाषा इस प्रकार है– विवाह समाज में एक पुरुष और स्त्री के बीच ऐसा समझौता है जो सामान्य रूप से सारे जीवन भर चलता रहता है और उसका उद्देश्य यौन-सम्बन्ध, पारस्परिक संसर्ग और परिवार की स्थापना है।

उपरोक्त परिभाषा से ईसाई विवाह की कुछ विशेषताएँ तथा कतिपय उद्देश्य स्वतः ही स्पष्ट हो जाते हैं। ईसाई विवाह की प्रथम उल्लेखनीय विशेषता यह है कि इस प्रकार का विवाह एक समझौता मात्र होता है, पर इस समझौते की आयु साधारणतया सारे जीवन भर की होती है। अतः ईसाई विवाह की दूसरी विशेषता यह है कि विवाह बन्धन बहुत कुछ स्थिर होगा यह मान लिया जाता है। फिर भी चूँकि विवाह बन्धन एक समझौता मात्र है इस कारण यदि कोई भी पक्ष पति या पत्नी इस समझौते से असन्तुष्ट है अथवा यदि कोई भी पक्ष समझौते की किसी भी सामान्य शर्त को तोड़ता है तो दूसरे पक्ष को यह अधिकार होगा कि वह उस समझौते को तोड़ दे अर्थात् विवाह-विच्छेद की माँग करे।

ईसाई परिवार के प्रयोजन

बाइबिल के आधार पर ईसाई परिवार के प्रमुख प्रयोजन निम्नवत् हैं–

1. परिवार को स्थापित करने की आज्ञा ईश्वर ने इस उद्देश्य से भी दी थी कि सुख-दुख दोनों में ही परिवार के सदस्य एक पारस्परिक सहयोगपूर्ण समाज की स्थापना कर सकें, एक-दूसरे की मदद कर सके तथा एक-दूसरे के प्रति सहानुभूति को प्रकट कर सकें। प्रत्येक व्यक्ति सबके लिए और सब प्रत्येक के लिए हो यही परिवार का तीसरा उद्देश्य है।

2. यह प्रभु की इच्छा है कि संतानों को उत्पन्न किया जाए और भगवान् का भय रखते हुए इन्हीं के गुण-गान के बीच बच्चों का लालन-पालन किया जाए। ईश्वर की आज्ञा के अनुसार परिवार का यही पहला उद्देश्य है।

3. परिवार का दूसरा उद्देश्य पाप का नाश करने तथा व्यभिचार से बचने के लिए अपने सदस्यों की सहायता करना है। परिवार यौन-सम्बन्धों को नियमित नियन्त्रित करता है। इसके फलस्वरूप अनियमित यौन-सम्बन्ध स्थापित नहीं हो पाता है और लोग पाप व व्यभिचार से बच जाते हैं और ईश्वर की महिमा पर धन्धा

नहीं लगता है। इस उद्देश्य की पूर्ति के लिए भी ईश्वर ने परिवार को स्थापित करने की आज्ञा प्रदान की थी।

उपरोक्त आधार पर ही **जॉन ने** ईसाई परिवार के निम्नलिखित चार उद्देश्यों का उल्लेख किया है–

(1) पारस्परिक आराम–परिवार में प्रत्येक सदस्य की अपनी एक स्थिति होती है, और उसे उस स्थिति के अनुसार कुछ कार्य या कर्त्तव्यों का पालन करना पड़ता है। इसके फलस्वरूप प्रत्येक सदस्य दूसरे सदस्यों के लिए हितकर सिद्ध होता है और उसका पारिवारिक जीवन आरामदेह हो जाता है। किसी परिवार का एक उद्देश्य उसके सदस्यों के लिए पारस्परिक आराम की व्यवस्था करना और इनके लिए आवश्यक भावनाओं को विकसित करना है।

(2) व्यभिचार से सुरक्षा–परिवार का एक महत्वपूर्ण उद्देश्य यौन-इच्छाओं की सन्तुष्टि करना और लोगों को यौन-सम्बन्धी पाप व व्यभिचार से दूर रखना है। परिवार वह साधन है जिसके द्वारा मनुष्य की यौन क्रियाओं का नियन्त्रण और नियमन होता रहता है। सामान्यतः समाज में उन स्त्रियों या पुरुषों की कोई मर्यादा नहीं रहती जो कि परिवार या विवाह-सम्बन्ध के बाहर यौन-सम्बन्ध स्थापित करतें है और न ही ऐसे लोगों के प्रति कोई भी सामाजिक उतरदायित्व अनुभव करता है। इसी डर से लोग व्यभिचार से अपने को दूर रखने का प्रयत्न करते हैं, और प्रत्येक स्त्री या पुरुष परिवार का सदस्य होना चाहता है। एकाकी जीवन बिताना यदि असम्भव नहीं तो निराशाजनक तथा कष्टप्रद अवश्य होता है। यौन-सम्बन्धी आवश्यकताओं की पूर्ति करते हुए व्यभिचार से बचना तथा एकाकी जीवन की समस्त असुविधाओं का हल पारिवारिक संगठन के अन्तर्गत जितनी सरलता से ढूँढ़ा जा सकता है उतना शायद और कहीं नहीं।

(3) पारस्परिक सहयोग–स्त्री या पुरुष अलग-अलग पनप सकते हैं, पर उनके वास्तविक व्यक्तित्व का विकास स्त्री और पुरुष के पारस्परिक सहयोग से ही संभव होता है। पुरुष स्त्री को सुरक्षा प्रदान करता है और स्त्री अपने प्रेम, स्नेह या वात्सल्य से पुरुष को सिंचित कर उसे प्रगति के पथ पर चलने के लिए निरन्तर प्रोत्साहित करती है। **सारोकिन** तथा **हैनसम** ने उचित ही लिखा है, प्रेम न केवल उपचार करता है और व्यक्ति के शरीर एवं मस्तिष्क को पुनर्जीवन प्रदान करता है, अपितु यह व्यक्ति के प्राणिशास्त्रीय मानसिक तथा सामाजिक कल्याण व विकास में निर्णायक कारक सिद्ध होता है। प्रेम करना तथा प्रेम किया जाना अत्यन्त महत्वपूर्ण विटामिन बन जाता है जो कि व्यक्ति के सर्वांगीण एवं सौम्य विकास के लिए तथा

मानव-जीवन के सुखमय मार्ग निर्धारण के लिए अपरिहार्य है। परिवार अपने सदस्यों में पारस्परिक सहयोग के बीच इसी प्रेम-तत्व को विकसित करता है और व्यक्तित्व के विकास में अपना महत्वपूर्ण योगदान करता है।

(4) सन्तानोत्पत्ति—सामाजिक तथा प्राणिशास्त्रीय दृष्टिकोण से परिवार का एक महत्वपूर्ण उद्देश्य संतान उत्पन्न करना है। वैसे तो संतानोत्पत्ति का कार्य परिवार के बाहर भी हो सकता है लेकिन कहीं भी अवैध संतानों को समाज स्वीकार नहीं करता है। परिवार के सन्तानोत्पत्ति के इस उद्देश्य की पूर्ति पर ही समाज पर अस्तित्व व निरन्तरता सम्भव होती है। मनुष्य मरता रहता है, परन्तु परिवार की सहायता से मानव जाति अमर हो जाती है, क्योंकि समाज में जो लोग मर जाते हैं उनके खाली स्थानों को परिवार की नई संतानों से भर देता है। इस प्रकार परिवार द्वारा इस सन्तानोत्पत्ति के उद्देश्य की पूर्ति होने से मृत्यु और अमरत्व इन दो विरोधी अवस्थाओं के सुन्दर समन्वय के बीच सामाजिक जीवन की निरन्तरता सम्भव हुई है।

ईसाई परिवार की आधारभूत विशेषतायें

ईसाई परिवार विवाह रक्त सम्बन्ध या गोद लेने के बन्धनों से सम्बद्ध व्यक्तियों का एक ऐसा समूह है जो कि एक गृहस्थी का निर्माण करते हैं और जो एक-दूसरे से अन्तः क्रिया और अन्तः संदेश करते हुए पति-पत्नी, माता-पिता, लड़के लड़की और भाई-बहन के रूप में अपने-अपने कार्यों को करते रहते हैं। इस सामान्य विवरण के अतिरिक्त ईसाई परिवार की कुछ आधारभूत विशेषताओं का भी उल्लेख किया जा सकता है जो इस प्रकार है—

(1) स्त्रियों की उन्नत दशा—ईसाई परिवार में स्त्रियों की दशा निश्चय ही हिन्दू या मुसलमान परिवार में पाए जाने वाली स्त्रियों की स्थिति से अधिक उन्नत होती है। यह सच है कि माँ के रूप में ईसाई परिवार में स्त्रियों की पूजा सैद्धान्तिक रूप में नहीं की जाती है या उनका देवी जैसा आदर नहीं होता है, फ़िर भी सामान्य रूप में स्त्रियों को परिवारों में पुरुषों के समान माना जाता है, और पुरुषों की भाँति ही उन्हें भी अपने व्यक्तित्व के विकास के लिए परिवार द्वारा सुविधाएँ प्रदान की जाती है। धार्मिक दृष्टिकोण से भी उन्हें पुरुषों के समान ही माना जाता है। परिवार स्त्रियो को शिक्षा प्राप्त करने की हर सुविधा प्रदान करता है। यही कारण है कि ईसाई स्त्रियों में शिक्षा प्रसार ज्यादा है। उदाहरणार्थ, केरल में प्रायः 64% ईसाई स्त्रियाँ अब पढ़ी-लिखी हैं। इसी प्रकार ईसाई स्त्रियों को पुरुषों के समान ही वैवाहिक अधिकार

प्राप्त हैं। ईसाई परिवार में बाल-विवाह नहीं होता है, विधवा पर कोई प्रतिबन्ध नहीं है, अन्तर्जातीय विवाह को बुरा नहीं माना जाता है। दहेज का मनव उनके परिवार को पीड़ित नहीं करता है, विवाह-विच्छेद का अधिकार होता है और अविवाहित रहना स्त्रियों के लिए सामाजिक अपराध नहीं होता। ये सभी ऐसी परिस्थितियाँ हैं जो कि स्त्रियों की स्थिति को उन्नत करने में सहायक सिद्ध होती हैं। साम्पत्तिक अधिकारों के सम्बन्ध में भी स्त्रियों का अधिकार परिवार के अन्य पुरुष सदस्यों के समान होता है। विधवा का पूरा-पूरा अधिकार अपने मृतक पति की सम्पत्ति पर होता है। सामान्य आर्थिक अधिकार के सम्बन्ध में भी परिवार में ईसाई स्त्रियों की स्थिति पुरुषों के समान है। उन्हें पुरुषों की भाँति ही नौकरी करने का पूर्ण अधिकार परिवार व समाज प्रदान करता है। कुछ अध्ययनों से यह पता चलता है कि कुँवारी ईसाई लड़कियों के लिए नौकरी कर लेना एक साधारण घटना है, और विवाह के बाद भी प्रायः 48% स्त्रियाँ नौकरी नहीं छोड़ती हैं। मेडिकल व्यवसायों डाक्टर, नर्स, आदि में ईसाई स्त्रियों की संख्या सबसे अधिक है। इसी प्रकार परिवार में ईसाई स्त्रियों को समस्त धार्मिक अधिकार प्राप्त हैं। वे बाइबिल का तथा अन्य धार्मिक ग्रन्थों का अध्ययन कर सकती हैं तथा पुरुषों के समान ही चर्च में आयोजित प्रार्थना में भाग ले सकती हैं। इन सब कार्यों व अधिकारों के सम्बन्ध में उन पर समाज, धर्म या परिवार कोई निर्योग्यता को स्वीकार नहीं करता है। यही कारण है कि पादरी के पद पर केवल पुरुष ही नहीं, स्त्रियाँ भी समान रूप से कार्य करती है। जहाँ तक परिवार से बाहर घूमने फिरने तथा सार्वजनिक कार्यक्रमों में भाग लेने का प्रश्न है, उस सम्बन्ध में भी ईसाई परिवार स्त्रियों को पूर्णतया सवतन्त्र मानता है। वे पुरुषों के समान न केवल पारिवारिक कार्यकलापों में ही, अपितु सार्वजनिक में ही स्वतन्त्रतापूर्वक भाग लेती हैं।

(2) समानता का सिद्धांत—पारिवारिक सम्बन्ध तथा व्यक्तिगत स्वतन्त्रता के सम्बन्ध में समानता के सिद्धान्त को ईसाई परिवारों ने जितना ग्रहण किया है उतना हिन्दू या मुसलमान परिवारों ने नहीं। इसका फल हुआ है, कि ईसाई परिवारों के सदस्यों का पारस्परिक सम्बन्ध अधिक सहज और स्वाभाविक होता है। इन परिवारों के बड़े-बूढ़े का निरंकुश राज्य नहीं होता है। वह जो कुछ कहता है ठीक ही कहता है, और उसी को अन्य सभी सदस्यों के लिये मानना अनिवार्य है ऐसी बात ईसाई परिवारों में बहुधा देखने को नहीं मिलती है। फलतः पिता-पुत्र के सम्बन्ध में भी एक पारस्परिक बोध व मित्रतापूर्ण दृष्टिकोण देखने को मिलता है। यही बात अन्य सदस्यों के पारस्परिक सम्बन्धों के विषय में कही जा सकती है। स्वतन्त्रतापूर्वक

घूमना-फिरना, बातचीत करना, एक साथ बैठकर खाना-खाना और विचारों का आदान-प्रदान करना ईसाई परिवार के सदस्यों के पारस्परिक सम्बन्धों की प्रमुख विशेषताएँ है।

(3) पर्दा-प्रथा का न होना—ईसाई परिवार का एक उल्लेखनीय तत्व यह है कि इसमें पर्दा प्रथा का नितान्त अभाव होता है। हिन्दू और मुस्लिम परिवार में यह है, पर ईसाई परिवार में नहीं। इस प्रकार के परिवारों में घर की बहू के लिए यह आवश्यक नहीं होता है कि यह ससुर, जेठ या बाहर के लोगों और परिवार के अन्य ज्येष्ठ सदस्यों व नाते-रिश्तेदारों के सामने पर्दा करे या घूँघट निकालकर सामने आए। पर्दा-प्रथा अच्छी है, या बुरी यह दूसरा प्रश्न है, पर इस प्रथा में स्त्रियों की सामाजिक स्थिति पर अत्यधिक प्रतिकूल प्रभाव पड़ता है। ईसाई परिवार इस दृष्टिकोण से अधिक प्रगतिशील व आधुनिक कहा जा सकता है।

(4) सम्मिलित आय का न होना—सम्मिलित सम्पत्ति की भाँति सम्मिलित आय का भी अभाव ईसाई परिवारों में अधिक देखने को मिलता है। प्रायः ऐसा नहीं होता है, कि परिवार के कर्त्ता अर्थात् सबसे बड़े-बूढ़े सदस्य को दे देता हो और फिर वह वयस्क सदस्य जैसा उचित समझे उसी के अनुसार उस सम्मिलित आय को सबसे लिए खर्च करता हो। इसके विपरीत, ईसाई परिवार में परिवार के कमाने वाले सदस्य अपने और अपने बीवी-बच्चों के लिए अलग-अलग खर्च करते हैं। ऐसा भी प्रायः देखा जाता है कि कमाने वाले सदस्य अपने-अपने वेतन में से एक निश्चित रकम अपने पिता या माता को गृहस्थी के सामान्य खर्चों जैसे, खाना, किराया आदि को चलाने के लिए दे देते हैं और वेतन का शेष भाग अपनी इच्छानुसार अपने व अपने बीवी-बच्चों पर खर्च करते हैं।

(5) सम्मिलित सम्पत्ति का न होना—सम्मिलित सम्पत्ति संयुक्त परिवार की विशेषता है, न कि मूल या केन्द्रीय परिवार की। और चूँकि ईसाइयों में मूल परिवारों का ही आधिक्य होता है, इस कारण इनमें सम्मिलित सम्पत्ति का कोई प्रश्न ही नहीं उठता है। माता-पिता की सम्पत्ति पर सब बच्चों का समान अधिकार होता है, अतः इनकी मृत्यु के बाद सब बच्चे सम्पत्ति के बंटवारे पर अधिक बल देते हैं। इसीलिए अधिकांश ईसाई परिवारों में सम्मिलित सम्पत्ति का अभाव होता है।

(6) छोटा आकार—ईसाई परिवारों का आकार साधारणतया छोटा होता है। ईसाइयों पर पाश्चात्य विचारों व आदर्शों का प्रभाव सुस्पष्ट रूप में देखने को मिलता है जिसका कि एक परिणाम यह होता है कि विवाह के पश्चात् लड़के अपने माता-पिता के परिवार से अलग अपना एक पृथक् घर या गृहस्थी बना लेते हैं, और

अपने बीवी बच्चों के साथ रहते हैं। इसका तात्पर्य यह हुआ कि ईसाई परिवारों में ऐसा होता है, कि विवाह के बाद पति न तो पत्नी के परिवार का सदस्य बनकर और न ही पत्नी पति के परिवार का सदस्य बनकर रहती है अपितु वे दोनों ही एक नया घर या गृहस्थी बनाकर रहने लगते है। इस प्रकार के परिवार को डॉ॰ दुबे ने नवस्थानीय परिवार कहा है। इसका तात्पर्य यह नहीं है कि ईसाइयों में संयुक्त परिवार का नितांत ही अभाव है। उन लोगों में संयुक्त परिवार भी पाए जाते है, विशेषकर, उन ईसाइयों में संयुक्त परिवार भी पाए जाते हैं, जो कि धर्म-परिवर्तन के द्वारा ईसाई बने हैं और जो हिन्दू जाति-संरचना के निम्न अंग से सम्बद्ध हैं। पर उच्चवर्गीय ईसाइयों में छोटे परिवार ही अधिक देखने को मिलेंगे, इनमें अनेक नाते रिश्तेदारों की भीड़ नहीं होती।

(7) वैयक्तिक आधार—ईसाई परिवार की नींव व्यक्तिवाद पर रखी जाती है। यह पाश्चात्य संस्कृति की देन है। परिवार की मर्यादा को निश्चित करने में धन का व व्यक्तिगत गुणों का महत्व ईसाई समाज में जन्म या जाति से कहीं अधिक है। इसका परिणाम यह हुआ है कि परिवार के सदस्यों के लिए परिवार का महत्व बहुत अधिक नहीं है। अतः सम्पूर्ण परिवार के विषय में न सोचकर व्यक्तिगत सुख-सुविधाओं की बात सदस्य के द्वारा अधिक स्पष्ट रूप में सोची जाती है। ईसाई परिवारों में संयुक्त परिवार का कम होना, सम्मिलित सम्पत्ति व सम्मिलि आय का अभाव भी इसी व्यक्तिवादी आदर्श के कारण है।

ईसाई विवाह

प्रत्येक स्वाभाविक व्यक्ति के जीवन में विवाह एक सामान्य घटना है। समाज के सभी लोग केवल किसान, वकील, डॉक्टर, नर्स, व्यापारी या अध्यापक नहीं बनते हैं इनमें से कुछ किसान बनते हैं तो कुछ वकील, डॉक्टर, नर्स, व्यापारी, अध्यापक, पर समाज के प्रायः सभी लोग विवाह करके पति ओर पत्नी बनते हैं और आगे चलकर मम्मी या डैडी कहलाते हैं। यही बात ईसाइयों पर भी लागू होती है और उनके जीवन में भी विवाह का स्थान उल्लेखनीय है। अन्तर केवल इतना है कि विवाह के आदर्श, उद्देश्य व प्रणाली हिन्दू या मुस्लिम विवाह से भिन्न है।

ईसाई धर्म में विवाह की अवधारणा

डॉक्टर शर्मा—के अनुसार, ईसाई धर्म में नैतिकता पर प्रारम्भ से ही इतना अधिक जोर दिया गया कि यौन सम्बन्ध को किसी रूप में भी स्थापित करना उत्तम

जीवन के लिए गलत समझा गया। अविवाहित रहना धार्मिक दृष्टिकोण से जीवन का परम लक्ष्य माना गया। विवाह केवल ऐसी स्थिति में ही करना उचित समझा गया जबकि कोई व्यक्ति अपनी यौन-प्रवृत्तियों को नियन्त्रित नहीं कर सकता। यही बात सेण्ट पॉल के अनुसार पुरुष के लिए यह अच्छा है कि वह स्त्रियों का स्पर्श न करे। फिर भी अविवाहित व्यभिचार से बचने के लिए प्रत्येक पुरुष को पत्नी तथा स्त्री को पति रखना चाहिये। यदि अविवाहित व्यक्ति, विधुर और विधवाएँ संयम नहीं रख सकती हों तो पाप करके जलने की अपेक्षा विवाह कर लेना ही अधिक अच्छा होगा। सेण्ट पॉल के अनुसार विवाहित जीवन में अन्तर्विवाह, विषय-भोग एक अनिवार्य बुराई तथा पाप हैं। इस प्रकार ईसाई धर्म के परम्परागत दृष्टिकोण के अनुसार विवाह अधर्म है जबकि ब्रह्मचर्य धर्म है। ये विचार धीरे-धीरे इतने दृढ़ होते गए कि मनुष्य-जीवन को पूर्णता के लिये अविवाहित रहना ही आदर्श बन गया और विवाह को मनुष्य की निर्बलताओं का केवल सबसे अच्छा हल मान लिया गया।

प्रोटेस्टेण्ट धर्म का दृष्टिकोण है कि परिवार की स्थापना ईश्वर की इच्छानुसार ही हुई है, क्योंकि मानव-जीवन के लिए अपरिहार्य है और विवाह ही उस परिवार को स्थापित करने का एकमात्र साधन है।

अतः विवाह में अन्तर्निहित स्त्री-पुरुष का शरीर सम्बन्ध ईश्वर की इच्छा पर आधारित है और इसमें कोई पाप नहीं है। इस कारण यौन-सम्बन्ध को केवलमात्र बच्चों को उत्पन्न करने का एक साधन असत्य होगा। विवाह में न केवल यौन सम्बन्ध होता है अपितु शारीरिक, मानसिक व आध्यत्मिक भी होता है, और इस प्रकार के सम्बन्धों से ईश्वर प्राप्ति का पथ प्रशस्त ही होता है। इसीलिये ईश्वर ने मानव को विवाह की अनुमति स्वेच्छा से प्रदान की है। अतः इस ईश्वरोरेच्छित विधि विवाह सबको करना चाहिये।

ईसाई विवाह के उद्देश्य

(1) परिवार की स्थापना—विवाह वह साधन है, जिसके द्वारा समाज मात्र एक परिवार को बसाया जा सके। घर बसाने की इच्छा न सिर्फ मानव में अपितु पशु पक्षियों तक में स्वाभाविक है। उस इच्छा की सन्तुष्टि सामान्यतः विवाह द्वारा ही सम्भव है। ईसाइयो में भी एक सुखद घर की कल्पना की जा सकती है, और उसके लिये समाज द्वारा अन्य मान्य किसी एक तरीके से विवाह करना अनिवार्य होता है।

(2) यौन सम्बन्ध—समाज द्वारा मान्यता प्राप्त तरीके से विवाह सम्बन्ध के अन्तर्गत यौन सम्बन्धी कामनाओं को चरितार्थ करना न केवल ईसाइयों के विवाह का ही अपितु सभी समाजों में प्रायः सभी प्रकार के विवाहों का उद्देश्य हुआ करता है। उदाहरणार्थ **मुरडॉक** ने संसार के विभिन्न भागों में पाए जाने वाले 250 समाजों के विवाह के उद्देश्य के सन्दर्भ में तुलनात्मक अध्ययन करके यह निष्कर्ष निकाला है कि मानव समाजों के विवाह के जो तीन मुख्य उद्देश्य होते हैं उनमें यौन सम्बन्धी इच्छाओं की तृप्ति एक है, यद्यपि यही उद्देश्य विवाह का एकमात्र उद्देश्य है ऐसा प्रमाण किसी भी समाज में नहीं मिलता है। ईसाई विवाह के सम्बन्ध में यही बात कही जा सकती है। विवाह के उद्देश्य के रूप में यौन सम्बन्ध को प्रथम स्थान देने के कुछ कारणों का भी उल्लेख किया जाता है और उनमें से प्रथम यह है कि विवाह सम्बन्ध के अन्तर्गत यौन इच्छाओं की संतुष्टि हो जाने से समाज में व्यभिचार और पाप फैल नहीं पाता है और ईश्वरीय महिमा पर कलंक की छाप लग नहीं पाती है। दूसरा कारण यह है कि यौन-सम्बन्ध द्वारा बच्चों का जन्म और समाज की निरन्तरता सम्भव होती है जो कि स्वयं ही ईश्वर की सेवा का रूप धारण कर लेती है। कहा गया है कि सन्तानोत्पत्ति के द्वारा वे ईसाई लोग ईश्वर की सृजनात्मक क्रिया में भाग लेते हैं। जबकि बच्चों के पालन-पीषण में ईश्वर की पालक-शक्ति को वे प्रतिबिम्बित करते हैं।

(3) पारस्परिक संसर्ग—विवाह का उद्देश्य दो अनजान स्त्री-पुरुष को एक-दूसरे के निकट लाना और उन्हे परस्पर का जीवन-साथी बनाना है जिससे कि उनके जीवन को पूर्णता प्राप्त हो और प्रेम, सद्भावना व सहयोग के द्वारा ये एक दूसरे के व्यक्तित्व के परिपूर्ण विकास में अपना योगदान कर सकें। उत्तर भारत के संयुक्त चर्च ने इस विश्वास की घोषणा की है, कि विवाह ईश्वरोच्छित एक पवित्र बन्धन है जो कि एक स्त्री और एक पुरुष को प्रत्येक परिस्थिति में चाहे वह दुःखदायी हो या सुखदायी, एक दूसरे का आजन्म का साथी बना देता है और यह विवाह-सम्बन्ध और उनके चर्च के बीच एक अलौकिक बन्धन या मिलन को दर्शाता है।

जीवन साथी का चुनाव

वर्तमान प्रगतिशील अन्य समाजों की तरह ईसाइयों में भी जीवन-साथी का चुनाव या तो विवाह करने वाले पक्ष युवक या युवती स्वयं करते हैं या फिर चुनाव का यह कार्य अपने माता-पिता पर छोड़ देते हैं। शहरी परिस्थितियों में और विशेषकर

शिक्षित ईसाइयों में, जीवन-साथी के चुनाव में माता-पिता का हस्तक्षेप निरन्तर घटता जा रहा है और युवक या युवती अपने मन की लड़की या लड़के का निर्वाचन स्वयं कर लेते हैं और माता-पिता की ओर से इस चुनाव का विरोध बहुत कम होता है अथवा आरम्भ में कुछ विरोध होने पर भी माता-पिता को अपने लड़के या लड़की की इच्छा के सम्मुख झुकना ही पड़ता है।

जीवन-साथी का चुनाव अति निकट के रक्त सम्बन्धियों को छोड़कर ही करना पड़ता है अर्थात् निकट के रक्त सम्बन्धियों के मध्य ईसाइयों में विवाह मान्य नहीं है। उदाहरणार्थ, चचेरे या फुफेरे तथा ममेरे भाई-बहनों में विवाह नहीं हो सकता है। पर इस प्रकार के विवाह बिल्कुल होते ही नहीं हैं—ऐसी बात नहीं है। अस्वाभाविक परिस्थितियों में ऐसे विवाहों को भी समाज स्वीकार कर लेता है। पर साधारणतया ऐसे विवाह अदालत में ही होते हैं अर्थात् सिविल मैरेज होता है। ईसाइयों में जीवन-साथी के चुनाव के सम्बन्ध में एक उल्लेखनीय बात यह है कि विवाह की शर्त के रूप में हिन्दुओं की भाँति दहेज या मुसलमानों की तरह का कोई भी स्थान ईसाई विवाह में नहीं होता है।

विवाह-संस्कार

ईसाइयों में विवाह को ईश्वरोच्छित एक पवित्र बन्धन माना जाता है, और यह बन्धन आजन्म काल का होता है और इस बन्धन में केवल एक स्त्री और एक पुरुष ही भागीदार बन सकते हैं और इसीलिये इस बन्धन में दोनों ही पक्ष पति या पत्नी की ओर के अन्य किसी भी पुरुष का कोई स्थान हो ही नहीं सकता। ईसाई विवाह की प्रमुख विशेषताएँ निम्नवत् हैं—(अ) विवाह एक पवित्र बन्धन है। (ब) यह आजन्म का बन्धन है (स) अतः विच्छेद मान्य है (द) विवाह एक स्त्री का एक पुरुष से मिलन है, अतः बहुविवाह सम्भव नहीं है। ईश्वर की इच्छा मानकर विवाह निम्नलिखित तरीकों से सम्पन्न हो सकता है।

जीवन-साथी का चुनाव जब अन्तिम रूप में कर लिया जाता है तो लड़के-लड़की की सगाई या मंगनी होती है। इसके लिये माता-पिता को चर्च के पादरी को सूचना देनी पड़ती है और माता-पिता व पादरी दोनों ही अन्य लोगों को आमन्त्रित करते हैं। वर पक्ष वाले मंगनी के साथ मिठाई, अंगूठी, रुपया, नारियल, वस्त्र आदि लेकर लड़की के घर जाते हैं। होने वाले पति-पत्नी मंगनी के समय सबके सामने बैठाये जाते हैं। इस अवसर पर पादरी द्वारा बाइबिल के कुछ अंश पढ़े जाते हैं। इसके उपरान्त भावी

पति-पत्नी दोनों ही विवाह करने को इच्छुक हैं इस बात की स्वीकृति स्वरूप अंगूठी, रुपया तथा नारियल एवं बाइबिल भी लड़की के द्वारा लड़के को दी जाती है। पादरी इन अंगूठियों को दोनों को पहना देता है और मंगनी की घोषणा करता है। इसके पश्चात् मिठाई-वितरण, जलपान या भोजन के बाद उत्सव समाप्त होता है।

मंगनी के पश्चात् विवाह होता है। विवाह के लिये लड़के-लड़की दोनों को ही चर्च की सदस्यता व चरित्र की शुद्धता का प्रमाण पत्र तथा विवाह के लिये एक प्रार्थना पत्र में वे अपने परिवार तथा दूसरे पक्ष व उसके परिवार का संक्षिप्त परिचय देता है और इस बात का प्रार्थना पत्र की किस स्थान पर विवाह सम्पन्न करने का प्रस्ताव है। चर्च का अधिकारी इस प्रार्थना पत्र की सूचना प्रकाशित करता है। सूचना प्रकाशित होने के 96 घण्टे के बाद ही विवाह सम्पन्न हो सकता है। इस बीच यदि विवाह का कोई भी विरोध नहीं होता है तो वह अधिकारी विवाह करने के लिये एक प्रमाण पत्र देता है और फिर कहीं विवाह सम्पन्न हो सकता है। विवाह-कार्य चर्च में ही सम्पन्न होता है और साधारणतया उसी चर्च में होता है जिसकी लड़की सदस्या होती है। यदि विवाह के प्रार्थना पत्र के प्रकाशित होने से तीन महीने के अन्दर विवाह कार्य सम्पन्न नहीं हो जाता है तो फिर से प्रार्थना पत्र देना जरूरी होता है।

निश्चित समय पर वर तथा वधू चर्च में आ जाते हैं और निमन्त्रित व्यक्ति भी एकत्रित हो जाते हैं। जिस समय वधू गिरजाघर में प्रवेश करती है तो उसके स्वागत और आदर के लिये चर्च का घण्टा बजता है और अन्दर बैठे हुये लोग भी खड़े हो जाते हैं व गीत गाये जाते हैं। लड़की चर्च के अन्दर आगे की और जाकर लड़के के बायीं ओर खड़ी हो जाती है। इसके बाद पादरी उपस्थित लोगों की सम्मत्ति लेकर लड़के और लड़की को यह घोषणा करने को कहता है कि उनके विवाह में कोई बाधा नहीं हैं। इसके बाद लड़का और लड़की दोनों ही एक दूसरे के साथ आजीवन रहते हुये विवाह के पवित्र बन्धन को निभाने का वचन देते हैं, इसके पश्चात् वर-वधू अपनी अंगूठियाँ बदल लेते हैं। फिर पादरी यह घोषित करता है कि ये दोनों व्यक्ति अब पति और पत्नी हो गये हैं। अन्त में पादरी प्रार्थना करता है और दोनों को आशीर्वाद देता है।

कुछ ईसाई इस प्रकार का धार्मिक विवाह न करके सिविल मैरेज जिसमें विवाह का धार्मिक रूप बिल्कुल ही नष्ट हो जाता है। यह अदालती तौर पर एक मामूली समझौता मात्र होता है। पर इसके लिए भी विवाह करने वाले पक्षों को रजिस्ट्रार के सामने प्रार्थना-पत्र प्रस्तुत करना पड़ता है। ऐसे पति--पत्नी केवल आशीर्वाद लेने के

लिए चर्च जाते हैं। सिविल मैरेज के सम्बन्ध में सन् 1872 के भारतीय ईसाई विवाह अधिनियम के अन्तर्गत भारतीय ईसाइयों को कुछ विशेष सुविधायें प्रदान की गई हैं। पर विवाह के समय लड़के व लड़की की आयु क्रमशः 16 और 13 वर्ष से कम नहीं होनी चाहिए। विवाह के समय किसी पक्ष का दूसरा विवाह-साथी जीवित न होना चाहिये। यदि लड़के और लड़की की आयु कम है तो अभिभावक की सहमति होना आवश्यक है। दो गवाहों के सामने एवं पादरी या मैरेज रजिस्ट्रार के सामने एक दूसरे को पति-पत्नी के रूप में ग्रहण करने की शपथ लेनी पड़ती है।

ईसाइयों में विवाह सम्बन्ध विच्छेद

यदि धार्मिक दृष्टिकोण से देखा जाये तो ईसाई धर्म विवाह-विच्छेद की आज्ञा नहीं देता है। धर्म-ग्रन्थ बाइबिल विवाह-विच्छेद का निषेध करता है। स्वयं ईसा मसीह ने कहा है कि पति-पत्नी दोनों पृथक् अस्तित्व नहीं रखते, बल्कि ये तो वास्तव में एक ही हैं। इसलिये जिन्हें ईश्वर ने जोड़ा है उसे मनुष्य न तोड़े। इसी सम्बन्ध में और भी कहा गया है कि जो कोई व्यक्ति अपनी पत्नी को व्यभिचारिणी होने के अतिरिक्त किसी और कारण से छोड़ दे और दूसरी स्त्री से विवाह कर ले वह व्यभिचार करता है। इस प्रकार यह स्पष्ट है कि ईसाई धर्म विवाह-विच्छेद के पक्ष में नहीं है। चूँकि भारतवर्ष एक धर्म-भूमि है अतः यहाँ के सभी लोग जिनमें ईसाई लोग भी सम्मिलित है अपने-अपने धर्म द्वारा अत्यधिक प्रभावित प्रतीत होते हैं। यही कारण है कि भारत के ईसाइयों में विवाह-विच्छेद कम ही पाया जाता है।

भारतीय विवाह-विच्छेद अधिनियम, 1969—भारतीय ईसाइयों का विवाह-विच्छेद उसी अधिनियम द्वारा नियमित होना आवश्यक है। ईसाई विवाह विच्छेद की प्रमुख सुविधाएँ निम्नवत हैं—

(1) विवाह-विच्छेद—उपरोक्त अधिनियम की धारा 10 के तहत उन कारणों का उल्लेख किया गया है जिनके आधार पर पति या पत्नी विवाह-विच्छेद के लिये प्रार्थना पत्र प्रस्तुत कर सकते हैं। पति अपनी पत्नी के व्यभिचारिणी होने पर प्रार्थना पत्र प्रस्तुत कर सकता है।

पत्नी द्वारा विवाह विच्छेद के आधार

पत्नी निम्नलिखित 7 आधारों में से किसी एक के आधार पर विवाह-विच्छेद का आवेदन पत्र दे सकती है—

1. पति ने ईसाई धर्म त्यागकर कोई दूसरा धर्म स्वीकार कर लिया हो और किसी दूसरी स्त्री के साथ उसका विवाह हो गया हो।
2. पति ने प्रतिषिद्ध व्यक्तियों के साथ अनुचित यौन-सम्बन्ध स्थापित कर लिया हो।
3. पति ने दूसरा विवाह कर लिया हो और दूसरी पत्नी से यौन-सम्बन्ध स्थापित कर लिया हो।
4. पति ने बलात्कार, लौंडेबाजी या पशुओं के साथ मैथुन किया हो।
5. पति ने किसी दूसरी स्त्री के साथ अनुचित मैथुन किया हो।
6. पति बहुविवाह व्यभिचार का अपराधी हो।
7. पति ने किसी दूसरी स्त्री के साथ अनुचित मैथुन किया हो और पत्नी का कम से कम दो वर्ष से परित्याग किये हुए हो।

डॉ. शर्मा ने उचित ही लिखा है कि वास्तव में ये सातों आधार केवल दो बातों पर निर्भर करते हैं पत्नी के जीवित रहते हुए पुनर्विवाह और यौन-सम्बन्ध, अन्य बातें केवल इन दोनों बातों के साथ ही जुड़ी हुई हैं। केवल निर्दयी व्यवहार और परित्याग के आधार पर विवाह-विच्छेद नहीं हो सकता और न पति की किसी बीमारी के आधार पर हो सकता है।

(2) विवाह की अवैधता—उपरोक्त अधिनियम की धारा 18 के अनुसार कोई भी पति या पत्नी अपने विवाह को अवैध घोषित कराने को प्रार्थना पत्र प्रस्तुत कर सकते हैं। धारा 19 के अनुसार विवाह अवैध घोषित करने का प्रार्थना पत्र निम्नलिखित अवस्था में दिया जा सकता है— (अ) प्रतिवादी विवाह के समय तथा मुकदमें के समय नपुंसक है। (ब) पति-पत्नी एक दूसरे के निषेधात्मक रक्त सम्बन्धी प्राकृतिक या कानूनी या विवाह सम्बन्धी हैं। (स) दोनों पक्षों में से कोई भी विवाह के समय पागल या मूढ था। (द) विवाह के समय किसी भी पक्ष का पूर्व पति अथवा पत्नी जीवित थी। (य) हाईकोर्ट इस आधार पर भी विवाह को अवैध घोषित कर सकता है, कि विवाह के समय किसी पक्ष की सम्मति छल या बल से प्राप्त कर ली गई हो।

(3) सुरक्षा आज्ञा—ऐसी कोई भी पत्नी जो भारतीय उत्तराधिकार अधिनियम के अन्तर्गत नहीं आती है, अपने पति द्वारा परित्याग के बाद पति तथा उसके लेनदारों के विरुद्ध सुरक्षा आज्ञा प्राप्त कर सकती है तथा अपने साम्पत्तिक अधिकारों को सुरक्षित रख सकती है।

(4) न्यायिक पृथक्करण—व्यभिचार, क्रूरता या परित्याग की अवस्था में न्यायिक पृथक्करण सहमति के लिए प्रार्थना पत्र दिया जा सकता है जिसका कि उल्लेख धारा 22 के अन्तर्गत किया गया है।

(5) वैवाहिक अधिकारों का पुनःस्थापन—धारा 32 के अनुसार पति या पत्नी वैवाहिक अधिकारों को फिर से प्राप्त करने के लिए प्रार्थना-पत्र प्रस्तुत कर सकते हैं। धारा 36 के अनुसार पत्नी भरण-पोषण की माँग अपने पति से कर सकती है। धारा 58 और 59 के अनुसार किसी भी पादरी को विवाह करने के लिये बाध्य नहीं किया जा सकता।

इस प्रकार से यह स्पष्ट है कि ईसाई परिवार तथा विवाह की अपनी कुछ प्रमुख विशेषतायें होती हैं। पर भारतवर्ष में उन पर हिन्दू तथा मुस्लिम परिवार तथा विवाह के भी कुछ न कुछ प्रभाव स्पष्टतः देखने को मिलते हैं और स्वाभाविक भी हैं।

10

जनजातीय विवाह

वर्तमान समय में भारत की जनसंख्या विश्व में दूसरे स्थान पर है अतः इसके धरातल पर विभिन्न जाति व धर्म के लोग निवास करते हैं—इन धर्मों की भाषा व रीति-रिवाज में पर्याप्त भिन्नता है। जनजाति का तात्पर्य हम उस समूह या संगठन से लगाते हैं जो मुख्य रूप से साधारण अर्थात् हमारे समाज से दूर हटकर अर्थात् सभ्य समाज से दूर दराज वाले क्षेत्रों जैसे, पहाड़ गंज, बंगाल, नदियों किनारे या साधारण मानव की पहुंच से दूर वाले क्षेत्रों में निवास करते हैं।

अतः सामान्य रूप में यह मानव समूह से दूर निवास करते है तो उनके खान-पान, रहन-सहन, रीति-रिवाज आदि सभी भिन्न प्रकार के होते हैं।

भारत के विभिन्न क्षेत्रों में ऐसे मानव-समूह निवास करते हैं जो आज भी सभ्यता के आदिम स्तर पर हैं। ये प्रायः सभ्य समाज से दूर जंगली, पहाड़ी या पठारी क्षेत्रों में रहते हैं और प्रत्येक मामले में अत्यधिक पिछड़े हुये हैं। इन्हें जनजाति, वन्यजाति, आदिवासी आदि नाम से सम्बोधित किया जाता है। भारतीय संविधान में इन लोगों को अनुसूचित जनजाति कहा गया है। लेकिन इनके सम्बन्ध में कुछ भी अध्ययन करने से पहले जनजाति का अर्थ समझना आवश्यक है।

जनजाति का आशय

गिलिन और गिलिन—स्थानीय आदि समूहों के किसी भी संग्रह को, जो कि एक सामान्य क्षेत्र में रहता है, एक सामान्य भाषा बोलता हो और एक सामान्य संस्कृति का अनुसरण करता हो, एक जनजाति कहते हैं।

डॉ. मजूमदार ने अपनी परिभाषा में एक जनजाति की प्रायः सभी विशेषताओं को स्पष्ट किया है। आपके ही शब्दों में जनजाति परिवारों या परिवारों के समूह का एक संकलन होता है, जिसका एक सामान्य नाम होता है, जिसके सदस्य एक

निश्चित भू-भाग पर रहते हैं, सामान्य भाषा बोलते हैं और विवाह, व्यवसाय या उद्योग के विषय में कुछ निषेधों का पालन करते हैं और एक निश्चित एवं उपयोगी परस्पर आदान-प्रदान की व्यवस्था का विकास करते हैं।

डॉ. रिवर्स ने सामान्य निवास-स्थान को महत्व न देते हुए जनजाति को ऐसे सरल प्रकार का सामाजिक समूह बताया है जिसके सदस्यों में एक सामान्य भाषा का प्रयोग हो तथा युद्ध आदि सामान्य उद्देश्यों के लिये सम्मिलित रूप से कार्य करते हों। **डॉ. रिवर्स** ने सामान्य निवास-स्थान को सम्भवतः इसलिये महत्व नहीं दिया है, क्योंकि अनेक जनजातियाँ घूमन्तू या खानाबदोश होती हैं।

भारतीय जनजातियों में परिवार

प्रत्येक समाज में, चाहे आदिम हो या आधुनिक परिवार का होना अत्यावश्यक है, क्योंकि बिना परिवार के समाज का अस्तित्व और निरन्तरता सम्भव नहीं। आदिम समाजों में परिवार का महत्व और भी अधिक है, साथ-ही-साथ इनके समाज में परिवार के विभिन्न रूप देखने को मिलते हैं। भारतीय आदिम समाज में पाये जाने वाले परिवारों का संक्षिप्त विवरण निम्नवत् है—

(1) मूल या केन्द्रीय परिवार—इस प्रकार के परिवार को प्राथमिक मूल या केन्द्रीय परिवार इस कारण कहते हैं कि यह परिवार का सबसे छोटा और आधारभूत रूप है। इस प्रकार के परिवारों के सदस्यों की संख्या बहुत कम होती है, और इसमें प्रायः एक विवाहित पति-पत्नी तथा उनके अविवाहित बच्चे ही आते हैं। भारत की हो जनजाति में इस प्रकार का ही परिवार पाया जाता है।

(2) विवाह-सम्बन्धी परिवार—ऐसे परिवारों में विवाहित पति-पत्नी और उनके बच्चे तो होते हैं, साथ ही विवाह द्वारा बने हुए कुछ रिश्तेदार भी आ जाते हैं। भारत में खरिया जनजाति में ऐसे परिवार पाये जाते हैं।

(3) संयुक्त परिवार—संयुक्त परिवार के अन्तर्गत एक परिवार के अनेक नाते-रिश्तेदार एक साथ रहते हैं।

(4) एक-विवाही परिवार—जब एक पुरुष एक स्त्री से विवाह करता है, तो ऐसे विवाह से उत्पन्न परिवार को एक-विवाही परिवार कहते हैं। भारत की जनजातियों में ऐसे परिवारों की संख्या अधिक नहीं है। भारत में खास, संथाल और कादर जनजातियों में भी एक-विवाही परिवार पाए जाते हैं।

(5) बहु-विवाही परिवार—जब एक स्त्री अथवा पुरुष एक से अधिक स्त्रियों

या पुरुषों से विवाह करते हैं, तो ऐसे विवाह से उत्पन्न परिवार को बहु-विवाही परिवार कहते हैं। इस प्रकार के परिवार के दो भेद होते हैं—(अ) बहुपति-परिवार वह परिवार है जिसमें एक स्त्री एक से अधिक पुरुषों से विवाह करके घर बसाती है। उत्तर प्रदेश के जौनसार बावर की खास जनजाति में ऐसे परिवार पाये जाते हैं। (ब) बहुपत्नी-विवाही वह परिवार हैं। ऐसे परिवार भारत की अधिकतर जनजातियों में पाये जाते हैं, विशेषकर नागा, गोंड, बैगा, इत्यादि जनजातियों में।

मातृसत्तात्मक या मातृवंशीय परिवार—इस प्रकार के परिवार में विवाह के बाद पति अपनी स्त्री के घर जाकर रहने लगता है, पारिवारिक सत्ता स्त्री की होती है और बच्चे अपनी माता के कुल या वंश का नाम ग्रहण करते हैं। भारत में खासी, गारो आदि जनजातियों में इस प्रकार के परिवार उल्लेखनीय हैं।

पितृसत्तात्मक या पितृवंशीय परिवार—ऐसे परिवारों में सत्ता या अधिकार पति या पिता के हाथ में रहते हैं। बच्चे अपने पिता के कुल या वंश के नाम को ग्रहण करते हैं और विवाह के बाद पत्नी अपने पति के घर जाकर रहती है। भारत की अधिकांश जनजातियों में पितृसत्तात्मक, पितृवंशीय या पितृस्थानीय परिवार पाये जाते हैं।

भारतीय जनजातियां

भारतीय संविधान में कुल 14 राज्यों में 212 जनजातियों को अनुसूचित जनजाति घोषित किया गया है और सन् 1951 की जनगणना के अनुसार भारत में उसकी जनसंख्या 1 करोड़ 91 लाख थी। लेकिन सन् 1956 में राज्यों के पुनर्संगठन के बाद भारत की अनुसूचित जनजातियों की जनसंख्या प्रायः 2 करोड़ 25 लाख बताई गई थी। इसके बाद सन् 1991 की जनगणना की रिपोर्ट के अनुसार उपरोक्त सभी पिछले आंकड़ों में पर्याप्त अंतर आ गया है।

सन् 1991 की जनगणना के अनुसार भारतवर्ष में अनुसूचित जनजातियों की कुल जनसंख्या 6.77 करोड़ थी जो कि सम्पूर्ण भारत की जनसंख्या का 8.08% है। जनसंख्या के दृष्टिकोण से मध्य प्रदेश में जनजातियों की संख्या सबसे अधिक है। वहां इन जनजातियों के 1.54 करोड़ लोग निवास करते हैं। इसके बाद जनजातियों की कुल जनसंख्या के आधार पर कुछ प्रमुख राज्यों की स्थिति इस प्रकार हैं :- उड़ीसा 70 लाख, बिहार, 66 लाख, महाराष्ट्र 73 लाख, गुजरात 61 लाख राजस्थान, 54 लाख, आन्ध्र प्रदेश 42 लाख, तथा पश्चिम बंगाल 30 लाख।

भारतीय जनजातियों का वर्गीकरण

भारतीय जनजातियों का वर्गीकरण मुख्यतः पाँच आधारों पर किया जाता है—प्राजातीय, भाषा, भौगोलिक, सांस्कृतिक तथा आर्थिक आधार।

प्रजातीय वर्गीकरण

भारतीय जनजातियों को उनके प्रादेशिक विस्तार के अनुसार तीन समूहों में बाँटा जा सकता है— 1. दक्षिणी क्षेत्र 2. उत्तर पूर्वोत्तर क्षेत्र 3. मध्यवर्ती क्षेत्र। इन तीनों क्षेत्रों में निवास करने वाली जनजातियों में तीन विभिन्न की प्रकार इन प्रजातीय तत्व वाली जनजातियों का संक्षिप्त प्रजातीय परिचय निम्नलिखित है—

(1) नीग्रिटो—यह प्रजातीय तत्व दक्षिणी क्षेत्र में निवास करने वाले जनजातीय लोगों में देखने को मिलता है। उनके कद छोटे से लेकर मध्यम तक के, खाल का रंग काला या गहरा चाकलेटी भूरा नाक चपटी और चौड़े होंठ मोटे और सिर लम्बा होता है।

(2) मंगोल—यह प्रजातीय तत्व उत्तर-पूर्वोतर क्षेत्र में निवास करने जनजातीय लोगो में देखने को मिलता है। इस प्रजाति की शारीरिक विशेषताएँ हैं हल्के पीले रंग की खाल, सीधे बाल, चपटी नाक, लम्बे सिर, मध्यम कद और अधखुली आँखें। ये लोग पूर्वी कश्मीर, पूर्वी पंजाब, हिमाचल प्रदेश, उत्तराखंड, आसाम, सिक्किम आदि प्रदेशों में बसे हुए हैं।

(3) आदि-आग्नेयाभा—यह प्रजातीय तत्व मध्यवर्ती क्षेत्र में निवास करने वाले जनजातीय लोगों में देखने को मिलता है, जिनकी कि शारीरिक विशेषताएँ हैं छोटे से लेकर मध्यम कद, खाल का रंग काला, सिर लम्बा तथा बाल घुँघराले। इसके अतिरिक्त माथे का निचला हिस्सा उठा होना, छोटी और बहुत चौड़ी नाक का अन्दर की तरफ दबा हुआ होना इस समूह के जनजातीय लोगों के अन्य प्रजातीय लक्षण हैं। ये लोग बंगाल, बिहार, दक्षिणी उत्तरी प्रदेशों दक्षिणी राजस्थान मध्य भारत आदि प्रदेशों में बसे हुए हैं।

भाषा के आधार पर वर्गीकरण

भाषा के आधार पर भारतीय जनजातियों का चार वर्गों में विभक्त किया गया है—

1. इण्डोयोरोपियन या आर्यन भाषा जिसके अन्तर्गत उत्तरी भारत की मुख्य भाषाएँ आती हैं, जैसे हिन्दी, बंगाली, पंजाबी, गुजराती, और उड़िया।

2. द्राविड़ भाषा जो कि मध्य तथा दक्षिण भारत की प्रमुख भाषा है और उसके अन्तर्गत कन्नड़, तमिल, तेलगू और मलयालम तथा कुछ अन्य भाषाएँ आती हैं।
3. ऑस्ट्रिक भाषा जिसके अन्तर्गत मध्य तथा पूर्वी भारत की कोल तथा मुण्डा भाषाएँ आती हैं।
4. चीनी-तिब्बती भाषा। इन चार भाषाओं में अन्त की तीन भाषाएँ जनजातियों में प्रचलित हैं।

आर्यन भाषा का प्रचलन केवल उन्हीं जनजातियों में है जिनका सम्पर्क इस भाषा को बोलने वाले सांस्कृतिक समूहों से स्थापित हो गया है। भाषा एक क्षेत्र से दूसरे क्षेत्र में संस्कृतियों को संचारित करने का एक शक्तिशाली साधन है और यदि किन्हीं दो क्षेत्रों में एक ही प्रकार की भाषा सम्बन्धी प्रतीकात्मक अर्थ व मूल्यों का प्रचलन है तो यह निश्चित है कि भाषा द्वारा ही संस्कृति का एक क्षेत्र से दूसरे क्षेत्र को संरचरण हुआ है। उदाहरणार्थ, राजस्थान के डूंगरपुर के क्षेत्र में रहने वाले भीलों की बोली में गुजराती शब्दों की काफी भरमार है। इससे यह पता चलता है कि गुजरात की संस्कृति का फैलाव राजस्थान के भीलों तक है। इतना होने पर भी भाषा के फैलाव में सामाजिक व आर्थिक अवस्थाओं का प्रभाव भी कुछ कम महत्वपूर्ण नहीं है। यही कारण है कि मुण्डा और छोटा नागपुर में रहने वाली ओराँव जनजातियाँ एक-दूसरे के निकट निवास करती हैं तथा अपने सांस्कृतिक जीवन में अधिक समानता रखते हुए भी अलग-अलग भाषाएँ बोलती हैं अर्थात् उन दोनों का सम्पर्क क्रमशः ऑस्ट्रिक तथा द्राविड़ भाषा-परिवार से है।

भौगोलिक या प्रादेशिक वर्गीकरण

डॉ. वी. एस. गुहा के मतानुसार भारत की जनजातियों को तीन बड़े भौगोलिक प्रदेशों में बाँटा जा सकता है, जो कि निम्नवत् है—

(क) उत्तर तथा उत्तर-पूर्वी क्षेत्र—वह उत्तर में लेह तथा शिमला के पूर्व में लुशाई पर्वत तक फैला हुआ है। इसमें पूर्वी काश्मीर, पूर्वी पंजाब, हिमाचल प्रदेश, उत्तरी प्रदेश और आसाम के पहाड़ी प्रदेश सम्मिलित हैं। इस क्षेत्र की प्रमुख जनजातियाँ गद्दी, गुज्जर, लम्बा, खम्पा, कनोटा, लाहौला, जौनसारी, भूटिया वारू, नाग, कूकी, खासी, कचाटी, रामा आदि हैं।

(ख) मध्यवर्ती क्षेत्र—यह उत्तरी भारत को दक्षिणी भारत से पृथक् करने वाली गंगा नदी के दक्षिण और कृष्णा नदी के उत्तर में विद्यमान विन्ध्याचल, सतपुडा आदि

पुराने पहाड़ों और पठारों की पट्टी का प्रदेश है। इसमें बंगाल, बिहार, दक्षिणी उत्तर-प्रदेश, दक्षिणी राज्स्थान, मध्य प्रदेश, उत्तरी बम्बई और उड़ीसा सम्मिलित हैं। क्षेत्रफल तथा जनजातियों की आबादी की दृष्टि से यह सबसे बड़ा प्रदेश है। इस क्षेत्र में रहने वाले केवल संथालों की संख्या ही 25 लाख है। इस क्षेत्र की अन्य जनजातियों में भूज, ओरांव, हो खडिया बिरहोर भुइयां, गोंद, बैगा, कांड, कोटा, चेंचू वेहिरा, कोरवा, मुण्डा, कोल, भील आदि।

(ग) दक्षिण क्षेत्र—यह क्षेत्र सामान्य रूप से कृष्णा नदी के दक्षिण का प्रदेश है। इस प्रदेश में जनजातियों की सबसे अधिक संख्या पश्चिमी घाट के पहाड़ो में वाइनाड से कन्याकुमारी तक पायी जाती है। इस क्षेत्र के अन्तर्गत हैदराबाद, मैसूर, कुर्ग, ट्रावनकोर, कोचीन, आन्ध्र और मद्रास आते हैं। अण्डमान और निकोबार के द्वीपसमूह में भी अनेक जनजातियाँ निवास करती हैं। इस क्षेत्र की प्रमुख जनजातियाँ चेंचू, कोटा, कुरम्भा, बड़गा, टोडा, कादर, मलायन, पलैयन, उराली, इरूला, पुलयन आदि हैं।

डॉ. श्यामचरण दुबे ने एक दूसरे तरह से वर्गीकरण को प्रस्तुत किया है। उनके अनुसार भौगोलिक दृष्टि से आदिवासी भारत के मानचित्र को निम्नलिखित भागों में विभाजित किया जा सकता है:-

उत्तर या उत्तर-पूर्वी क्षेत्र के मुख्य जनजातीय समूह हैं भाटिया, थारू, लेप्वा, नागा, गारो, खासी, डाफला, कुकी, आबोर, मिकिर, गुरूंग आदि। इनमें से प्रथम दो उत्तराखंड के हिमालय से लगे क्षेत्र में वास करते हैं। लेप्वा सिक्किम और समवर्ती भारतीय क्षेत्र के निवासी हैं। शेष जनजातीय समूह आसाम, उत्तर-पूर्वी सीमान्त क्षेत्र तथा कमेंग नागा पर्वत क्षेत्र में पाये जाते हैं।

मध्य क्षेत्र में जनजातियों की सबसे अधिक संख्या निवास करती है। बिहार के संथाल मुण्डा ओरांव और बिरहोर, उत्कल के बोदो, खोड सौरा तथा जुआंग, मध्य प्रदेश के गोंड बैगा, कोल, कोर्कू, कमार, भुजिया आदि। राजस्थान के भील तथा दक्षिण पठार के चेंचू कोलाम, कोआ, राजगोड समूह आदि इस विस्तृत जनजातीय क्षेत्र के निवासी हैं।

पश्चिम क्षेत्र में सह्याद्रि के जनजातीय समूह जैसे वाली, कटकरी, महादेव, कोली तथा भीलों के कतिपय समूह आते हैं।

दक्षिण क्षेत्र में अनेक अल्पसंख्यक जातीय समूह निवास करते है। इसमें टीडा, बहागा, कोटा इस्लाम, कोहुर, कुरूबा आदि उल्लेखनीय हैं।

सांस्कृतिक वर्गीकरण

सांस्कृतिक स्तरों के आधार पर भी भारतीय जनजातियों का वर्गीकरण हो सकता है और उनके सम्बन्धो में किसी भी प्रकार की जानकारी के लिए यह वर्गीकरण अत्यन्त महत्वपूर्ण है। प्रायः सोलह वर्ष पूर्व श्री बैरियर एलबिन ने सांस्कृतिक स्तर पर भारतीय जनजातियों को चार वर्गों में बांटा था जो निम्नवत् हैं–

1. प्रथम वर्ग में आदिमतम जीवन बिताने वाली जनजातियाँ हैं जो प्रमुख रूप से मध्य भारत में बस्तर की पहाड़ी, उड़ीसा के जुऑग, गादवा और बोंदी हैं। ये अन्यन्त दुर्गम और गहन वन पर्वतों में रहते हैं। ये सामाजिक और आर्थिक मामले में संयुक्त सामूहिक जीवन व्यतीत करते हैं और झूम खेती करते है। इनका जीवन अत्यन्त सरल तथा आदिम होता है और सभ्य समाज के लोगों को देखकर ये भाग जाते हैं या पेड़ों पर बढ़ जाते हैं।
2. जनजातियों का दूसरा वर्ग यह है जिसके आदिम जीवन में कुछ परिवर्तन शुरू हो गये हैं फिर भी वे प्रायः प्रथम वर्ग की भाँति ही एकाकी और अपनी प्राचीन परम्पराओं को मानने वाले हैं। इनका जीवन सामूहिक न रहकर व्यक्तिवादी हो रहा है, अमीर-गरीब का अंतर है। वे झूम खेती को इतना नहीं अपनाते और न ही परदेशियों से अधिक डरते हैं।
3. तीसरे वर्ग में सबसे अधिक जनजातियाँ जनसंख्या में जो प्रायः दो करोड़ है आती हैं। इनकी जनजातीय संस्कृति बाहरी संस्कृतियों के प्रभावों के कारण प्रायः मिटने वाली है। इन जनजातियों को बाहरी संस्कृतियों के सम्पर्क में आने का फल यह हुआ है कि धीरे-धीरे इनका जातीय जीवन नष्ट हो रहा है। ये अपने धर्म, परम्परा, प्रथा, कला, विश्वास, सामाजिक संगठन आदि से दूर होती जा रही हैं। इसके कारण उन्हें अनेक दुप्परिणाम भोगने पड़ रहे हैं और उनके जीवन में अनेक सामाजिक समस्याएँ उत्पन्न हो गयी है।
4. चौथा वर्ग उन जनजातियों का है जो देश के प्राचीन कुलीन वर्ग की प्रतिनिधि हैं। इसमें भील और नागा जनजातियाँ विशेष उल्लेखनीय हैं। इन्होंने बाहरी सांस्कृतिक सम्पर्क में आने पर भी अपनी प्राचीन और मौलिक संस्कृति को वैसा ही बनाये रखा है।

आर्थिक वर्गीकरण

आर्थिक वर्गीकरण के आधार पर भारतीय जनजातियों को मुख्य से चार भागों में इस प्रकार बाँटा जा सकता है–

(1) आखेट करने वाली जनजातियाँ—इस श्रेणी में कादर कोचीन, मालापन्तरम ट्रावनकोर, पालियन, मदुरा पनियन आदि जनजातियाँ आती हैं, जो कि जंगलों से फलों, कन्दमूलों और शहद को इकट्ठा करते हैं तथा शिकार करके और मछली पकड़कर अपना पेट पालते हैं।

(2) पशुपालक जनजातियाँ—इस श्रेणी में हिमाचल प्रदेश की गुज्जर और दक्षिण नीलगिरी की टोडा जनजाति उल्लेखनीय है। इनका आर्थिक जीवन पशुओं के पालन और उनके दूध व दूध से बनी चीजों को बेचने पर निर्भर है।

(3) कृषक जनजातियाँ—उत्तरी-पूर्वी तथा मध्य भारत की अधिकांश जनजातियाँ इसी श्रेणी में आती हैं।

(4) उद्योग में लगी हुई जनजातियाँ—कुछ जनजातियाँ अपने क्षेत्र के खानों, चाय बगीचों और अन्य उद्योगों में श्रमिक के रूप में काम करती हैं। बिहार, बंगाल और आसाम की कुछ जनजातियाँ इस श्रेणी में आती हैं।

जनजाति का सामाजिक तथा राजनैतिक संगठन

जनजाति एक सामाजिक तथा राजनैतिक संगठन प्रस्तुत करती है, सामाजिक संगठन भी सम्मिलित है, प्रत्येक जनजाति की एक आर्थिक व्यवस्था होती है, कुछ जनजाति शिकार करके और फल-मूल इकट्ठा करके अपनी आवश्यकताओं की पूर्ति करती हैं, कुछ जनजाति पशु पालती हैं तो कुछ जनजाति खेती का काम करती हैं। ऐसी भी जनजातियाँ हैं जो कि उद्योगी में लगी हैं। जनजातियों के सामाजिक जीवन की अन्य अभिव्यक्तियाँ हैं।

जनजाति एक सामाजिक ही नहीं बल्कि एक राजनीतिक इकाई भी है। प्रत्येक जनजाति का अपना एक वंशानुगत मुखिया होता है जिसका कि काम जनजाति के समाज से सम्बन्धित समस्त विषयों का निरीक्षण करना तथा उस पर शासन करना है। यह मुखिया वंशानुगत तो होता है, पर सामान्यतः निरंकुश शासक नहीं क्योंकि अक्सर यह देखा गया है कि मुखिया को शासन कार्य में सहायता करने के लिये बड़े-बूढ़ों की एक समिति अधिकांश जनजातियों में होती है। इस समिति के सदस्य जनजाति के बड़े-बूढ़े लोग होते हैं, और प्रत्येक सदस्य मुखिया के प्रति आज्ञाकारी व निष्ठावान होता है।

अतः स्पष्ट है कि एक जनजाति वह क्षेत्रीय मानव-समूह है जो भू-भाग, भाषा, सामाजिक नियम और आर्थिक कार्य आदि विषयों में एक सामान्यता के सूत्र में बंधा होता है। भारतीय जनजातियों की प्रमुख विशेषताएँ निम्नवत् हैं—

1. जनजाति की एक अन्य विशेषता यह है कि एक निश्चित भू-भाग पर रहती है।
2. एक जनजाति प्रायः एक अन्तर्विवाही समूह होता है। प्रारम्भ में सब जनजातियाँ अपनी ही जनजाति में विवाह करती थीं। लेकिन वर्तमान युग में यातायात के साधनों की उत्पत्ति के साथ प्रत्येक जनजाति का पड़ोसी जनजातियों से सम्पर्क बढ़ गया है जिसके फलस्वरूप अनेकों जनजातियाँ अपने जनजातीय समूह से बाहर भी विवाह-सम्बन्ध कर लेती हैं।
3. एक जनजाति के सदस्यों में पारस्परिक आदान-प्रदान के कुछ सामान्य नियम और निषेध होते हैं, जिनको कि प्रत्येक सदस्य को मानना पड़ता है और जिनके आधार पर इनके व्यवहार नियंत्रित होते हैं।
4. एक जनजाति की एक सामान्य संस्कृति होती है एवं बाहर के समूहों के विरुद्ध इसके सदस्यों में एकता की भावना भी होती है।
5. जनजाति की एक अंतिम विशेषता यह है कि प्रत्येक जनजाति का एक राजनैतिक संगठन होता है।
6. जनजाति अनेक परिवारों या परिवारों के समूहों का एक संकलन होता है।
7. प्रत्येक जनजाति की अपनी एक सामान्य भाषा होती है।
8. प्रत्येक जनजाति का एक विशिष्ट नाम होता है।

भारतीय जनजातियों में विवाह व्यवस्था

भारत की जनजातियों की विवाह-संस्था, अन्य देशों की जनजातियों, सभ्य समाज से सर्वथा भिन्न है। आज हिन्दू समाज के साथ उनका सम्पर्क बढ़ने के कारण कहीं-कहीं पर कुछ परिवर्तन अवश्य दिखाई देते हैं, फिर भी सामान्य रूप से जनजातियों को विवाह-संस्था की अनेक विशेषतायें है, जिनका क्रमबद्ध वर्णन उनके सम्बन्ध में किसी भी प्रकार की जानकारी के लिये परमावश्यक है।

अधिमान्य विवाह

भारत की कुछ जनजातियाँ ऐसी भी हैं जो विवाह के समय अन्य व्यक्तियों की अपेक्षा अपने ही कुछ निकट रिश्तेदारों से विवाह करना अधिक पसन्द करती हैं। ऐसे अधिमान्य विवाह के तीन प्रमुख रूप हैं–

(1) साली और भाभी विवाह–अधिमान्य विवाह के दो अन्य रूप साली विवाह और भाभी विवाह हैं।

साली विवाह–जिसके अनुसार पुरुष अपनी पत्नी की बहन के साथ विवाह कर सकता है। यह दो प्रकार का होता है–(अ) सीमित साली विवाह और (ब) समकालीन साली विवाह। सीमित साली विवाह वह विवाह है जिसमें पत्नी की मृत्यु के बाद ही साली से विवाह किया जा सकता है। गोंड आदि कुछ जनजातियों में इस प्रकार का विवाह पाया जाता है। समकालीन साली विवाह में पुरुष एक परिवार की सबसे बड़ी बहन के साथ विवाह करता है और उस स्त्री की अन्य सारी बहने आप से आप उस पुरुष की पत्नियाँ बन जाती हैं।

भाभी-विवाह का अभिप्राय यह है कि अगर किसी स्त्री का पति मर जाये तो उसे अपने देवर से शादी करनी होती है या बड़ा भाई जिस स्त्री को विवाह करके लाता है वह आप से आप ही अपने देवर या देवरों की पत्नी हो जाती है, जैसे टोडा जनजाति में होता है। 'देवर' शब्द का अर्थ भी इसी बात का द्योतक होता है क्योंकि देवर शब्द का अर्थ, देवर कस्मत् द्वितीय बरो भवनीति अर्थात् देवर उसे कहते है जो दूसरा वर हो।

(2) ममेर तथा फुफेरे भाई-बहनों का विवाह–भारत में ऐसी कुछ जनजातियाँ है जिनमें ममेरे तथा फुफेरे भाई-बहनों में विवाह बहुत उत्तम समझा जाता है। मणिपुर के पुरुष-कूकियों में, मामा की लड़की के साथ विवाह करना इतना उत्तम समझा जाता है कि 1936 ई॰ **प्रो॰ तारकचन्द्र दास** द्वारा किये गये अनुसंधानों के अनुसार इसमें 75% विवाह इसी प्रकार के थे। गोंड जनजाति में तो ममेरे तथा फुफेरे भाई-बहनों में विवाह अनिवार्य है। **श्री ग्रिगसन** के अनुसार 54% गोंडों का विवाह इसी प्रकार का होता है। खरिया, ओगांव, कादर, आदि जनजातियों में भी इसी प्रकार के विवाह का प्रचलन है। गोंड में ऐसे विवाह को दूध लौटवा कहते हैं।

विवाह की प्रकृति

(1) बहुपति विवाह–बहुपति विवाह वह विवाह है जिसमें एक पत्नी के साथ दो या अधिक पुरुषों का विवाह होता है। भारतीय जनजातियों में इसका प्रचलन बहपत्नी प्रथा से कहीं कम है। यह केरल के टियान, कुसुम्ब कोट, लडारवी, बोट, नीलगिरी पर्वत के टोडा, और देहरादून जिले में जौनसार बावर की खास जनजातियों में पाया जाता है। कश्मीर से असम तक इण्डो-आर्यन और मंगोल लोगों में भी यह प्रथा पाई जाती है। भारत के दक्षिण में रहने वाले नायरों में भी बहुपति प्रथा पाई जाती है और आज भी वहाँ इस प्रकार के विवाह के अनेक उदाहरण मिलते हैं, एक समय था जब यह प्रथा केरल के इरबन जनजाति और कुर्ग निवासियों में भी प्रचलित थी।

लद्दाख में हिमाचल प्रदेश के पहाड़ी हिस्सों में जैसे कांगड़ा जिले के स्पीति तथा लाहौल परगनी में, चम्पा, कुल्लू और मण्डी के ऊँचे प्रदेशों की जनजातियों में भी बहुपति-विवाह पाया जाता है। **मार्टिन** ने मध्य भारत के ओरांवों में तथा **मेन** ने संथालों में भी इसके प्रचलन का वर्णन किया है। लेकिन आज यह प्रथा विशेष रूप में दो जनजातियों खास और टोडा में ही पायी जाती है।

(2) बहुपत्नी विवाह—एक पुरुष का अनेक स्त्रियों से विवाह, बहुपत्नी-विवाह है। आर्थिक कठिनाइयों के कारण सामान्य रूप से बहुपत्नी विवाह भारत की जनजातियों में नहीं किया जाता है। जनजातियों में धनी व्यक्ति ही अधिकतर बहुपत्नी विवाह करते हैं। नागा, गोंड, बैगा, टोडा तथा मध्य भारत की कुछ जनजातियों में बहुपत्नी प्रथा पायी जाती है।

(3) एक-विवाह—एक-विवाह वह प्रथा है जिसमें एक पुरुष केवल एक स्त्री से विवाह करता है और उस स्त्री के जीवन काल में वह दूसरी स्त्री से विवाह नहीं कर सकता। जिन समाजों में स्त्रियों और पुरुषों का अनुपात बराबर है उनमें प्रायः एक-विवाह प्रथा पाई जाती है। एक-विवाह सभ्यता की भी एक उत्तम पराकाष्ठा है और भारतीय जनजातियों में एक-विवाह के प्रचलन का एक प्रमुख कारण उनका आधुनिक सम्य समाज के सम्पर्क में आना है। एक विवाह आसाम की खासी, बिहार की संथाल और केरल की कादर जनजातियों में पाया जाता है। हो जनजाति में अत्यधिक कन्या-मूल्य के कारण वहाँ एक पुरुष के लिये एक से अधिक स्त्रियों से विवाह करना असम्भव है, इस कारण वे भी एक-विवाही हैं।

भारतीय जनजातियों में जीवन-साथी चुनाव पद्धति

भारतीय जनजातियों में निम्नलिखित आठ तरीकों से जीवन साथी बनाए जाते हैं—

(1) हरण-विवाह—यह भारत की अनेक जनजातियों में विभिन्न कारणों से प्रचलित है। जैसे (अ) लड़कियों की अत्यधिक कमी जैसे नागाओं में (ब) अत्यधिक कन्या मूल्य प्रथा का प्रचलन जैसे हो जनजाति में तथा (स) पुरुषों की स्त्रियों पर शासन करने की सहज प्रवृत्ति जो कि कन्या मूल्य देने से नहीं, बल्कि हरण के द्वारा चरितार्थ की जा सकती है। हो जनजाति ऐसे विवाह को ओपोरटिपि और गोंड इसे पोसीओथुर कहते हैं।

हरण-विवाह के दो रूप हैं—(1) शरीरिक हरण और 2. संस्कारात्मक विधिवत् या विधिवत् हरण। शारीरिक हरण में लड़का अपने साथियों के साथ वास्तविक रूप

में लड़की पर आक्रमण करके या लड़की के गाँव पर आक्रमण करके लड़की को हर ले जाता है। गोंडो में तो कभी-कभी माता-पिता स्वयं लड़की के ममेरे या फुफेरे भाई से अपनी लड़की को हर ले जाने की प्रार्थना करते हैं और उस हालत में हरण का एक नाटक मात्र खेला जाता है। इसके विपरीत, विधिवत् हरण-प्रथा खरिया, बिरहोर, भूमिज, भील, नागा, मुण्डा आदि जनजातियों में पाई जाती है। इस प्रकार के हरण में एक व्यक्ति एक सार्वजनिक स्थान में प्रेमिका की माँग में सिन्दूर भर देता है और हरण को एक मामूली उत्सव का रूप दे दिया जाता है। आसाम की जनजातियों में लड़कियों का हरण, एक गाँव जब दूसरे गाँव पर आक्रमण करता है, तब होता है। मध्य भारत की जनजातियों में हरण उत्सव के अवसर पर होता है।

(2) परिवीक्षा विवाह—इस प्रकार के विवाह में होने वाली पति-पत्नी को एक दूसरे को समझने का मौका दिया जाता है। इसी उद्देश्य से उनको कुछ समय एक साथ रहने की अनुमति दी जाती है, जिससे वे निकट से एक-दूसरे के स्वभाव को पूरी तरह समझ जाएँ। यदि वे इस परिवीक्षाकाल के बाद विवाह करना चाहते हैं तो उनका विवाह हो जाता है। यदि उनका स्वभाव एक-दूसरे के उपयुक्त और अनुकूल नहीं होता तो वे पृथक् हो जाते हैं और युवक कन्या के माता-पिता को कुछ हर्जाना प्रदान करता है। इस प्रकार का विवाह केवल आसाम की कूफी जनजाति में पाया जाता है।

हॉबेल के अनुसार, इस प्रकार के विवाह के प्रचलन का कारण यह है कि जनजातियों के लोग केवल कन्या मूल ही नहीं चाहते, बल्कि सन्तान प्राप्ति की इच्छा उनमें अत्यधिक होती है। इस कारण इस प्रथा के द्वारा वे लड़की की सन्तानोत्पत्ति की शक्ति की परीक्षा लेते हैं और यह देखा गया है कि इस परिवीक्षा काल में अगर लड़की गर्भवती हो जाती है तो विवाह अवश्य ही हो जाता है।

(3) क्रय विवाह—इस प्रथा के तहत विवाह के इच्छुक लड़के-लड़की के माता-पिता को कन्या मूल्य देते हैं। ऐसे विवाह संथाल हो, औरांव, गोंड, नागा, कूब, भील आदि अनेक जनजातियों में पाए जाते हैं।

प्रायः इस मूल्य को कन्या का मूल्य समझा जाता है। लेकिन **रॉबर्ट लुई** ने इस बात पर बल दिया है कि इसे कन्या को खरीदने या बेचने का साधन मात्र न समझना चाहिये, वरन् यह जनजातियों में स्त्रियों की उपयोगिता का प्रतीक है। (ब) इस प्रकार उनके माता-पिता दूसरे को अपनी कन्या देने से होने वाले नुकसान का हर्जाना प्राप्त करते है, (स) इसके द्वारा दोनों परिवारों के मध्य आर्थिक सम्बन्ध को

दृढ़ किया जाता है, लिण्टन का कथन है कि यह वास्तविक रूप से स्त्रीं से पैदा होने वाले बच्चों पर अधिकार का क्रय है।

कुछ भारतीय जनजातियों में कन्या मूल्य के आर्थिक पक्ष पर विशेष बल नहीं दिया जाता, जैसे रेंगमा, नागा लोग तय किए हुए कन्या मूल्य से प्रायः दस रुपये कम लेते हैं। इसके विपरीत हो जनजाति में इसका इतना अधिक प्रचलन है कि इसे देने की सामर्थ्य बहुत कम व्यक्तियों में होती है। इस कारण या तो ऐसे व्यक्ति अविवाहित रहते हैं, अथवा हरण-विवाह या सेवा-विवाह द्वारा पत्नी प्राप्त करते हैं।

(4) परीक्षा-विवाह—इस प्रकार के विवाह का मुख्य उद्देश्य विवाह के इच्छुक नवयुवक के साहस और शक्ति की परीक्षा करना होता है, और ऐसा उचित भी है, क्योंकि जनजातियों का जीवन अत्यन्त कठोर और संघर्षपूर्ण होता है। इस प्रथा का उत्तम उदाहरण गुजरात की भील जनजाति है। उनमें होली के अवसर पर गोल गाधेड़ी नामक एक लोक नृत्य का उत्सव होता है। इस स्थान पर एक बाँस या पेड़ पर गुड़ और नारियल बाँध दिया जाता है। इसके चारों ओर अन्दर के घेरे में कुँवारी लड़कियाँ ओर बाहर के घेरे में अविवाहित लड़के नाचते हैं। लड़कों का प्रयत्न अन्दर के घेरे को तोड़कर गुड़ और नारियल को प्राप्त करना होता है, जबकि लड़कियाँ लड़कों को ऐसा करने से भरसक रोकती हैं और उनका घेरा तोड़कर अंदर जाने वाले लड़कों को खूब मारतीं, उनके कपड़े फाड़तीं, बाल खीचतीं, यहाँ तक कि उनके शरीर के मांस को नोंचती हैं, अर्थात् हर तरह से उन्हें अंदर जाने से रोकती हैं। फिर भी यदि कोई लड़का उनके घेरे को तोड़कर पेड़ पर चढ़ जाता है तथा गुड़ खाने और नारियल तोड़ने में सफल होता है, वह घेरे के अन्दर नाचती हुई लड़कियों में से जिसको भी चाहे उसे अपनी जीवन संगिनी के रूप में चुनने का अधिकार प्राप्त कर लेता है।

(5) सेवा-विवाह—अत्यधिक कन्या मूल्य प्रथा ने कुछ जनजातियों में गंभीर समस्या उत्पन्न कर दी है जिसका हल सेवा या विनिमय विवाह के द्वारा किया गया है। गोंड और बैगा जनजातियों में जो पुरुष कन्या-मूल्य देने में असमर्थ होते हैं वे कन्या के पिता के यहाँ नौकर के रूप में कुछ समय तक काम करते हैं और उस सेवा से ही कन्या-मूल्य मानकर निश्चित समय के पश्चात् माता-पिता अपनी लड़की का विवाह उसके साथ कर देते हैं। गोंड ऐसे व्यक्ति को लामनाई और बैगा लामसेना कहते हैं। अपने भावी ससुर के घर में लामनई को कठोर परिश्रम करना पड़ता है। और तब कहीं उसे स्त्री प्राप्त होती है, नहीं तो ससुर उसे भगाकर नया लामानाई रख लेता है। बिरहोर जनजाति में भावी ससुर अपने भावी दामाद को कन्या-मूल्य चुकाने के लिये रुपये उधार देता है और दामाद को सेवा द्वारा उस ऋण को चुकाना पड़ता

है। हिमालय प्रदेश के गूजरों में और उत्तराखंड की खस जनजाति में भी ऐसी प्रथा है।

(6) सहमति और सहपालन विवाह—बिहार की हो जनजाति उसे राजी-खुशी अर्थात् वर-वधू की सहमति और प्रसन्नता से होने वाला विवाह कहते हैं। इसमें एक-दूसरे से प्रेम करने वाले युवक-युवती, माता-पिता द्वारा उनके विवाह का विरोध होने पर, गाँव से एक साथ भाग जाते हैं, और उस समय तक वापस नहीं लौटते जब तक कि उनके माता-पिता इस विवाह से सहमत न हो जाएँ। इस प्रकार के विवाह में किसी प्रकार का सामाजिक संस्कार नहीं किया जाता और न ही कन्या-मूल्य दिया जाता है। चूँकि भारतीय जनजातियों में साधारणतया अधिक आयु में विवाह होता है, इस कारण इस प्रकार के विवाह का प्रचलन काफी है।

(7) विनिमय विवाह—इसका भी उद्देश्य कन्या-मूल्य की बुराइयों से बचना है। इस प्रकार की विवाह-प्रथा में दो परिवार अपनी लड़कियों का विवाह एक-दूसरे के साथ कर देते हैं। **बोयास** के अनुसार ऐसे विवाह में दोनों परिवार किसी को भी कुछ न देकर एक-दूसरे को कन्या मूल्य देते हैं। लुई के शब्दों में यह ऐसा विवाह है जिसमें किसी को भी नुकसान नहीं होता है। **हॉबेल** के अनुसार यह बिना खर्चे के पत्नी प्राप्त करने का एक साधन है। यह प्रथा अत्यधिक कन्या मूल्य के कारण प्रायः सभी भारतीयों में पाई जाती है लेकिन आसाम की खासी जनजाति इस प्रकार के विवाह का निषेध करती है।

(8) हट विवाह—यह प्रथा भी, बिरहोर तथा औरांव जनजातियों में पाई जाती है। औरांव इसे निर्बोलोक और हो इसे अनादर कहते हैं। अनादर नाम ऐसे विवाह के लिये सबसे उपयुक्त है। इस विवाह में लड़की अपने प्रेमी के घर उसके माता-पिता की बिना इच्छा के प्रवेश करती है तथा उन्हें लड़के की शादी उससे करने को एक तरह से कहती है। इसमें प्रारम्भ में लड़की को ससुराल में अनेकों अत्याचार, अत्यधिक अनादर सहना पड़ता है। इस कारण इसे अनादर विवाह कहा जाता है। लड़की इस प्रकार का अपमानजक और साहसपूर्ण कदम इस कारण उठाती है कि उसका प्रेम किसी युवक से हो गया है, पर किसी कारण उनका विवाह नहीं हो पा रहा है और युवक भी सहपालन में असमर्थ है। ऐसी अवस्था में उस लड़की के लिये हठ-विवाह की एकमात्र रास्ता होता है।

विवाह-विच्छेद

जनजातियों के विवाह के सम्बन्ध में यह स्मरणीय है कि उनमें विवाह न तो

एक धार्मिक संस्कार है और न ही आजीवन का एक नाता है। इस कारण उनमें विवाह-विच्छेद और विवाह दोनों ही सरल हैं। सामान्य रूप से अधिकतर भारतीय जनजातियों में विवाह-विच्छेद पाया जाता है। संथाल, थारू, भील, गोंड आदि जनजातियों में विवाह-विच्छेद के विषय में पति की स्थिति अच्छी है। संथाल पति अपनी पत्नी से विवाह-सम्बन्ध तब विच्छिन्न कर सकता है जबकि पत्नी दुश्चरित्र है या जादूगरनी है या आज्ञा का पालन नहीं कर करती। खासी जनजाति में व्यभिचार, बाँझपन, झगड़ालू प्रकृति आदि विवाह-विच्छेद के आधार हैं लेकिन यह काम पति-पत्नी की पारस्परिक सम्मति से ही होता है। कभी-कभी विवाह-विच्छेद चाहने वाले पक्ष को हर्जाना देना पड़ता है। विवाह-विच्छेद सार्वजनिक रूप से होता है और बच्चों को माता के ही संरक्षण में रखा जा सकता है। संथाल जनजाति में यदि पति पत्नी के लिये ठीक प्रकार भोजन, वस्त्र और आभूषण की व्यवस्था नहीं कर सकता तो पत्नी को विवाह-विच्छेद करने का अधिकार है। थारू जनजाति में एक पत्नी अत्याचार, नपुंसकता, निर्दयता तथा पति की सामाजिक स्थिति के गिर जाने के आधार पर विवाह-विच्छेद कर सकती है।

उपरोक्त विवेचना से यह बात स्पष्ट है कि जनजातीय समाजों में सभ्य समाजों की तुलना में अधिक विवाह-विच्छेद होता है और उसके लिये किसी विशेष नियम-कानून का पालन करने की आवश्यकता नहीं होती है। पर इसका तात्पर्य पारिवारिक विघटन नहीं है और न ही उनके द्वारा विवाह-विच्छेद को उस रूप में लिया जाता है।

11

भारत में विवाह संबंधी विधान

बाल विवाह जैसी सामजिक समस्याओं को सुलझाने तथा विघटित सामाजिक सम्बन्धों को सुव्यवस्थित करने के उद्देश्य से राज्य द्वारा कई अधिनियम बनाए गये हैं। इसका तात्कालिक उद्देश्य सामाजिक कुरीतियों पर प्रतिबन्ध तथा सामाजिक सुधार व कल्याण है और अन्तिम उद्देश्य सामाजिक विघटन का प्रतिरोध है। सामाजिक विधान व्यक्तिगत आधारों पर समाज सुधार या कल्याण का राज्य द्वारा उठाया हुआ सुनिश्चित व व्यवस्थित कदम होता है।

अतः इस प्रकार के विधान अनिवार्य रूप से सबको मानने पड़ते हैं और इस प्रकार सामाजिक सुधार के कार्यक्रम को एक निश्चित दिशा प्राप्त हो जाती है। अतः सामाजिक विधान राज्य द्वारा पास किए वे कानून हैं जो सामाजिक कुरीतियों को दूर करने, सामाजिक विघटन को रोकने तथा समाज सुधार के अनुकूल परिस्थितियाँ उत्पन्न करने के उद्देश्य से बनाए जाते हैं। सामाजिक विधान का संकुचित अर्थ कुछ भी लगाया जा सकता है, परन्तु व्यापक अर्थों में इनका आधुनिक और वास्तविक स्वरूप यही है।

भारत में विवाह-सम्बन्धी विधानों पर एक दृष्टि

भारत के प्रमुख विवाह संबंधी विधान निम्नवत् हैं—

1. हिन्दू विधवा पुनर्विवाह अधिनियम 1956,
2. संपरिवर्ती कन्वर्ट विवाह विघटन अधिनियम, 1986,
3. भारतीय विवाह-विच्छेद अधिनियम, 1989,
4. भारतीय क्रिश्चियन विवाह अधिनियम, 1972,
5. काजी अधिनियम, 1980
6. आनंद विवाह अधिनियम, 1909,

7. बाल-विवाह अवरोध अधिनियम, 1929,
8. पारसी विवाह और तलाक अधिनियम, 1936,
9. मुस्लिम विवाह-विघटन अधिनियम, 1939
10. विशेष विवाह अधिनियम, 1954,
11. हिन्दू विवाह अधिनियम, 1955,
12. विदेशी विवाह अधिनियम, 1969
13. मुस्लिम महिला विवाह-विच्छेद संरक्षण अधिकार अधिनियम, 1986।

विशेष विवाह अधिनियम, 1954 जम्मू-कश्मीर राज्य के अतिरिक्त सम्पूर्ण भारत में लागू है, और यह भारत के उन नागरिकों पर भी लागू होता है जो जम्मू और कश्मीर राज्य के रहने वाले हैं, किन्तु जिनका अधिनिवास उन क्षेत्रों में है, जिन तक इस अधिनियम का विस्तार है। जिन व्यक्तियों पर यह अधिनियम लागू होता है, वे इस अधिनियम के अधीन विनिर्दिष्ट तौर पर विवाह रजिस्टर करवा सकते हैं। भले ही वे पृथक्-पृथक् धर्म के मानने वाले हों। अधिनियम में यह भी नियम है कि यदि किसी अन्य रूप से सम्पन्न विवाह इस अधिनियम की अपेक्षाओं के अनुरूप है, तो उसे विशेष विवाह अधिनियम के अधीन रजिस्टर किया जा सकता है।

(1) हिन्दू विवाह—1955 का विस्तार जम्मू और कश्मीर राज्य के सिवाय सम्पूर्ण भारत पर है और यह उन हिन्दुओं पर भी लागू होता है जो उन राज्य क्षेत्रों में निवास करते हैं जिन तक अधिनियम का विस्तार है, किन्तु उक्त राज्य क्षेत्रों के बाहर है। इसके अतिरिक्त यह उन सब धर्मों तथा सम्प्रदायों के हिन्दुओं पर भी लागू होता है जो बौद्ध, सिख तथा जैन हैं। इसमें वे सब शामिल हैं जो अपने आपको मुस्लिम, ईसाई, पारसी यहूदी नहीं मानते, किन्तु यह अधिनियम तब तक अनुसूचित जनजातियों के सदस्यों पर लागू नहीं होता तब तक कि सरकार निर्देश न दे। हिन्दू विवाह अधिनियम 1955 को अधिनियमित करके हिन्दुओं में प्रचलित रीति को संहिताबद्ध करने का प्रयास किया गया है।

1. विवाह विच्छेद सम्बधी उपबंध हिन्दू विवाह अधिनियम की धारा 13 में और विशेष विवाह अधिनियम की धारा 27 में दिए हैं। इन अधिनियमों के अधीन पति या पत्नी द्वारा जिन सामान्य आधारों पर विवाह-विच्छेद की माँग की जा सकती है, वे इन प्रमुख शीर्षों के अन्तर्गत आते हैं। जारता, परित्याग, क्रूरता, विकृतचित्त, रति-रोग, परस्पर सहमति और सात वर्ष से जीवित न सुना जाना।

2. वहाँ तक कि ईसाई समुदाय का सम्बंध है, विवाह और विवाह विच्छेद सम्बन्धी भारतीय क्रिश्चियन विवाह अधिनियम, 1872 और भारतीय विवाद विच्छेद

1869 में दिए गए हैं। ईसाई समुदाय पर लागू विवाह-विच्छेद सम्बंधी उपबंध भारतीय विवाह विच्छेद अधिनियम की धारा 10 में दिए गए हैं।

3. जहाँ तक मुसलमानों का सम्बन्ध है, उनके विवाह के बारे में देश में प्रचलित मुस्लिम कानून लागू होता है। जहाँ तक लाक विवाह-विच्छेद का सम्बंध है, मुस्लिम पत्नी को विवाह-विच्छेद के बहुत प्रतिबंधित अधिकार प्राप्त हैं। अलिखित और पारस्परिक कानून ने निम्नलिखित रूपों में तलाक की माँग करने की इजाजत देकर उनकी स्थिति को बेहतर बनाने का प्रयास किया है—

(क) **तलाक-ए-ताफविद** यह प्रत्यायोजित तलाक का एक रूप है इसके अनुसार पति विवाह संविदा में तलाक के अपने अधिकार को प्रत्यायोजित कर देता है। उस संविदा में अन्य बातों के साथ-साथ यह अनुबंध किया जा सकता है कि उसके द्वारा कोई दूसरी पत्नी ले आने पर प्रथम पत्नी को उससे तलाक लेने का अधिकार होगा।

(ख) खूला यह विवाह के दोनों पक्षों में हुए करार के अनुसार विच्छेद है, जिसके लिए पत्नी को विवाह आदि के बंधन से मुक्त होने के लिए पति को कुछ प्रतिफल देना पड़ता है। इसकी शर्त आपस में तय कर ली जाती है और प्रायः पत्नी को अपना महर या उसका एक हिस्सा छोड़ना पड़ता है, और

(ग) मुबर्रत—यह आपसी सहमति द्वारा तलाक है। साथ ही मुस्लिम विवाह-विच्छेद अधिनियम, 1939 द्वारा मुस्लिम पत्नी को कतिपय आधारों पर तलाक का अधिकार दिया गया है।

विवाह विच्छेद सम्बंधी उपबंध हिन्दू विवाह अधिनियम की धारा 13 में तथा विशेष विवाह अधिनियम की धारा 27 में दिए गए हैं। इन अधिनियमों के अधीन पति या पत्नी या पत्नी द्वारा जिन सामान्य आधारों पर विवाह-विच्छेद की माँग की सकती है, वे इन प्रमुख शीर्षों अन्तर्गत आते हैं, जारता, परित्याग, क्रूरता, विकृतचित्त, रति-रोग, कुष्ठ रोग, परस्पर सहमति और सात वर्ष से जीवित न सुना जाना।

4. जहाँ तक कि ईसाई समुदाय का सम्बंध है, विवाह और विवाह विच्छेद सम्बंधी अधिकार भारतीय क्रिश्चियन विवाह अधिनियम, 1872 और भारतीय विवाह-विच्छेद अधिनियम 1869 में दिए गए हैं। ईसाई समुदाय पर लागू विवाह-विच्छेद सम्बंधी उपबंध भारतीय विच्छेद अधिनियम की धारा 10 में दिए गए हैं।

5. पारसियों के विवहिक सम्बध पारसी विवाह और तलाक अधिनियम, 1936 के अनुसार होते हैं। अधिनियम में पारसी शब्द की परिभाषा जरथुस्त्र पंथी के रूप में की गई। जरथुस्त्र पंथी वह होता है जो पारसी धर्म को मानता है। इस अधिनियम

के अंतर्गत प्रत्येक विवाह और विवाह-विच्छेद को अधिनियम में निर्धारित प्रक्रिया के अनुसार रजिस्टर कराना आवश्यक है, लेकिन इस प्रक्रिया का पालन न करने से विवाह गैर-कानूनी नहीं होता। अधिनियम में केवल एक विवाह की व्यवस्था है। पारसी विवाह और तलाक संशोधन अधिनियम; 1988 1988 का 5बी के अन्तर्गत पारसी विवाह और तलाक अधिनियम, 1936 के कुछ प्रावधानों का विस्तार कर उन्हें अधिनियम, 1955 के समरूप बना दिया गया है।

6. जहाँ तक अल्पसंख्यक वर्ग के व्यक्तिगत कानूनों का सम्बंध है, सराकर की यह नीति रही है इन समुदायों के पहल करने पर ही उनमें सुधार किए जाएँ।

7. जहाँ तक यहूदियों के विवाह-विषयक नियमों का सम्बंध है, भारत में इसकी कोई संहिताबद्ध विधि नहीं है। आज भी ये अपने धार्मिक नियमों के अनुसार चलते हैं। यहूदी लोग विवाह को सिविल न मानकर दो व्यक्तियों के बीच ऐसा सम्बंध मानते हैं, जिसमें अत्यंत पवित्र कर्त्तव्यों का पालन करना होता है। उनमें पर पुरुष या पर स्त्रीगमन अथवा क्रूर बर्तातव किए जाने पर न्यायालय के माध्यम से तलाक दिया जा सकता है। उनमें भी एक विवाह का ही प्रचलन है।

भारत में प्रमुख सामाजिक विधान

(1) बाल-विवाह अवरोध अधिनियम, 1872, 1923, 1954—बाल विवाह को रोकने के लिए 1807 में एक अधिनियम पास हुआ। इस अधिनियम को पास कराने में ईश्वरचन्द्र विद्यासागर और राजा राममोहन राय का प्रमुख योगदान था। इस अधिनियम के अनुसार विवाह के समय कन्या की आयु कम से कम 10 वर्ष होनी चाहिये थी। इसके पश्चात् सन् 1891 में दूसरा अधिनियम पास किया गया जिसके अनुसार विवाह के समय लड़की की आयु कम से कम 12 वर्ष होनी चाहिये थी। पर इस सम्बन्ध में विशेष उल्लेखनीय अधिनियम राय हरविलास शारदा की सिफारिशों के फलस्वरूप सन् 1829 में पास हुआ। इसी को बाल विवाह अवरोधक अधिनियम या संक्षेप में शारदा एक्ट कहते हैं। यह कानून प्रभावी रूप से पूरे देश में 1 अप्रैल सन् 1930 से लागू कर दिया गया। इस अधिनियम के अनुसार—बाल-विवाह को रोकने का पूर्ण रूप से प्रयास किया जायेगा, पर विवाह हो जाने के बाद कोई विवाह अवैध न होगा। कोई भी विवाह, जिसमें वर की आयु 18 वर्ष से कम और कन्या की आयु 15 वर्ष से कम है, नहीं किया जा सकेगा। इस अधिनियम के विरुद्ध शादी करने वाले वर की आयु 18 और 21 वर्ष के बीच की है, 15 दिन का कारावास या एक हजार रु. का जुर्माना अथवा दोनों की सजा भी दी जा सकेगी।

अगर वर की आयु 21 वर्ष से अधिक है तो जुर्माना के साथ ही तीन माह की जेल भी हो सकेगी। उस विवाह संस्कार को कराने वाले या उसका निर्देश देने वाले व्यक्तियों को तीन माह का कारावास और जुर्माना हो सकेगा। संरक्षक या माता-पिता जो ऐसे विवाहों को करवायेंगे उन्हें भी इसी तरह की सजा दी जाएगी, ऐसे मुकद्दमें की सुनवाई केवल प्रथम श्रेणी के मजिस्ट्रेट की अदालत में हो सकेगी। विवाह के बाद एक वर्ष बीत जाने पर इस सम्बन्ध में किसी प्रकार की शिकायत पर अदालत विचार नहीं करेगा। अदालत को पूर्व सूचना मिल जाने पर वह उस विवाह को रोकने का आदेश दे सकती है। अदालत द्वारा दिए गए आदेशों की अवहेलना करने वाले को तीन महीने का कारवास या एक हजार रुपया जुर्माना अथवा दोनों होगा। इस अधिनियम के अन्तर्गत किसी भी अपराध के लिये स्त्रियों को जेल नहीं भेजा जायेगा।

इस सम्बन्ध में यह उल्लेखनीय है कि भारत सरकार ने वर्तमान समय में इस अधिनियम में संशोधन कर दिया है। बाल-विवाह अवरोध संशोधन अधिनियम 1978 विवाह की न्यूनतम आयु स्त्रियों के लिये 15 वर्ष से बढ़ाकर 18 वर्ष और पुरुषों के लिये 18 से बढ़कर 21 वर्ष करने के लिए बाल-विवाह अवरोध अधिनियम, 1929; भारतीय क्रिश्चियन विवाह अधिनियम, 1872 तथा हिन्दू विवाह अधिनियम 1955 में संशोधन करता है, 1 अक्तूबर, 1978 से प्रभावी किया गया है।

(2) हिन्दू स्त्रियों का सम्पत्ति पर अधिकार अधिनियम, 1937—हिन्दू विधवाओं को मृत पति की सम्पत्ति में अधिकार प्रदान करने के लिये सन् 1937 में सबसे महत्वपूर्ण अधिनियम पास हुआ। इस अधिनियम की मुख्य धारायें निम्नलिखित हैं—

1. यदि कोई कोई लड़का पिता से पहले मर गया है तो उसकी विधवा को अपने पति के हिस्से का उत्तराधिकार लड़को और पौत्रो के साथ मिल जाता है।
2. यदि एक हिन्दू संयुक्त परिवार की सम्पत्ति में अपना हिस्सा छोड़कर मर जाता है तो उसकी विधवा स्त्री को उसका उत्तराधिकार मिला जाता है, पर यह उत्तराधिकार सीमित है। वह विधवा केवल आने जीवनकाल में ही इस उत्तराधिकार का उपभोग कर सकती है, न किसी को दे सकती है और न बेच सकती है। लेकिन धार्मिक कर्तव्यों को निभाने के लिये ये दोनों कार्य भी किए जा सकते हैं।
3. दायभाग से नियन्त्रित परिवार का यदि कोई व्यक्ति अपनी सम्पत्ति के बारे में तय किए हुए बिना मर गया हो तो उसकी विधवा स्त्री को लड़के के बराबर हिस्सा मिलेगा।

4. अन्य नियमों से नियन्त्रित परिवार में ऐसी स्थिति में पति की व्यक्तिगत सम्पत्ति में विधवा या विधवायें अपने जीवित लड़कों के समान भागीदार होगी।

(3) हिन्दू-विवाह तथा विवाह-विच्छेद अधिनियम, 1955, 1976—इस अधिनियम को 18 मई 1955 को लागू किया गया। इस अधिनियम का पालन जम्मू एवं कश्मीर को छोड़कर भारत के सभी राज्यों में किया जाएगा। इस अधिनियम द्वारा विवाह-सम्बन्धी सभी हिन्दू-विधान रद्द हो गये हैं। हिन्दुओं में हिन्दुओं के अतिरिक्त बौद्ध, जैन और सिक्ख भी सम्मिलित हैं। अनुसूचित जातियों पर यह अधिनियम लागू न होगा। इस अधिनियम की विवेचना निम्नलिखित चार आधारों पर की जा सकती हैं।

हिन्दू-विवाह की शर्त—हिन्दुओं में विवाह निम्नलिखित शर्तों को पूरा करने से वैध होगा। विवाह के समय किसी पक्ष का जीवन-साथी पति-पत्नी जीवित न हो कोई पक्ष पागल या मूढ़ न हो, वर की आयु कम से कम 21 वर्ष की और वधू की आयु कम से कम 18 वर्ष हो, दोनों पक्ष निषेधात्मक सम्बन्धों के अन्तर्गत न हों, बशर्ते कि कोई प्रथा जिसके वे नियन्त्रित होते हैं, इस प्रकार के विवाह की आज्ञा न देती हो वर-वधू आपस में सपिण्ड न हों, बशर्ते कि कोई प्रथा, जिसके द्वारा वे नियन्त्रित होते हैं, इस प्रकार के विवाह की आज्ञा न देती हो यदि कन्या की आयु 18 वर्ष से कम है तो संरक्षक की अनुमति विवाह के लिए आवश्यक है।

न्यायिक पृथक्करण—न्यायिक पृथक्करण का अर्थ यह है कि इसके द्वारा विवाह का सम्बन्ध नहीं टूटता है, मात्र पति-पत्नी को परस्पर एक-दूसरे से दूर रहने का अधिकार मिल जाता है। पति या पत्नी निम्न आधारों पर न्यायिक पृथक्करण के लिए आवेदन-पत्र अदालत के समक्ष प्रस्तुत कर सकते हैं। आवेदन पत्र देने के लगातार दो साल पहले से दूसरे पक्ष ने प्रार्थी को छोड़ दिया हो। प्रार्थी के साथ इतने अधिक अत्याचार का व्यवहार किया गया हो कि प्रार्थी के दिमाग में यह उचित भय कि दूसरे पक्ष के साथ रहना प्रार्थी के लिए हानिकारक है। दूसरा पक्ष आवेदन पत्र देने के एक वर्ष पूर्व से विषाक्त कोढ़ से पीड़ित हो दूसरे पक्ष ने विवाह के बाद किसी अन्य व्यक्ति से यौन सम्बन्ध कर लिया हो।

विवाह-विच्छेद—इस अधिनियम की धारा 13 में यह प्रावधान किया गया है कि कोई भी विवाह, चाहे वह इस अधिनियम के लागू होने के पूर्व या बाद में किया गया हो, पति या पत्नी में से कोई भी अगर विवाह विच्छेद के लिए आवेदन पत्र जमा करता है तो निम्नलिखित बिन्दु में से किन्हीं आधारों पर विवाह-विच्छेद की आज्ञा के द्वारा खत्म किया जा सकता है। दूसरा पक्ष आदि— परव्यक्तिमान का आदी हो,

धर्म परिवर्तन के कारण हिन्दू न रह गया हो, आवेदन पत्र के तीन वर्ष पहले से ऐसा पागल हो कि वह इलाज के द्वारा ठीक न हो सके, तीन वर्ष से विषाक्त कोढ़ से पीड़ित हो, तीन वर्ष से गुप्त रोग से पीड़ित हो, संयास ले लिया हो, सात वर्ष से जीवित न सुना गया हो, न्यायिक पृथक्करण की राजाज्ञा प्राप्त होने के बाद दो वर्ष या उससे अधिक समय से सहवास न शुरू किया हो, वैवाहिक अधिकारों के प्रत्यास्थापन की राजाज्ञा के बाद दो वर्ष या उससे अधिक समय से उस राजाज्ञा का पालन न किया हो।

इन आधारों के अलावा भी पत्नी और दो आधारों पर विवाह-विच्छेद के लिए प्रार्थना पत्र दे सकती है। प्रथम आधार यह है कि इस अधिनियम के लागू होने के पहले पति ने दूसरा विवाह कर लिया हो या प्रार्थी के विवाह के समय उसकी दूसरी पत्नी जीवित हो। दूसरा आधार विवाह विच्छेद के लिए यह है कि यदि पति बलात्तकार, अप्राकृतिक व्यभिचार या पशुता का अपराधी हो।

चार सामान्य धाराएँ निम्नवत् हैं—

1. विवाह-विच्छेद के लिए आवेदन पत्र विवाह के कम से कम तीन वर्ष के बाद ही दिया जा सकता है। विशेष परिस्थितियों में अदालत तीन वर्ष के पहले भी आवेदन पत्र स्वीकार कर सकती है।
2. यदि अदालत से विवाह-विच्छेद की राजाज्ञा मिलने के एक वर्ष के अन्दर अपील नहीं की जाती तो दोनों पक्षों को पुनर्विवाह करने का अधिनियम होगा।
3. अदालत विवाह-विच्छेद के बाद प्रार्थी तथा विपक्षी की आर्थिक दशाओं को देखते हुए प्रार्थी से विपक्षी को जीवन-भर के लिये या जब तक विपक्षी विवाह नहीं करता तब तक उसके जीवन-निर्वाह का खर्चा दिला सकती है।
4. अदालत बच्चों की पढ़ाई, देखभाल और रहने के सम्बन्ध में भी अन्तरिम आदेश दे सकती है।

विवाह कानून संशोधन अधिनियम 1976 द्वारा हिन्दू विवाह अधिनियम, 1955 तथा विशेष विवाह अधिनियम, 1954 को संशोधित कर कन्या को यह अधिकार दिया गया है, वह बालिग होने से पहले, बचपन में की गई अपनी शादी को रद्द कर दे, चाहे वह शादी पूर्ण हुई हो या नहीं। निदर्यता और परित्याग को भी विवाह-विच्छेद का कारण माना गया है और आपसी सहमति से भी विवाह-विच्छेद किया जा सकता है। इस प्रकार के विवाह-विच्छेद के लिए प्रार्थना-पत्र देने के बाद राहत पाने के लिए अब एक वर्ष के बजाए मात्र छः महीने प्रतीक्षा करती होगी।

(4) विशेष विवाह अधिनियम, 1872, 1923, 1954—जो व्यक्ति धर्म को

नहीं मानते हैं उन व्यक्ति के आपस में विवाह करने में धार्मिक प्रतिबन्ध था। इन प्रतिबन्धों को पूरा करने के लिए विशेष विवाह अधिनियम (1872) बनाया गया। सन् 1923 में यह अधिनियम संशोधित हुआ। इसके अनुसार अन्तर्जातीय विवाह की वैधानिक अड़चनें दूर हो गईं। इसमें तलाक की भी छूट है।

सन् 1954 के विशेष विवाह अधिनियम के द्वारा सन् 1872 का कानून रद्द कर दिया गया। इस कानून का उद्देश्य हिन्दू, मुसलमान, ईसाई आदि विभिन्न धर्मावलम्बियों के बीच विवाह की व्यवस्था करना है। अब प्रत्येक व्यक्ति किसी धर्म या जाति में विवाह कर सकेगा और विवाह करते समय पहले की भाँति अब यह भी घोषणा नहीं करनी होगी कि विवाह करने वाले स्त्री-पुरुष किसी धर्म को नहीं मानते हैं। विवाह के समय किसी भी पक्ष का जीवित जीवन-साथी नहीं होना चाहिये, अर्थात् एक-विवाह आवश्यक होगा। 21 वर्ष से कम आयु होने पर माता-पिता या अन्य संरक्षक की अनुमति आवश्यक होगी। ऐसे विवाह की रजिस्ट्री करानी होगी। इस अधिनियम में यह व्यवस्था की गई कि विवाह विच्छेद का अधिकार किसी एक का नहीं होकर पति-पत्नी दोनों का होगा। किसी पक्ष के व्यभिचार होने, तीन वर्ष तक अकारण परित्याग करने, तीन वर्ष या इससे अधिक अवधि का कारावास की सजा पा जाने, क्रूरता, कम से कम तीन वर्ष से असाध्य पागलपन, गुप्त रोग या विषाक्त कोढ़ से पीड़ित होने, सात वर्ष से जीवित न सुना जाने आदि की अवस्था में दूसरा पक्ष अदालत से विवाह-विच्छेद की आज्ञा प्राप्त कर सकता है। पारस्परिक सहमति द्वारा भी विवाह-विच्छेद किया जा सकता है। लेकिन इसके लिये तीन शर्तों का पूरा होना आवश्यक है– पहली शर्त यह है कि पति-पत्नी एक साल या इससे अधिक समय में एक-दूसरे से अलग रह रहे हैं। दूसरी शर्त यह है कि वे एक साथ रहने में सर्वथा असमर्थ है तथा अन्तिम शर्त यह है कि उन्होंने विवाह-विच्छेद के लिये आपस में समझौता कर लिया है। इस आवेदन-पत्र के देने के एक वर्ष बाद भी यदि दोनों पक्ष अपना विवाह-विच्छेद की आज्ञा चाहते हैं तो अदालत आवश्यक कार्यवाही के बाद विवाह-विच्छेद की आज्ञा दे सकती है। विवाह के बाद प्रथम तीन वर्ष तक विवाह-विच्छेद के लिये कोई आवेदन पत्र नहीं दिया जा सकेगा और विवाह-विच्छेद की आज्ञा प्राप्त हो जाने के एक वर्ष बाद ही पुनर्विवाह हो सकेगा। ये धारायें निम्नलिखित अधिनियम की विवेचना से और स्पष्ट हो जायेंगी।

(5) हिन्दू विधवा पुनर्विवाह अधिनियम, 1856—विधवा-पुनर्विवाह पर निषेध अंग्रेजी राज्य की स्थापना के समय अपनी चरम सीमा तक पहुँच चुका था। आज भारत में लगभग दो करोड़ विधवायें है। विधवा-पुनर्विवाह के निषेध विशेषकर

ऊँची जातियों में हैं और इस सम्बन्ध में विधवाओं की दो विशेष निर्योग्यताएँ थीं (अ) पुनर्विवाह सम्बन्धी निर्योग्यता और (ब) मृत पति की सम्पत्ति में अधिकार सम्बन्धी निर्योग्यता। राजा राममोहन राय, ईश्वरचन्द्र विद्यासागर, और साथ ही आर्य समाज तथा ब्रह्म समाज के प्रयत्नों से सरकार का ध्यान विधवा-विवाह की समस्या की ओर आकर्षित हुआ और उक्त दोनों निर्योग्यताओं को सरकार ने दो अधिनियमों के द्वारा दूर करने का प्रयत्न किया। ये अधिनियम हैं हिन्दू विधवा पुनर्विवाह अधिनियम 1856 और हिन्दू स्त्रियों का सम्पत्ति कर अधिकार अधिनियम, 1937।

1. विधवाओं की पुनर्विवाह सम्बन्धी निर्योग्यताओं को दूर करने के लिए हिन्दू विधवा पुनर्विवाह अधिनियम सन् 1856 में पास किया गया। इसके अनुसार विधवाओं की पुनर्विवाह सम्बन्धी कानूनी अड़चनों को दूर किया गया। इस अधिनियम की मुख्य धारायें निम्न हैं। यदि विवाह के समय किसी स्त्री के पति की मृत्यु हो चुकी हो, तो उसका दूसरा विवाह वैध है।
2. इस प्रकार के विवाह से उत्पन्न होने वाली कोई भी संतान अवैध न होगी।
3. यदि पुनिर्विवाह करने वाली नाबालिग है, और पहले पति से उसका यौन सम्बन्ध स्थापित नहीं हुआ है तो पुनर्विवाह करने के लिये पिता, दादा, बड़े भाई या नजदीक के किसी पुरुष की स्वीकृति आवश्यक है।
4. यदि विधवा बालिग है और यदि पुनर्विवाह में यौन-सम्बन्ध स्थापित हो चुका है तो विधवा की अपनी स्वीकृति की काफी है।
5. हिन्दू विधवा का पुनर्विवाह अपने पूर्वभूत पति की सम्पत्ति, भरण-पोषण या वसीयतनामा के द्वारा प्राप्त सीमित अधिकारों के सम्बन्ध में उसकी मृत्यु की स्थिति के बराबर होगी जब तक तक कि वसीयतनामें में उसे पुनर्विवाह के सम्बन्ध में स्पष्ट आज्ञा प्राप्त न हो। अर्थात् पुनर्विवाह करने वाली विधवा का अपने पूर्वभूत पति की सम्पत्ति आदि पर अधिकार नहीं होगा।
6. यदि पति के वसीयननामा या पति के परिवार के सदस्यों के समझौते के अनुसार उसे पति की सम्पत्ति पर पूर्ण अधिकार मिल गया हो, तो वह पुनर्विवाह के बाद भी अपने अधिकारों का उपभोग करती रहेगी।

(6) सती-प्रथा निवारण अधिनियम, 1829, 1987—पति की मृत्यु होने पर पत्नी को भी साथ ही दाहसंस्कार कर दिया जाता था, जिसे सती प्रथा कहा जाता था। यह प्रथा सन् 1829 से पूर्व भारत में बहुत प्रचलित थी। इसका स्वरूप बहुत ही हृदय विदारक एवं मानव सभ्यता के खिलाफ था। इसका प्रचलन सभ्य समाज में कैसे सम्भव हो सका यह वास्तव में आश्चर्य का विषय है। फिर भी इसका राजनीतिक

और धार्मिक आधार अवश्य ही था। मुसलमानों के आ जाने के बाद हिन्दुओं में रक्त की शुद्धता को बनाये रखने की समस्या काफी गंभीर हो गई थी। क्योंकि वह हिन्दू कन्याओं से शादी तो करते ही थे परन्तु विधवाओं से भी विवाह करने में कोई आपत्ति न थी। इस समस्या के निदान के लिए बाल-विवाह बहुत अधिक होने लगा तथा समाज में विधवा ना रहे इसके लिए उन्हें पति की चिता में जलाकर मार देने की परम्परा की शुरुआत हुई और उन्हें प्रलोभन दिया जाता था कि इससे स्वर्ग की प्राप्ति होगी। लेकिन धीरे-धीरे यह प्रथा अमानुषिक और हृदय-स्पर्शी हो गई। सती होना तब विधवाओं की इच्छा पर निर्भर न रहकर तथाकथित समाज-नेताओं के आदेश पर आधारित हो गया। विधवा को अफीम खिलाकर बेहोश करके उसे जबरदस्ती जलती हुई चिता में डाल दिया जाता था और अगर वह भागने की कोशिश करती तो बल्लम और बांसों से कोस-कोसकर जिन्दा ही जलकर राख हो जाने के लिए मजबूर किया जाता था। अनेक व्यक्ति मिलकर उस चिता को घेर लेते थे तथा ढोल, नगाड़ा, शंख की आवाज से उस जलती हुई विधवा का समस्त हाहाकार उस कोलाहल में डूब जाता था। सभ्य मनुष्यों का यह बर्बर और पाशविक रूप शायद मानव-इतिहास में विरल है।

सती प्रथा का सबसे पहले विरोध राजा राममोहन राय ने किया। वह उस दौर के सबसे प्रसिद्ध समाज सुधारक थे। उनके नेतृत्व में जो आन्दोलन उस समय बंगाल में चला उसके फलस्वरूप सन् 1829 में सती-प्रथा निवारण अधिनियम पास किया गया, जिसके अनुसार यदि कोई व्यक्ति किसी भी विधवा को सती होने के सम्बन्ध में किसी प्रकार की प्रत्यक्ष या अप्रत्यक्ष सहायता करेगा तो वह दण्डनीय अपराधी होगा। धीरे-धीरे जनमत भी इस नियम के अनुकूल हो गया, फलस्वरूप सती प्रथा बिल्कुल खत्म हो गई। सन् 1987 में सरकार ने इस अधिनियम की विस्तृत समीक्षा करके उसे और अधिक प्रभावी बनाया है।

(7) हिन्दू उत्तराधिकार अधिनियम, 1956—हिन्दू स्त्रियों के साम्पत्तिक अधिकार के सम्बन्ध में यह अधिनियम सबसे ज्यादा महत्वपूर्ण है। अधिनियम की चार प्रमुख विशेषतायें हैं। उत्तराधिकार से सम्बन्धित दायभाग और मिताक्षरा नियमों को समाप्त कर दिया गया है। और समस्त हिन्दुओं के लियें एक-सा कानून हो गया हैं। (ख) हिन्दू स्त्री की सीमित सम्पत्ति को समाप्त करने उसे सम्पत्ति पर पूर्ण अधिकार दिया गया है। (ग) स्त्री तथा पुरुष उत्तराधिकारियों में किसी प्रकार का भी भेद नहीं रहा, अर्थात् स्त्रियों का सम्पत्ति कर अधिकार पुरुषों के समान होगा और (घ) स्त्री को पारिवारिक सम्पत्ति में अधिकार प्रदान किया गया है। इस अधिनियम

के अन्तर्गत स्त्री को पुत्री, पत्नी तथा माता के रूप में जो साम्पत्तिक अधिकार मिले है, वे निम्न हैं–

पत्नी के रूप– हिन्दू स्त्रियों का सम्पत्ति पर अधिकार अधिनियम, 1937 के अनुसार विधवा पत्नी को अपने मृत पति की सम्पत्ति में लड़कों के बराबर हिस्सा मिलता था, पर यह अधिकार सीमित था। विधवा केवल अपने जीवनकाल में इस सम्पत्ति का उपयोग कर सकती थी, दान में या उपहार में वह उस सम्पत्ति को न तो किसी को दे सकती थी और न बेच हो सकती थी। अब सन् 1956 के अधिनियम के अनुसार विधवा स्त्री को भी पति की सम्पत्ति पर सीमित नहीं, पूर्ण अधिकार प्राप्त हो गया है। अब वह जिस प्रकार भी चाहेगी अपने हिस्से की सम्पत्ति का उपभोग कर सकेगी। संतान न होने की दशा में पति की सम्पत्ति पर विधवा का अधिकार होगा। यदि यह विधवा पुनर्विवाह कर लेगी तो उस सम्पत्ति पर उसका अधिकार समाप्त हो जाएगा और वह सम्पत्ति पति के परिवार को लौट जाएगी।

माता के रूप में–भारत के दक्षिण-पश्चिम भाग में प्रचलित मरूममकट्टयम कानून के अन्तर्गत माता का पुत्र की सम्पत्ति में हिस्से के लिए प्रावधान था। इसके अतिरिक्त भारत के किसी भी अन्य कानून के अन्तर्गत यह अधिकार नहीं दिया गया था। इससे बहुधा माता को पुत्र की मृत्यु के बाद अनेक आर्थिक कठिनाइयों का सामना करना पड़ता था। माता को पुत्र-वधू और मात्र पौत्रियों की दृष्टि में एक सम्मानित पद प्रदान करने के उद्देश्य से इस अधिनियम में माता को भी पुत्र की सम्पत्ति में उसके पत्नी और बच्चों के बराबर एक हिस्सा मिलेगा।

पुत्री के रूप में–जब तक यह कानून पास नहीं हुआ था उस समय तक दायभाग और मिताक्षरा उत्तराधिकार प्रणाली में यह व्यवस्था नहीं थी कि पुत्री को अपने पिता की सम्पत्ति में अधिकार हो। अब यह अधिनियम दायभाग और मिताक्षरा प्रणालियों को समाप्त कर देता है और लड़की को पुत्र के साथ, पुत्र के समान ही पिता की सम्पत्ति पर अधिकार प्रदान करता है।

(8) दहेज प्रतिबन्ध अधिनियम, 1961, 1984, 1986–दहेज प्रथा को खत्म करने की दिशा में सरकारी कानून का पास होना पहला कदम था। विभिन्न समाज सुधारकों ने इस कानून को उचित ठहराया। इस कानून का उल्लंघन करते हुए जो भी कुछ दहेज दिया जाएगा वह सभी पत्नी की सम्पत्ति मानी जाएगी और पत्नी को या उसके उत्तराधिकारियों को प्राप्त होगी। इस विधेयक को 22 मई, सन् 1961 को राष्ट्रपति की स्वीकृति भी प्राप्त हो गई है और इस प्रकार यह विधेयक अब कानून के रूप में 1 जुलाई सन् 1961 से लागू हो गया है। इस अधिनियम

में दस धाराएँ है। उन दस धाराओं में से कुछ प्रमुख धाराओं का वर्णन यहाँ किया जा रहा है।

धारा 3 के अनुसार– यदि कोई व्यक्ति दहेज देता या लेता या देने-लेने में मदद करता है तो उसे 6 माह कारावास और पाँच हजार रुपये तक जुर्माना हो सकता है।

धारा 4 के अनुसार– यदि वर या कन्या के माता-पिता या संरक्षक से प्रत्यक्ष रूप में कोई व्यक्ति दहेज माँगता है तो उसे भी उपरोक्त दण्ड दिया जा सकता है।

धारा 5 के अनुसार–दहेज लेने-देने से सम्बन्धित किसी भी प्रकार का समझौता गैर-कानूनी होगा।

धारा 6 के अन्तर्गत–दहेज के उद्देश्य को भी निश्चित कर दिया गया है। दहेज का उद्देश्य केवल विवाह करने वाली कन्या के लाभ के लिए होगा। यदि कन्या के अतिरिक्त कोई दूसरा व्यक्ति विवाह के पहले दहेज स्वीकार करता है तो उसे दहेज विवाहित स्त्री को विवाह के एक साल के अन्दर दे देना पड़ेगा। यदि यह दहेज देने के समय नाबालिग है तो उसकी 19 वर्ष की अवस्था तक दे देना होगा। जब तक यह धन दहेज उस कन्या को नहीं दे दिया जाता तब तक वह व्यक्ति जिसके पास वह धन है, उसे अपने पास संरक्षक की हैसियत से ही रख सकता है। इस धन को कन्या को लौटाने वाले व्यक्ति को भी उपरोक्त दण्ड दिया जायेगा। कन्या की मृत्यु के बाद उस दहेज के धन पर उसके उतराधिकारी का अधिकार होगा।

धारा 7 के अनुसार–इस अधिनियम के अन्तर्गत होने वाले अपराधों पर तभी विचार करेगी जबकि (क) इस सम्बन्ध में कोई लिखित शिकायत की जाये, (ख) यह शिकायत किसी प्रथम श्रेणी के मजिस्ट्रेट की अदालत में की जाये, तथा (ग) दहेज लेन-देन के एक वर्ष के अन्दर ही यह शिकायत कर दी जाये। यहाँ एक बात विशेष उल्लेखनीय है कि उड़ीसा बिहार, पश्चिम बंगाल, हरियाणा, पंजाब और हिमाचल प्रदेश की राज्य सरकारों ने इस अधिनियम को संशोधित रूप में लागू करके अधिक प्रभावी बना दिया है।

केन्द्रीय सरकार ने इस अधिनियम में समय-समय पर पर्याप्त-संशोधन भी किये हैं। दहेज प्रतिबन्ध संशोधन अधिनियम 1984, जो कि 2 अक्टूबर 1985 से लागू किया गया, के अनुसार दहेज लेने या देने के अपराध के लिए सजा दो वर्ष तथा जुर्माने की राशि दस हजार रुपये कर दी गयी है। इस कानून में दहेज प्रतिबन्ध संशोधन अधिनियम 1986, के द्वारा पुनः संशोधन किया गया है। इस संशोधन के द्वारा दहेज सम्बन्धी अपराध के लिए सजा की अवधि पाँच वर्ष और जुर्माने की राशि

को पन्द्रह हजार कर दिया गया है। इस कानून के द्वारा दहेज सम्बन्धी अपराध को गैर-जमानती अपराध बना दिया है। इस कानून के द्वारा देश के इतिहास में पहली बार दहेज मृत्यु या हत्या को एक नये अपराध के रूप में भारतीय दण्ड संहिता में सम्मिलित किया गया है। इस अपराध के लिए सात वर्ष से लेकर आजन्म कारावास की सजा का प्राविधान किया गया है। साथ ही, इस कानून को प्रभावपूर्ण रूप में लागू करने के उद्देश्य से राज्य सरकारों द्वारा दहेज निरोधक अधिकारी नियुक्त करने का भी नियम बनाया गया है।

(9) मुस्लिम महिला तलाक के अधिकारों का संरक्षण अधिनियम 1986—केन्द्र सरकार ने कुछ दिन पहले इस कानून को पास किया है। इस कानून का उद्देश्य मुस्लिम महिलाओं, विशेषकर तलाकशुदा महिलाओं को संरक्षण प्रदान करना है। इस अधिनियम के अनुसार किसी तलाकशुदा मुस्लिम महिला को इद्दत की अवधि तक अपने पूर्व पति से गुजारा भत्ता पाने का हक है। और अगर वह महिला तलाक के पूर्व या बाद में किसी बच्चे की जन्म तीथी की 2 वर्ष बाद तक कायम रहेगा। इसके साथ ही उसे महर वापिस पाने का अधिकार होगा तथा सभी निजी वस्तु को साथ रखने का अधिकार होगा।

मुस्लिम महिला को अगर तलाक के समय सब कुछ नहीं दिया जाता है तो वह मजिस्ट्रेट के समक्ष आवेदन कर सकती है जो उसे उसके पूर्व पति से वह सब दिलवायेगा। इद्दत की अवधि के बाद अगर तलाकशुदा महिला अपना निर्वाह स्वयं करने में सक्षम नहीं है तो मजिस्ट्रेट को यह अधिकार होगा कि वह उस महिला को उसके रक्त सम्बन्धी रिश्तेदारों से, जो इस्लामी कानून के अनुसार उसकी मृत्यु के बाद सम्पत्ति के अधिकारी होंगे, उनके द्वारा पायी जाने वाली सम्पत्ति के अनुपात में, गुजारा भता देने का आदेश दे। यदि कोई रिश्तेदार गुजारा भत्ता न दे सके क्योंकि उसके पास रुपये की कमी हो तो मजिस्ट्रेट सक्षम रिश्तेदारों को गुजारा भत्ता देने का निर्देश देगा और अगर उस महिला का कोई खून से जुड़ा रिश्तेदार न हो या ऐसे समस्त रिश्तेदार गुजारा दे पाने में सक्षम न हों तो मजिस्ट्रेट के निर्देश पर वक्फ बोर्ड उसे गुजारा भत्ता देगा। अगर कोई मुस्लिम पति और पत्नी दोनों कानून द्वारा तलाक नहीं लेना चाहता हो तो वह दम्पत्ति आपराधिक विधि संहिता की धारा 125 के अनुसार तलाक पर निर्णय करवा सकते हैं।

अधिनियम का प्रभाव—चूँकि यह अधिनियम हाल ही में पास हुआ है, इसलिये मुस्लिम समाज के ऊपर इस अधिनियम का क्या प्रभाव होगा इसका वर्णन अभी नहीं किया जा सकता है। हाँ, सरकार का यह दावा अवश्य है कि इस कानून

से तलाकशुदा मुस्लिम महिलाओं को आर्थिक लाभ प्राप्त हो सकेगा। लेकिन वास्तव में, इस कानून से मुस्लिम महिलाओं की स्थिति और भी दयनीय हो जाने की सम्भावनाएँ अधिक हैं। क्योंकि अब एक मुस्लिम पति अपनी पत्नी को तलाक देकर तीन माह इद्दत की अवधि तक जीवन-निर्वाह व महर की रकम लौटाकर आसानी से मुक्त हो सकता है और पुनर्विवाह भी कर सकता है। यह स्थिति परिवार की स्थिरता के लिए भी घातक है।

12

सामाजिक विधानों का परिवार तथा विवाह पर प्रभाव

समाज में इस समय बहुत तेजी से बदलाव हो रहा है। सभी सामाजिक व्यवस्था बदल गई है और उसमें विभिन्न प्रकार के क्रान्तिकारी परिवर्तन भी घटित हुए। युग के साथ कदम से कदम मिलाकर चलने के लिए जरूरी था कि परिवार तथा विवाह से संबंधित प्राचीन व्यवस्था में संशोधन कर दिया जाए जिससे नई परिस्थिति के साथ तालमेल बिठाया जाए एवं परिवार और विवाह संस्था की आवश्यकताओं की पूर्ति की जाए। इसी उद्देश्य को पूर्ण करने के लिए सरकार ने कुछ विधानों को पास किया। इन विधानों के परिवार तथा विवाह पर अनेक महत्वपूर्ण प्रभाव पड़े हैं जिसके संक्षिप्त विवरण इस प्रकार हैं—

(1) हिन्दू-विधवा-पुनर्विवाह अधिनियम, 1856 का प्रभाव—विधवा को पुनर्विवाह की इजाजत नहीं थी। इस अधिनियम का सबसे अधिक प्रभाव विवाह संस्था पर पड़ा है। इस अधिनियम ने विधवाओं की इस निर्योग्यता को दूर कर दिया है और यह निश्चित कर दिया है कि विधवा का दूसरा विवाह तथा उससे उत्पन्न होने वाली संतानें वैध होंगी। साथ ही यदि विधवा बालिग हो गई है तो विवाह विषय में उसकी स्वयं की स्वीकृति ही पर्याप्त होगी।

(2) हिन्दू-विवाह एवं विवाह-विच्छेद अधिनियम का प्रभाव—यह अधिनियम मई 1955 में लागू हुआ। हिन्दू समाज के विवाह की भिन्न-भिन्न अवस्थाओं पर इस कानून का प्रभाव पड़ा एवं इसके प्रभाव से परिवार भी अछूता नहीं रहा। इस अधिनियम का सबसे पहला प्रभाव परिवार पर यह पड़ा है कि इसके पास होने के बाद परिवार में पुरुष की प्रभुता कम हो गई है। इसके पहले परिवार में पति और पिता के रूप में पुरुष को असीमित अधिकार प्राप्त थे। पुरुष अपने मनमाने ढंग से

स्त्रियों पर शासन करता था और साथ ही परिवार के मामले में स्त्रियों को कोई भी महत्व नहीं देता था। लेकिन इस अधिनियम के पास होने के बाद स्त्री और पुरुष दोनों के लिए विवाह की कुछ शर्तों को मानना अनिवार्य हो गया है और साथ ही साथ स्त्रियों को भी विवाह-विच्छेद के सम्बन्ध में अधिकार मिल गए है। इस अधिकार के फलस्वरूप पुरुष अब स्त्रियों पर उतना अत्याचार करने का साहस नहीं करता जैसा कि वह पहले करता था। इस अधिनियम का परिवार पर दूसरा प्रभाव यहं पड़ा है कि इस अधिनियम के पास हो जाने के बाद हिन्दू परिवार का स्थायित्व प्रभावित हुआ है। इसके पहले विवाह-विच्छेद की आज्ञा नहीं थी। विवाह-बन्धन एक अटूट बन्धन माना जाता था इसलिए परिवार का स्थायित्व भी आजन्म काल के लिए बहुत-कुछ निश्चित था। किन्तु इस अधिनियम ने उस निश्चितता को प्रभावित किया है, क्योंकि इस अधिनियम का उपयोग करके अब विवाह विच्छेद के द्वारा परिवार के स्थायित्व को किसी भी समय चोट पहुँचाई जा सकती है।

हिन्दू विवाह एवं विवाह-विच्छेद अधिनियम के अनेक महत्वपूर्ण प्रभाव विवाह संस्था पर भी पड़े हैं जो कि संक्षेप में निम्नलिखित हैं–

(i) अन्तर्जातीय विवाह–हिन्दु समुदाय में अपनी ही जाति से शादी का प्रावधान था आन्तर्विवाह के अनुसार भी अपनी ही जाति में विवाह करने का निर्देश है। दूसरे शब्दों में हम कह सकते हैं कि हिन्दू-विवाह में अन्तर्जातीय विवाह करने की आज्ञा नहीं हैं। उपरोक्त का हिन्दू विवाह पर एक बहुत महत्वपूर्ण प्रभाव यह पड़ा है कि इस अधिनियम के अनुसार हिन्दू विवाह के अन्तर्विवाह से सम्बन्धित नियम को अनिवार्य नहीं रखा गया, इसे ऐच्छिक बना दिया गया है। अर्थात् यह विवाह करने वाले पक्षों की इच्छा पर निर्भर करेगा कि वे अन्तर्विवाह करें या अन्तर्जातीय विवाह करें। संक्षेप में, इस अधिनियम ने अन्तर्जातीय विवाह सम्बन्धी समस्त वैधानिक व समाजिक अड़चनों को दूर कर दिया है। हिन्दू विवाह अधिनियम के अन्तर्गत हिन्दू की परिभाषा में हिन्दुओं के अतिरिक्त बौद्ध, जैन तथा सिक्ख भी सम्मिलित हैं। इस अधिनियम का प्रमुख उद्देश्य यह था कि हिन्दू विवाह के क्षेत्र को बहुत विस्तार रूप दे दिया जाए। यह हिन्दू विवाह पर इस अधिनियम का एक उल्लेखनीय प्रभाव है।

(ii) जीवन-साथी का चुनाव–हिन्दू विवाह अधिनियम का एक और उल्लेखनीय प्रभाव यह है जिसकी उम्र 21 वर्ष या उससे अधिक है। उसे विवाह करने के लिए अपने जीवन साथी को चुनने की पूरी स्वतंत्रता है। परम्परागत रूप में हिन्दू विवाह के अन्तर्गत विवाह-साथी का चुनाव और अन्तिम निर्णय माता-पिता या संरक्षकों के इस इस एकाधिकार को उपरोक्त अधिनियम ने कम कर दिया है। अब यदि युवक

व युवती अपनी विवाह-साथी का चुनाव स्वयं कर लेते हैं और विवाह करना चाहते हैं, पर यदि माता-पिता ऐसे विवाह की आज्ञा नहीं भी देते हैं, तो भी वे दोनों युवक अपने माता-पिता या संरक्षकों की सहमति के बिना ही रजिस्ट्री करवाकर विवाह कर सकते हैं, बशर्ते कि वे 21 वर्ष से कम आयु के नहीं हैं।

(iii) बाल-विवाह पर प्रतिबन्ध—हिन्दू समुदाय में यह धारणा व्याप्त थी कि लड़की की शादी जितनी जल्दी हो जाए उतना बेहतर है इसी परम्परागत धारणा के अधीन लड़के-लड़कियों की शादी कम उम्र में कर दी जाती थी। हिन्दू विवाह से सम्बन्धित इस धारणा को सन् 1955 के हिन्दू विवाह अधिनियम में बदलने का प्रयत्न किया गया है। इस अधिनियम के अनुसार विवाह के समय वर की आयु कम से कम 18 वर्ष और वधू की आयु कम से कम 15 वर्ष होनी चाहिए। सन् 1929 के शारदा एक्ट के बाद इस अधिनियम में इस न्यूनतम आयु को दोहराने का सबसे बड़ा तात्पर्य बाल-विवाह को रोकने का फिर से प्रयत्न करना है।

(iv) एक-विवाह—उपरोक्त अधिनियम के पास होने से पहले एक समय में एक से अधिक स्त्रियों से विवाह बहुपत्नी विवाह करने की प्रथा हिन्दू समाज में खूब प्रचलित थी। बंगाल और बिहार में एक-एक कुलीन पुरुष की सौ से भी अधिक पत्नियाँ होती थीं और उन्हें अपनी पत्नियों के बारे में याद रखने के रजिस्टर रखना पड़ता था। परन्तु उपरोक्त कानून ने इस महान् दोष को दूर कर दिया। इस अधिनियम में अब विवाह की पहली शर्त यह है कि विवाह तभी वैध होगा जब विवाह के समय दोनों पक्षों में से किसी का भी विवाह-साथी अर्थात् पति या पत्नी जीवित न हो। एक-विवाह होने से अब स्त्रियों को केवल संतान उत्पन्न करने तथा भोग विलास का साधन समझने की प्रवृत्ति पर रोक लग गई है और पारिवारिक जीवन भी सुखी हो गया है।

(v) विधवा-पुनर्विवाह—परम्परागत रूप में विधवाओं को यह अधिकार नहीं दिया गया कि वे फिर से विवाह करें, क्योंकि यह हिन्दू-विवाह के तथाकथित आदर्श के विपरीत है। उपरोक्त कानून के पास होने से पुनर्विवाह करने के सम्बन्ध में विधवाओं के अधिकारों को फिर से एक बार वैधानिक मान्यता प्राप्त हो गई है, यद्यपि हिन्दू विधवा पुनर्विवाह अधिनियम, 1956 ने ही पुनर्विवाह की समस्त निर्योग्यताओं को दूर कर दिया था। हिन्दू विवाह अधिनियम में हिन्दू विवाह की प्रथम शर्त यह है कि विवाह के समय किसी भी पक्ष का विवाह-साथी जीवित न हो। चूँकि विधवाएँ वे स्त्रियाँ हैं जिनके पति का देहान्त हो गया है अर्थात् उनका विवाह-साथी जीवित

नहीं होता है, अतः हिन्दू विवाह अधिनियम के अनुसार यदि विधवाएँ विवाह करती हैं तो उनका वह विवाह वैध होगा।

(vi) विवाह-विच्छेद—पारसी तथा मुसलमानों में विवाह-विच्छेद मान्य है, परन्तु हिन्दू विवाह के परम्परागत विधान में ऐसी कोई सुविधा प्राप्त नहीं है, विशेषकर, ऊँची जातियों में विवाह-विच्छेद के प्रतिकूल धारणा अभी हाल तक बहुत दृढ थी। हिन्दू विवाह एक धार्मिक व पवित्र संस्कार माना जाता है, इसलिए यह अटूट है। अतः विवाह-विच्छेद मान्य नहीं था। विवाह-विच्छेद के इन निषेधों के साथ धार्मिक धारणाओं को भी जोड़ दिया गया जैसे विवाह-सम्बन्ध स्वर्ग में ही निश्चित होता है, इसलिए उसे जोड़ने का अधिकार केवल ईश्वर को ही है। साथ ही लड़कियों को बचपन से ही शिक्षा दी जाती थी कि पति देवता है और उसकी सेवा करना ही पत्नी का परम धर्म है। चाहे पति दुश्चरित्र हो, अत्याचारी हो, पत्नी के जीवन को नष्ट कर रहा हो या नपुंसक हो पत्नी को उसी के साथ ही समस्त जीवन बिताना होगा। किसी भी आधुनिक अर्थ में इसे उचित नहीं माना जा सकता है। अतः स्त्रियों की दशा को उन्नत करने के लिए पुरुषों के पक्ष में हिन्दू विवाह के एकतरफा नियमों को समाप्त करने के लिए, समानता और सामाजिक न्याय के सिद्धान्तों को मान्यता देने के लिए, दुखी वैवाहिक जीवन को सुखी बनाने के लिए और विवाह संस्था का गतिशील समाज के साथ अनुकूलन करने में सहायता करने के लिए सन् 1955 का हिन्दू विवाह और विवाह विच्छेद अधिनियम पास किया गया है। यद्यपि इस अधिनियम में विवाह-विच्छेद सम्बन्धी शर्तें इतनी सरल नहीं हैं कि सरलता से मनचाहे तौर पर विवाह-विच्छेद किया जा सके फिर भी विवाह-विच्छेद की मान्यता देकर इस अधिनियम ने पुरुषों के निरंकुश अधिकार पर अंकुश लगाकर हिन्दू विवाह के परम्परागत आधार को बदल दिया है। हो सकता है आरम्भ में कुछ परिवार विघटित हो जाएं, या स्त्रियों के सम्मुख समस्या गंभीर प्रतीत हो। दुनिया के अन्य देश के अनुभव से आगे चलकर इस सम्बन्ध में विशेष चिन्ता की कोई बात नहीं है।

इस अधिनियम का प्रभाव यह हुआ है कि द्वि-विवाह को दण्डनीय करार दिया गया है। ऐसा विवाह न कानून की दृष्टि से अवैध है बल्कि उसके लिए दण्ड भी दिया जायेगा। इस अधिनियम का एक और प्रभाव यह हुआ है कि इस अधिनियम के पास हो जाने के बाद विवाह की आवश्यक शर्तें व दशाएँ सुस्पष्ट तथा सरल हो गई हैं। इन शर्तों में विवाह के समय कोई जीवित विवाहित जीवन-साथी न होना, कोई भी पक्ष पागल या मूढ़ न होना, विवाह के समय वर की आयु 18 वर्ष और वधू

की आयु 15 वर्ष की होना, वर-वधू निषिद्ध सम्बन्धों के अन्तर्गत न होना इत्यादि विशेष रूप से उल्लेखनीय हैं। साथ ही इस अधिनियम के पास हो जाने के बाद कुछ निश्चित अवस्थाओं के अन्तर्गत न्ययिक पृथक्करण तथा विवाह-विच्छेद अब मान्य हो गया है। यह अधिकार पहले हिन्दू विवाह के परम्परागत नियमों के अन्तर्गत प्राप्त नहीं था।

(3) दहेज-प्रतिबंध अधिनियम, 1961 के प्रभाव—इस अधिनियम का प्रभाव परिवार तथा विवाह संस्था पर पड़ा है। विवाह की शर्त के रूप में वर मूल्य देना दण्डनीय अपराध है, इसलिये अब लोग वर-मूल्य लेने से डरने लगे है, यद्यपि वर मूल्य देना या लेना अब भी बन्द नहीं हुआ है और लोगों को जो कुछ लेना या देना होता है उसे स्वेच्छा से दी गई भेंट के रूप में लेते या देते हैं। फिर भी विवाह की आवश्यकता शर्त व अंग के रूप में वर-मूल्य का स्थान अब अवैधानिक हो गया है। साथ ही, इस अधिनियम के पास हो जाने से परिवार में स्त्रियों का सम्मान बढ़ जाने की आशा की जाती है।

(4) हिन्दू उत्तराधिकार अधिनियम, 1956 का प्रभाव—इस अधिनियम का सबसे ज्यादा प्रभाव परिवार पर पड़ा है। इस अधिनियम के अनुसार स्त्री को पत्नी के रूप में, माता के रूप में, पुत्री के रूप में पुरुषों के समान साम्पत्तिक अधिकार प्राप्त हो गए हैं। यह अधिकार प्राप्त हो जाने से पारिवारिक सम्बन्ध प्रभावित हुआ है। इसका कारण भी स्पष्ट है। साम्पत्तिक अधिकार मिल जाने से पत्नी, माता और पुत्री के रूप में परिवार में स्त्रियों का आदर बढ़ गया है। साथ ही इस अधिनियम के कारण संयुक्त परिवार के आर्थिक आधार को चोट पहुँचती है। यह अधिनियम पुत्रों को भी समान साम्पत्तिक अधिकार देता है। इससे परिवार की सम्पत्ति का विभाजन होने का अंन्देशा अधिक होता है। साथ ही यह अधिनियम दायभाग और मिताक्षरा इन दो प्रकार की परिवार प्रणालियों को समाप्त कर देता है।

(5) विशेष विवाह अधिनियम, 1954 का प्रभाव—इस अधिनियम का प्रभाव सिर्फ वैवाहिक संस्था पर पड़ा है। इसके अतिरिक्त अन्तर्जातीय विवाह की वैधानिक अड़चनें दूर हो गई हैं। अब हिन्दू, मुसलमान, ईसाई आदि विभिन्न धर्म के मानने वाले आपस में विवाह कर सकते हैं। विवाह करते समय यह घोषणा करना भी जरूरी नहीं हैं कि विवाह करने वाले स्त्री-पुरुष धर्म को नहीं मानते हैं।

(6) बाल-विवाह अवरोध अधिनियम, 1929 का प्रभाव—यह अधिनियम जब अस्तित्व में आया तो इसका सबसे अधिक प्रभाव परिवार और विवाह दोनों संस्थाओं पर पड़ा। विवाह पर इसका प्रभाव यह है कि इसके द्वारा बाल-विवाह रोकने

का प्रयत्न किया गया है तथा यह कहा गया है, कि विवाह के समय वर की आयु 18 वर्ष से कम और वधू की आयु 15 वर्ष से कम की नहीं होनी चाहिए। इस प्रकार का विवाह करने वाले-करवाने वालों को दण्ड देने का विधान इस अधिनियम में है। इस अधिनियम का परिवार पर यह प्रभाव पड़ा है कि इस अधिनियम के पास हो जाने पर विवाह की आयु अब ऊँची उठ गई है। जिसके फलस्वरूप परिवार में वधू की स्थिति पूर्व की अपेक्षा अच्छी हो गई है और छोटी आयु वाली वधुओं पर पहले जो अत्याचार होते थे वह भी अब कुछ कम हो गये हैं। विवाह की उम्र सीमा बढ़ने के फलस्वरूप लड़कियों को उच्च शिक्षा ग्रहण करने का अवसर प्राप्त हुआ। परन्तु शिक्षित लड़कियाँ प्रायः संयुक्त परिवार के वातावरण से अपना अनुकूलन नहीं कर पाती हैं, और अपने पति के साथ मिलकर संयुक्त परिवार से अलग हो जाती है। इससे संयुक्त परिवार का विघटन होता है।

सामाजिक विधान की उपयोगिता एवं महत्व

भारत में सामाजिक सुधार की दृष्टि से सामाजिक विधान का बहुत महत्व है। वर्तमान युग की पृष्ठभूमि से भारत में कुरीतियों का साम्राज्य है। इस कारण उन्हें दूर करने के लिए जो भी सामाजिक विधान पास किया जाएगा, वह वास्तव में लाभकारी सिद्ध होगा। भारत की प्रमुख सामाजिक समस्याओं और कुरीतियों में स्त्रियों की गिरी हुई दशा, विवाह सम्बन्धी उनकी अनेकों निर्योग्ताएँ जैसे, बाल-विवाह पर रोक, अन्तर्जातीय विवाह पर प्रतिबन्ध, विवाह-विच्छेद का अधिकार न होना, बहुपत्नी विवाह, दहेज प्रथा, जाति-प्रथा आदि जाति-प्रथा के आधार पर समाज का असमान खण्ड विभाजन और सामाजिक विषमता, अस्पृश्यता, पिछड़े, निर्बल और शोषित वर्गों की समस्या, स्त्रियों का अनैतिक व्यापार, स्त्रियों का पिता की सम्पत्ति पर अधिकार न होना आदि विशेष उल्लेखनीय समस्याएँ है। इनमें से किसी समस्या की अगर विवेचना की जाए तो हम यह देखेंगे कि उस समस्या या निराकरण सामाजिक प्रगति के लिए बहुत आवश्यक है। उदाहरणार्थ बाल-विवाह की समस्या को ही लीजिए। इस कुप्रथा का व्यक्तिगत और सामाजिक दुष्परिणाम यह होता है कि इसका अत्यधिक बुरा प्रभाव बाल-दम्पति के स्वास्थ्य पर पड़ता है, दुर्बल संतान उत्पन्न होती है, शिक्षा में और व्यक्तित्व के विकास में बाधा पहुँचती है, अधिक माताओं की मृत्यु होती है, जनसंख्या बढ़ती है, बाल-विधवा की समस्या उत्पन्न होती है।

विधवाओं के पुनर्विवाह पर प्रतिबन्ध के कारण हिन्दू समाज में विधवाओं की अवस्था हृदयस्पर्शी होती है, अनुचित यौन सम्बन्ध, वेश्यावृत्ति तथा धर्म-परिवर्तन को

बढ़ावा मिलता है, विधवाओं के व्यक्तित्व का विकास नहीं हो पाता है, उनके बच्चों के जीवन की बर्बादी होती है, वे परिवार पर नहीं राष्ट्र पर भी बोझ बन जाती हैं। उसी प्रकार अस्पृश्यता के कारण सामाजिक एकता में बाधा पहुँचती है, राजनीतिक फूट उत्पन्न होती है, आर्थिक असमानतायें बढ़ती हैं और समाज को भारी आर्थिक हानि होती है, अशिक्षा, दरिद्रता और निम्न जन-स्वास्थ्य का साम्राज्य होता है। दहेज-प्रथा के कारण कितने ही जीवन और परिवार बर्बाद हो जाते है। आत्महत्या, ऋणग्रस्तता, बेमेल विवाह, कन्याओं का दुखःद वैवाहिक जीवन, परिवारों में तनाव दहेज-प्रथा के ही दुष्परिणाम हैं। इतना ही नहीं प्रायः दो करोड़ भारतीय जनजातियों की अनेक गम्भीर समस्याएँ आज इस समाज के लिए एक महान चुनौती है।

भारतीय जीवन और ढाँचे को खोखला बना देने वाली इन समस्याओं की अवहेलना करने का साहस आज भारतीय समाज या राष्ट्र कदापि नहीं कर सकता। आज इन समस्याओं की भाँति एक ही बारिश में गिर जाएगी राष्ट्र का कुसुम खिलने से पहले ही मुरझा जायेगा। राष्ट्र का रवि असफलताओं के काले बादलों में डूब जाएगा। इन सबसे बचने के लिए राष्ट्रीय सरकार को क्रियात्मक कदम उठाना ही पड़ता है और उसकी अभिव्यक्ति ही सामाजिक विधान है। अतः स्पष्ट है कि केवल सामाजिक सुधार ही नहीं, समाज-कल्याण और पुनर्निर्माण की दृष्टि से भी भारत में सामाजिक विधानों का असाधारण महत्व है। जैसा कि पंचवर्षीय योजनाओं और नए संविधान से पता चलता है, भारत का अंतिम लक्ष्य, समाजवादी ढंग से कल्याणकारी राज्य की स्थापना है। इस लक्ष्य की प्राप्ति के साधन के रूप में सामाजिक विधानों के महत्व को शायद और अधिक स्पष्ट रूप से समझने की आवश्यकता नहीं है। कल्याण राज्य और विकट सामाजिक समस्याओं के पंजे से विमुक्त समाज शायद अलग-अलग नहीं है, और अगर यह सच है, तो अनेक गंभीर समस्याओं से पीड़ित भारतीय समाज में सामाजिक विधानों के महत्व को अस्वीकार नहीं किया जा सकता।

13

सामाजिक सुधार आन्दोलन और बाल विवाह

हमारे राष्ट्र में समय-समय पर सामाजिक परिवर्तन होते आए हैं और इसका एक मुख्य कारण है राजनीतिक बदलाव जिसके साथ-साथ विभिन्न कारणों से संगठन व विघटन होता आया है। इस समाज में हमें गुण तथा दोष के साथ-साथ सकारात्मक तथा निबंधात्मक प्रभाव देखने को मिलते हैं। विस्तृत तौर पर अध्ययन करने से हमें ज्ञात होता है कि जितना प्राचीन भारत का इतिहास है उतना ही प्राचीन सुधारवादी आंदोलन का इतिहास भी है। यदि हम भारत में होने वाले सामाजिक सुधारों के इस इतिहास का सावधानीपूर्वक अध्ययन करें तो हमें पता चलता है कि समाज की कुरीतियों को सुधारने के सम्बन्ध में इस देश में लोग भी कभी भी अन्य देशों के लोगों से पिछड़े हुए नहीं थे। हाँ, हो सकता है कि प्राचीन एवं मध्ययुग का सुधारवादी आन्दोलन वर्तमान सुधारवादी आन्दोलन से बिल्कुल भिन्न हो, पर यह नहीं था कि सुधार के प्रति लोगों की रुचि प्राचीन एवं मध्य युग में हो। प्राचीनकाल में इसका स्वरूप पारस्परिक सहायता, दान, विश्व प्रेम के रूप में था। धर्म में इस सम्बन्ध में अनेक उपदेश व निर्देशों का समावेश था। **डॉक्टर आर. सी. मजूमदार** ने लिखा है, राजा, व्यापारी, जमींदार और अन्य सहायक संगठन अपने साधनों के अनुसार धर्म के पवित्र कार्य के लिये सहायता करने में एक-दूसरे से आगे बढ़ने का प्रयास करते थे। इस प्रकार यह कहा जा सकता है कि प्राचीन काल में सुधारवादी आंदोलन का एक धार्मिक रूप था।

कुलवाक जातक के अनुसार बौद्धकाल में बौधिसत्व के द्वारा समाज-सुधार का काम शुरू किया गया था। युवावस्था में ही उन्होंने गाँव के तीस व्यक्तियों को अपने चारों ओर एकत्र किया और उनको जनता की भलाई व समाज-सुधार के कार्य करने

के लिए प्रेरणा दी। उसी प्रकार कौटिल्य के अर्थशास्त्र के अध्ययन से यह पता चलता है कि मौर्य युग में समाज-कल्याण व सुधार का काम गाँव-पंचायतों के द्वारा होता था।

विभिन्न परिस्थितियों में विदेशी जातियों के आगमन के 13वीं सदी के बाद भारतीय जनसंख्या में मुसलमान भी सम्मिलित हो गए। कुछ मुगल शासकों ने जाति-पांति व धर्म के भेदभाव को बुरा करार दिया और उसे दूर करने के लिये प्रयत्नशील हुये, परन्तु कुछ मुसलमान शासकों ने इस्लाम धर्म को प्रधानता दी जिसके फलस्वरूप हिन्दुओं में एक असुरक्षा की भावना पनपी। इसका चरम रूप 18वीं सदी में देखने को मिला।

अंग्रेजों के भारत में आगमन तथा विभिन्न कम्पनियों के लगाये जाने से मुगल सिंहासन हिल चुका था और प्रान्तों में विद्रोह की आग भड़क रही थी। ऐसे समय में अंग्रेज भारतीयों की आपसी फूट तथा दुर्बलता से लाभ उठाकर इस देश में अपना राज्य कायम कर बैठे तथा आर्थिक व राजनैतिक रूप में उन्होने भारत का खूब शोषण किया। भारतीय समस्याओं और प्रगति के प्रति अंग्रेजों की उदासीन नीतियों के फलस्वरूप उस समय सामाजिक, धार्मिक या सांस्कृतिक क्षेत्र में अव्यवस्था फैली हुई थी। भारतीय समाज अनेक कुप्रथाओं, कुसंस्कारों का शिकार बना हुआ था, लोगों में धार्मिक अन्धविश्वासों की प्रधानता थी और तर्क विज्ञान से कम सम्पर्क। भारतीय समाज व संस्कृति अधकार में भटक रही थी। इन सब दशाओं को देखकर 19वी सदी के कुछ अग्रगण्य भारतीयों ने इस अव्यवस्था को सुधारने के लिये कदम उठाया।

सामाजिक सुधार का अर्थ

समाज कोई समुदाय नहीं है जो लक्ष्य प्राप्ति के बाद समाप्त कर दिया जाय इसमें वह स्थापित होता है जो गतिशील तथा व्यक्तित्व राष्ट्र विकास के लिए विभिन्न क्षेत्रों में प्रावधान होता है। अच्छे तत्व सामाजिक प्रगति के कारण बन जाते हैं और बुरे तत्व सामाजिक के रूप में प्रकट होते हैं और समाज के शरीर पर फोड़ों के भीतर रहकर उसे कष्ट देते रहते हैं और उसकी सामाजिक गति को रोकते हैं। समाज को स्वस्थ बनाने के लिये इन फोड़ों की और फाड़ चीर कर समाप्त कर देने की आवश्यकता होती है। समाज को स्वस्थ व प्रगतिशील बनाने के इस कार्य को ही समाज-सुधार या सामाजिक सुधार कहते हैं। और जो इन कार्यों को करते हैं, उन्हें सामाजिक सुधारक कहकर पुकारा जाता है, स्मरण रहे कि समाज के फोड़े वास्तव में सामाजिक कुरीतियाँ या कुप्रथा, धार्मिक अन्धविश्वास, सामाजिक भेदभाव आदि

होते हैं। इनकी प्रकृति प्रत्येक समाज तथा प्रत्येक युग में अलग-अलग होती है। इसीलिये इन्हें दूर करने या समाप्त करने के लिये किये गये प्रयत्न भी सभी समाजों में तथा सभी युगों में एक समान नहीं हुआ करते। इस दृष्टिकोण से यह कहा जा सकता है कि सामाजिक सुधार एक गतिशील अवधारणा है।

अतः समाज सुधार वह गतिशील कार्य या प्रमुख कार्य है जो सामाजिक कुप्रथाओं, धार्मिक अन्धविश्वासों, सामाजिक-सांस्कृतिक भेदभाव आदि को दूर करने के लिये सामूहिक या व्यक्तिगत रूप में किया जाता है और जिसका कि उद्देश्य सामाजिक विकास के किसी भी चरण में समाज के अन्तर्गत व्यक्ति, परिवार एवं समूह के जीवन को अधिक स्वस्थ व प्रगतिशील बनाना है।

भारत में सामाजिक सुधार आंदोलन का इतिहास

भारत में सामाजिक सुधार आंदोलन का सूत्रपात मुसलमानों की शासन-व्यवस्था थी। मुसलमानों की शासन-नीति धर्म निरपेक्ष नहीं थी, उन्होंने हिन्दुओं को मुसलमान बनाने का प्रयत्न किया। एक ओर, हिन्दू धर्म और जाति का दवाब, और दूसरी ओर, मुस्लिम शासकों का दबाव, इन दोनों के बीच आम जनता की अवस्था बहुत ही संकटमय हो गई। ब्राह्मणों की रक्षात्मक प्रवृत्ति के कारण धर्म और जाति-प्रथा के नियम और भी कठोर हो गये। धर्म में कट्टरपन और अंधविश्वास बढ़ा, बाल-विवाह और सती-प्रथा का प्रचलन तेजी से होने लगा विधवा-पुनर्विवाह पर कठोर प्रतिबन्ध लगे और छुआछूत की भावना बढ़ी। अतः सुधार की आवश्यकता अनुभव की गई। नानक, रामानन्द चैतन्य आदि संतों ने भक्ति आंदोलन चलाया जिसका कि उद्देश्य धर्म-सुधार के साथ समन्वय भी था। इस प्रकार भारत में सामाजिक सुधार आंदोलन में भाक्ति-आंदोलन ही प्रथम था, फिर भी इस सुधार-आंदोलन का कोई स्थायी प्रभाव न पड़ा।

इसके बाद अंग्रेजों का शासन-काल आया। उस समय भी सती प्रथा बाल विवाह, विधवा-पुनर्विवाह पर प्रतिबन्ध, छुआछूत की भावना आदि कुप्रथाओं से भारतीय समाज अत्यधिक पीड़ित था और सुधार आंदोलन को फिर से चालू करने की आवश्यकता थी।

राजा राममोहन राय के साथ-साथ उस समय बंगाल में ईश्वरचन्द्र विद्यासागर ने विधवा-विवाह सम्बन्धी आंदोलन किया और कुछ विधवाओं का पुनर्विवाह भी करवाया। पंडित ईश्वरचन्द्र विद्यासागर के प्रयास से ही यह सम्भव हो सका कि सन् 1956 में हिन्दू विधवा-पुनर्विवाह अधिनियम पास किया गया। 1987 में श्री शशिपद

बनर्जी ने कलकत्ता के निकट बाहर नगर में एक विधवा आश्रम खोला और सन् 1989 में पीड़ित रमाबाई ने बम्बई में विधवा स्त्रियों के लिए शारदा सदन खोला। रमाबाई ईसाई थीं, और अपने आश्रम की स्त्रियों को ईसाई बना लेती थीं। इसलिए सन् 1986 में कार्वे ने हिन्दू विधवा आश्रम खोला।

राजा राममोहन राय का सबसे उल्लेखनीय कार्य सन् 1828 में ब्रह्म समाज की स्थापना थी। इस समाज की स्थापना उपनिषदों के आदर्शों को सम्पमुख रखकर की गई थी। उनकी मृत्यु के बाद महर्षि देवेन्द्र टैगोर ने ब्रह्म समाज का संचालन करते हुए समाज-सुधार के आन्दोलन को चलाया और वेद और वेदान्त का प्रचार शुरू किया। उन्होंने हिन्दू-समाज को सुधारने के हेतु बहुपत्नी विवाह का विरोध किया और विधवा-पुनर्विवाह व स्त्रियों की शिक्षा का समर्थन किया। ब्रह्मसमाज के संचालक के रूप में सुधार आंदोलन को चलाने वालों में केशवचन्द्र सेन का नाम उल्लेखनीय है। सन् 1863 में उन्होंने ही सर्वप्रथम स्त्रियों हेतु वामाबोधिनी नामक पत्रिका प्रकाशित की तथा जाति-भेद को ठुकराकर अन्तर्जातीय विवाह का खुले आम प्रचार किया। आपके नेतृत्व में ब्रह्म समाज का संदेश बंगाल के गाँव-गाँव में पहुँचा।

सन् 1875 में स्वामी दयानन्द सरस्वती ने आर्य समाज की स्थापना की। इनका उद्देश्य न केवल धर्म, को पुनर्जीवित करना था बल्कि जाति-पाति के भेदभाव, अन्तर्जातीय विवाह के सम्बन्ध में प्रतिबन्ध, विधवा पुनर्विवाह पर प्रतिबन्ध आदि के विरुद्ध भी क्रियात्मक आन्दोलन चलाना था। आर्य समाज स्वामी दयानन्द के आदर्शो के अनुसार आज भी इसके विभिन्न भागों में समाज-सुधार कार्य चला रहा है।

सन् 1870 के ही लगभग बंगाल में स्वामी रामकृष्ण परमहंस और बाद में उनके ही शिष्य स्वामी विवेकानन्द के द्वारा समाज-सुधार आंदोलन चलाए गए। सुधार आंदोलन को और भी क्रियात्मक और ठोस रूप देने के लिये स्वामी विवेकानंद जी ने मई सन् 1997 में रामकृष्ण मिशन की स्थापना की जिसका उद्देश्य स्वामी रामकृष्ण की शिक्षाओं का वैदान्तिक धर्म के उजाले में प्रचार करना, विभिन्न धर्म के मानने वालों में मित्रता स्थापित करना, जाति-पांति के भेदभाव को मिटाना और सम्पूर्ण पीड़ित मानव की सेवा करना था।

बंगाल के समाज-सुधारकों द्वारा अपनाए गए तरीकों को राष्ट्र के अन्य भागों, विशेषकर बम्बई तथा महाराष्ट्र के लोगों ने अनुकरण किया। परमहंस सभा के नाम से सन् 1849 में एक समाज बम्बई में बना जिसका उद्देश्य छुआछूत को मिटाना था। सन् 1860 में इस सभा का अन्त हो गया और उसकी जगह केशवचन्द्र सेन द्वारा प्रेरित होकर एक नया समाज, जिसका कि नाम प्रार्थना समाज था, सन् 1867

में स्थापित हुआ। इसके उद्देश्य ब्रह्म समाज के अनुरूप मूर्तिपूजा तथा जाति-पांति का विरोध करना, विधवाओं की पुनर्विवाह में सहायता करना, स्त्रियों में शिक्षा का प्रचार करना आदि-आदि थे। बम्बई के न्यायाधीश रानाडे (1842-1901) एक बहुत बड़े समाज-सुधारक थे। उन्होंने सन् 1861 में एक विधवा विवाह संघ की स्थापना की और बाद में प्रार्थना सभा से अपना नाता जोड़ा। इसके बाद सन् 1887 में समाज-सुधार के लिए एक नया संगठन प्रारम्भ किया गया, जिसका नाम भारतीय समाज सम्मेलन रखा गया। इस सम्मेलन का काम बाल-विवाह को रोकना, दहेज-प्रथा को समाप्त करना, विवाहों की अवस्था की उन्नति करना, स्त्री शिक्षा का प्रचार करना, सामाजिक शुद्धि तथा आत्मसंयम की शिक्षा देना, अन्तर्जातीय विवाह को प्रोत्सहित करना, अछूत वर्गों का सुधार करना तथा हिन्दू-मुस्लिम एकता को बढाना आदि था। यह सम्मेलन रानाडे की अध्यक्षता में सराहनीय कार्य करता रहा।

इसी समय समाज-सुधार के कुछ प्रयत्न मुस्लिम समाज सुधारक सर सरयद अहमद खां के द्वारा भी हुए। सन् 1875 में उन्होंने एक शिक्षा संस्था की स्थापना की जो कि बाद में अलीगढ़ विश्वविद्यालय के नाम से विख्यात हुई। सन् 1882 में पंडिता रमाबाई ने पूना में प्रार्थना समाज के अन्तर्गत हिन्दू-स्त्रियों के समाज सुधार के लिए महिला समाज की स्थापना की।

20वीं सदी में समाज-सुधार आंदोलन को नया रूप प्राप्त हुआ। रानाडे की मृत्यु के पश्चात् चन्द्रावरकर ने उनके कार्यों को सम्भाला। समाज-सुधार कार्यों को और भी विस्तृत करने के लिए एक केन्द्रीय समाज सुधार संघ की स्थापना की गई। सन् 1904 में भारतीय सभी क्षेत्रों से, मुसलमान, सिक्ख, आर्यसमाजी, बौद्ध और बुद्धिवादी एक सम्मेलन हुआ। इस सम्मेलन के महिला वर्ग की बैठक रमाबाई रानाडे के संरक्षण में अलग की गई। सन् 1910 तक इसकी बैठकें लगातार होती रहीं। बी. आर. शिन्दे द्वारा सन् 1909 में भारत दलित वर्ग मिशन समाज की स्थापना बम्बई में शिक्षा सम्बन्धी सुधार कार्य के लिये की गई, जिसके अध्यक्ष चन्द्रावरकर थे। इसी प्रकार की एक संस्था मद्रास में संगठित की गई है। उसी समय देश भर में संयम समाज, विवाह-सुधार संघ, जिला तथा प्रान्तीय समाज सुधारक सम्मेलन आदि सम्पूर्ण देश में तेजी से स्थापित होने लगे।

सन् 1904 में धारवाड़ में हुए एक राजनैतिक सम्मेलन में गोखले ने दलित वर्ग के कल्याणार्थ काम करने की शपथ ग्रहण की। सन् 1904 में सर्वेन्ट्स ऑफ इण्डिया सोसायटी की स्थापना की गई। यद्यपि इसका प्राथमिक उद्देश्य राजनीतिक था, फिर भी प्रारम्भ से ही इसके द्वारा समाज-सुधार, शिक्षा-सुधार तथा दलित वर्ग से

सम्बन्धित अनेक सराहीनय सुधार कार्य किए गए। सन् 1911 में चन्द्रावरकर की अध्यक्षता में समाज सेवा संघ की स्थापना की गई। इस संघ ने बम्बई नगर की सामाजिक दशाओं को सुधारने के लिये कार्य किए। यह संघ बाद में स्र्वेन्ट्स ऑफ सोसायटी के हाथ मिल-जुलकर कार्य करने लगा।

सन् 1906 और 1912 के बीच देश-भर में बहुत से हिन्दू विधवा आश्रमों की स्थापना हुई जिसमें मैसूर का विधवा गृह 1907 कलकत्ता का शिल्प आश्रम 1907 बंगलौर का विधवा आश्रम 1910 का ढाका का दत्ता विधवा आश्रम, मद्रास का ब्राह्मण विधवा छात्रावास, 1912 विशेष रूप से उल्लेखनीय हैं।

सन् 1909 में स्थापित भारत का दलित वर्ग सम्मेलन सन् 1910 में अखिल भारतीय स्तर पर प्रारम्भ किया गया। समाज सेवा सम्मेलन की पहली बैठक सन् 1917 में हुई। उसी वर्ष सन् 1917 में दो महिलायें, डॉ॰ एनी वेसेण्ट तथा काउसिन्स ने मद्रास में महिलाओं के भारतीय संघ की स्थापना की। इनके पश्चात् सन् 1955 में राष्ट्रीस स्तर पर महिलाओं की राष्ट्रीय सभा की स्थापना की गई। अखिल भारतीय महिला सम्मेलन सन् 1927 में आयोजित हुआ। इसके द्वारा बाल-विवाह, बहुपत्नी विवाह, दहेज प्रथा, स्त्री शिक्षा आदि से सम्बन्धित सुधार कार्यक्रम चालू किए गए।

जब राजनीतिक क्षेत्र में गाँधीजी नेता बने तो सन् 1920 में उन्होंने हरिजन सुधार आंदोलन की राष्ट्रीय आंदोलन का एक अभिन्न अंग घोषित किया। सन् 1922 में आपने अस्पृश्यता निवारण आंदोलन को चालू किया। हरिजन सेवक संघ, नयी तालीम संघ आदि की स्थापना गांधीजी के नेतृत्व का फल था। अपनी हरिजन पत्रिका के माध्यम से गाँधीजी ने इस प्रकार के जनमत का निर्माण करने का प्रयत्न किया जिससें छुआछूत जातिवाद, पर्दा-प्रथा, स्त्री-शिक्षा, विधवा पुनर्विवाह आदि से सम्बन्धित कुप्रथाओं का अन्त हो सके। अपने जीवन के अन्तिम दिन तक गाँधीजी एक महान् सुधारक बने रहे और विशेष रूप से हरिजनों के उत्थान के लिये प्रयत्न करते रहे।

आजादी के पश्चात् कांग्रेस सरकार ने भारत को कल्याण राज्य घोषित किया और समाज-सुधार के अनेक उतरदायित्वों को अपने ऊपर लिया। विशेष विवाह अधिनियम, 1954; हिन्दू विवाह तथा विवाह विच्छेद अधिनियम, 1955, दहेज प्रतिबन्ध अधिनियम, 1961; 1986 तक संशोधित, भारत सरकार के द्वारा पारित कुछ ऐसे कानून हैं, जिनका प्रत्यक्ष उद्देश्य समाज-सुधार या सामाजिक कुप्रथाओं को रोकने का प्रयत्न करना है। समाज-कल्याण विभाग, राज्य तथा केन्द्रीय समाज कल्याण मण्डल आदि भी ऐसी राजकीय संस्थायें है जो कि आज समाज सुधार कार्यों

में सक्रिय भाग ले रही है। समाज कल्याण मण्डल का प्रमुख कार्य समाज सुधार के काम में लगी ऐच्छिक संस्थाओं को सहायता देना है। आशा की जाती है कि भविष्य में इस प्रकार की संस्थाओं का अधिकाधिक विस्तार होगा और देश में योग्य तथा निःस्वार्थ समाज-सुधारकों की संख्या में भी उत्तरोतर वृद्धि होती रहेगी तथा भारतीय समाज अधिक शीघ्रता से सामाजिक कुप्रथाओं, धार्मिक अन्धविश्वासों तथा जाति पांति के भेदभाव से अपने को विमुक्त कर सकेगा।

भारत में सामाजिक आन्दोलन की संस्थायें

भारत में सुधार की दृष्टि से विभिन्न प्रकार के आन्दोलन चलाये गये थे। इनमें से कुछ महत्वपूर्ण आन्दोलनों को नीचे वर्णित किया जा रहा है–

भक्ति आन्दोलन

भारतीय परम्परा में मोक्ष के तीन मार्गों का उल्लेख है– ज्ञानमार्ग, कर्ममार्ग और भाक्तिमार्ग। मुसलमानों के भारतवर्ष में आने के पश्चात् जो नई परिस्थितियाँ उत्पन्न हुईं उनमें कुछ संन्तों ने भक्तिमार्ग पर अत्यधिक बल दिया और उनके संरक्षण में जिस भक्ति की लोकप्रिय परम्परा का विकास हुआ, उसको भक्ति आंदोलन के नाम से पुकारते हैं। इस आन्दोलन के दो प्रमुख उद्देश्य थे । प्रथम, यह कि इसके द्वारा उस समय हिन्दू-धर्म में उत्पन्न बुराइयों को दूर करने का प्रयत्न किया गया तथा द्वितीय, इन बुराइयों के दूर हो जाने पर यह आशा की गई कि हिन्दुओं का इस्लाम धर्म के प्रति झुकाव घट जाएगा और वे धर्म-परिवर्तन नहीं करेंगे। इस प्रकार इसका उद्देश्य हिन्दू-धर्म की रक्षा करना तथा सामाजिक-धार्मिक बुराइयों को दूर करना था।

भक्ति सम्प्रदाय के अनुसार ईश्वर महान् है। उस महान् ईश्वर से प्रेम करना चाहिये और भक्ति के सहारे उसके पास तक पहुँचना तथा उनको जानने का प्रयत्न करना चाहिये। प्रेम और भक्ति के सहारे ईश्वर पर भी विजय पाई जा सकती है। गीता में श्रीकृष्ण ने स्पष्ट ही कहा है कि भाक्ति ही उन्हें सर्वाधिक प्रिय है। इसलिये भक्ति सम्प्रदाय के अनुसार भक्ति का मार्ग ही उत्तम है और भाक्ति और प्रेम करने का अधिकार किसी विशेष जाति या समुदाय को नहीं है। इस मार्ग पर प्रत्येक व्यक्ति चल सकता है, चाहे वह ब्राह्मण हो या शूद्र, भगवान् के लिये सब समान हैं इसलिये जाति-पांति का भेदभाव अन्यायपूर्ण है। प्रत्येक जाति का सदस्य भक्तिमार्ग का पथिक हो सकता है। साथ-ही-साथ भगवान् के सम्बन्ध में जानकारी प्राप्त करने के

लिये या मोक्ष प्राप्त करने के लिये गृहस्थ जीवन का त्याग भी आवश्यक नहीं है। गृहस्थ जीवन में रहकर भी भगवान की प्राप्ति हो सकती है, यदि हमारे अंदर चित्त या भावनाओं की पवित्रता है, सच्ची भक्ति श्रद्धा है।

भक्ति आंदोलन के सबसे प्रमुख प्रवर्तक संत कबीर थे। कबीर ने सबसे पहले हिन्दुओं और मुसलमानों के धर्म के भेदों को दूर करने का प्रयत्न किया। उनके अनुसार ईश्वर एक है और ईश्वर का सबसे बड़ा मन्दिर मनुष्य का हृदय है। इसलिये हृदय की समस्त संकीर्णता को दूर करने का भरसक प्रयत्न करना चाहिये। संकीणताओं में ही जाति-पांति का भेदभाव भी एक है। इसलिये यह धार्मिक तथा सामाजिक दोनों ही दृष्टिकोण से बुरा है। इसी आधार पर कबीर ने ब्राह्मणों की छुआछूत, जाति-प्रथा और हिन्दुओं के धार्मिक दिखावे से उत्पन्न बुराइयों को दूर करने का प्रयास किया।

कबीर की भाँति दादू ने भी विभिन्न धर्मो को मिलाने की कोशिश की। उन्होंने कहा कि सबसे बड़ा धर्म आत्मदर्शन है। इसके लिये हमें अभिमान को दूर करना चाहिये और ईश्वर के सामने आत्मसमर्पण कर देना चाहिए।

गुरु नानक ने अद्वैतवाद को ही सत्य बताया और कहा कि हिन्दू और मुसलमानों के धर्म में कोई विशेष अंतर नहीं है। धर्म के क्षेत्र में दिखावा तथा मूर्तिपूजा का उन्होंने विरोध किया। आचरण की शुद्धता ही नानक जी के उपदेश का मूलमन्त्र है।

भक्ति-आंदोलन का भारतीय सामाजिक जीवन पर प्रभाव

प्रायः भारतीय धर्म, दर्शन को विभिन्न जातियों को प्रभावित करने व खोखला बनाने के लिए तत्पर रहती थी। इस सन्दर्भ में मुस्लिमों शासकों ने काफी हस्तक्षेप किया। इसका नतीजा यह हुआ कि दोनों ही धर्मों के बीच एक गंभीर तनाव की स्थिति उत्पन्न हो गई थी। भक्ति आन्दोलन के प्रवर्तको ने इस तनाव को दूर करने का प्रयास किया, सब धर्मों की समानता और ईश्वर की एकता पर बल दिया, दिखावा और छुआछूत की निन्दा की, जन्म के स्थान पर कर्म को अधिक महत्वपूर्ण माना और धर्म के ठेकेदार ब्राह्मणों की धर्म के नाम पर सामाजिक अन्याय की कटु आलोचना की। इसका प्रभाव यह हुआ कि इस आंदोलन की विशेष रूप से नीची जातियों के सदस्यों का सहयोग प्राप्त हो गया और हजारों लोग संत कबीर, नानक, चैतन्य, रामानन्द, तुकराम आदि भक्ति आंदोलन के प्रमुख नेताओं या संत साधुओं के अनुयायी हो गए। जिन व्यक्तियों ने कबीर, दादू व नानक के धार्मिक सिद्धांतों का

अनुसरण किया उन लोगों ने पृथक्-पृथक् धार्मिक सम्प्रदाय को जन्म दिया और क्रमशः कबीर-पंथी, दादू-पंथी तथा नानक-पंथी कहलाए।

इन नए पंथी का जन्म भक्ति आन्दोलन का एक महत्वपूर्ण प्रभाव कहा जा सकता है जो कि आज भी भारत की भूमि पर विद्यमान है। कबीर-पंथी, नानक-पंथी आदि ने हिन्दुओं की जाति-संरचना को महत्व नहीं दिया कारण जातीय कट्टरता को धक्का पहुँचा। नानक-पंथ के विचारों को इतना अधिक विकसित किया जो उन्होंने सिक्खों या नानक पंथ के शिष्यों का एक अलग वर्ग बना लिया और जाति-पांति के आधार पर भेदभाव व छुआछूत को अस्वीकार किया तथा जातीय संरचना से अपने को अलग रखा। हिन्दुओं की जाति-व्यवस्था व धर्म इसे सहन नहीं कर सका और ऐसे व्यक्तियों को अपने से पृथक् माना। हिन्दुओं का आपस में इस प्रकार अलग-अलग समूहों में बंट जाना भक्ति आन्दोलन का एक अन्य महत्वपूर्ण प्रभाव कहा जा सकता है।

भक्ति आन्दोलन का एक और प्रभाव यह था कि इस आन्दोलन ने निम्न जातियों को, विशेषकर अछूतों को, बहुत बड़ा सहारा दिया। इस सहारे से उन्हें काफी राहत मिली। कुछ विद्वानों का कथन है कि हरिजन सुधार आन्दोलन का जो रूप बाद में हमें देखने को मिलता है उस आन्दोलन का बीजारोपण भक्ति आन्दोलन के दौरान ही हुआ था।

भक्ति-आन्दोलन के फलस्वरूप ब्राह्मणों की परम्परागत सत्ता, जाति-प्रथा, धर्म को जो ठेस पहुँची उसके फलस्वरूप ब्राह्मणों ने कुछ रक्षात्मक कदम उठाए। इसका नतीजा यह हुआ कि जातीय तथा धार्मिक नियम और भी कठोर हो गए और उन्हें ही कठोरतापूर्वक लागू किया गया।

ब्रह्म समाज

प्राचीन काल में अधिकांश व्यक्ति अन्धविश्वासी थे। ये लोग धर्म के प्रति अत्यधिक आस्थावान थे। इसी कारण इस युग में जाति-पांति का भेदभाव, सती-प्रथा, पर्दा प्रथा, बाल-विवाह, विधवा-विवाह आदि जैसी कुप्रथाएँ विशेष रूप से प्रचलित थीं। पाश्चात्य शिक्षा और आदर्शों ने सर्वप्रथम भारतीय समाज-सुधारकों को इस ओर क्रियात्मक कदम उठाने के लिये प्रोत्साहित किया। पहले राजा राममोहन राय और बाद में श्री महर्षि देवेन्द्रनाथ टैगोर व केशवचन्द्र सेन के संरक्षण में ब्रह्म समाज ने समाज-सुधार आन्दोलन को चलाया। सन् 1845 में जब भी देवेन्द्रनाथ बह्म समाज के संचालक बने तो उन्होंने खुले रूप से वेद और वेदान्त का प्रचार करना प्रारम्भ

किया। समाज की मौलिक त्रुटियों की कड़ी निन्दा की और बहुपत्नी-विवाह का विरोध किया और विधवा पुनर्विवाह व स्त्रियों की शिक्षा का समर्थन किया तथा उनका प्रचार भी किया।

महर्षि देवेन्द्रनाथ के बाद केशवचन्द्र सेन बह्म समाज के संचालक बने उन्होंने सुधार आन्दोलन चलाने के लिए छोटी-छोटी पुस्तिकाएँ लिखनी प्रारम्भ कीं। इनका कॉलेज के विद्यार्थियों पर बहुत प्रभाव पड़ा। इसके पश्चात् उन्होंने हिन्दू विधवाओं की अवस्था में सुधार करने के विषय में प्रचार किया जिसमें उन्हें ईश्वरचन्द्र विद्यासागर का पूर्ण सहयोग प्राप्त हुआ। सन् 1961 में सेन ने अपने नवयुवक साथियों के साथ मिलकर संगत सभा की स्थापना की जिसका कार्य अध्यात्मवाद का प्रचार था। उसी प्रकार भारत में आम शिक्षा का प्रचार करने के लिए के उन्होने ब्रिटिश प्रशासन को एक अर्जी लिखकर भेजी। इस अर्जी अथवा अपील को इंग्लैण्ड की जनता में बाँटा गया जिसका कि अंग्रेजी सरकार पर बड़ा प्रभाव पड़ा। श्री सेन की अध्यक्षता में ब्रह्म समाज के सदस्यों ने समाज के झूठे जाति भेद को ठुकराकर अन्तर्जातीय विवाहों का खुलेआम प्रचार किया। ब्रह्म समाज के संदेश को बंगाल के गाँव-गाँव में पहुँचाया गया। सन् 1968 में आन्तरिक फूटों के फलस्वरूप भारतवर्ष ब्रह्मसमाज की स्थापना की। एक संकीर्तन मण्डल के साथ प्रभात फेरी में गा-गाकर वे ईश्वर की प्रार्थना और ब्रह्म समाज प्रचार करते थे। वे कहते थे कि प्रत्येक वर्ग के स्त्री तथा पुरुषों को समान अधिकार हैं और जाति-पाँति के आधार पर समस्त भेदभाव अनुचित है।

इस सम्बन्ध में यह उल्लेखनीय है कि बह्म समाज का मूल सिद्धान्त समानता था और समाज सुधार आंदोलन के प्रयत्न तार्किक आधार पर आधारित थे। केशवचन्द्र सेन ने जाति-प्रथा का विरोध वैदिक धर्म के आधार पर नहीं किया बल्कि सामाजिक समानता के तर्कों के आधार पर किया। फिर भी ब्रह्मसमाजी पाश्चात्य धर्म तथा आदर्शों से इतने ज्यादा प्रभावित थे कि हिन्दू समाज ने इन्हें स्वीकार नहीं किया और बंगाल में ये ब्रह्मसमाजी हिन्दू समाज से अलग हो गए।

प्रार्थना समाज

ब्रह्म समाज के ही समान बम्बई में प्रार्थना-समाज की स्थापना सन् 1967 में हुई, जिसके नेता सर्वश्री रानाड़े तथा भण्डारकर थे। यह समाज भी एक समाज-सुधारक संस्था थी जिसका उद्देश्य जाति-पांति के भेदभाव को दूर करना तथा समानता के सिद्धान्त के आधार पर सामाजिक कुरीतियों को समाप्त करना था। इस सम्बन्ध में

यह उल्लेखनीय है कि ब्रह्म समाज तथा प्रार्थना-समाज के मूल सिद्धान्तों में पर्याप्त समानता होते हुए एक अन्तर भी था और यह कि ब्रह्म समाज के नेता विशेषकर केशवचन्द्र सेन ने जाति-प्रथा तथा अन्य सामाजिक कुरीतियों का विरोध वैदिक धर्म के आधार पर नहीं किया बल्कि पाश्चात्य आदर्शों में अन्तर्निहित सामाजिक समानता के तर्कों के आधार पर किया। इसके लिए उन्हें पुरानी परम्परा को तिलांजलि देने में बिल्कुल भी हिचकिचाहट नहीं हुई।

इसके विपरीत, प्रार्थना समाज के महाराष्ट्रीय नेता थे रानाड़े जो हिन्दू धर्म तथा कुप्रथाओं में सुधार तो चाहते थे लेकिन भारत की प्राचीन परम्परा को भी एकदम त्याग देने के पक्ष में नहीं थे। प्रार्थना-समाज के प्रवर्तकों के लिए इसीलिए यह सम्भव हुआ कि वे हिन्दू समाज के ही अंग बने रहें, परन्तु ब्रह्म समाज के लोगों को हिन्दू समाज से अलग कर दिया गया। प्रार्थना-समाज ने एकाधिक अनाथालय, विधवाश्रम, कन्या पाठशालाएँ आदि स्थापित की और एक दलितोद्धार मिशन भी खोला। इन सब सुधार प्रयत्नों के फलस्वरूप हिन्दू सामाजिक जीवन में सामाजिक कुरीतियों के प्रति एक विरोध-भाव पनपा जिसके फलस्वरूप भविष्य के समाज-सुधार में पर्याप्त मदद मिली। प्रार्थना-समाज के कुछ सदस्यों ने मजदूरों के आन्दोलन में भी भाग लिया।

आर्य-समाज

डॉ. दयानन्द सरस्वती की अध्यक्षता में मुम्बई के चिरगांव में मानिकचन्द्र जी की वाटिका में 10 अप्रैल 1875 को आर्य समाज की स्थापना की गयी। उस समय आर्य-समाज के 28 नियम बताए गए थे। उसमें पहला नियम था सब मनुष्यों के हितार्थ आर्य-समाज का होना आवश्यक है, आर्य-समाज का उद्देश्य सब मनुष्यों का हित करना है। दूसरा नियम यह था कि इस समाज में सत्पुरुष, प्रमाण वेदों को ही माना जाएगा। उसी प्रकार आठवाँ नियम यह था कि इस समाज में सत्पुरुष सदाचारी और परोपकारी सभासद लिए जाएँगे। 17वें नियम में लिखा गया कि इस समाज में स्वदेश के हितार्थ दो प्रकार की शुद्धि के लिए प्रयत्न किये जाएँगे। एक परमार्थ और दूसरा व्यवहार, इन दोनों का शोधन तथा सब संसार के हित की उन्नति की जाएगी। इन नियमों से ही यह स्पष्ट है कि एक महान् आदर्श तथा सेवाव्रत लेकर आर्य-समाज की स्थापना की गई थी। अतः इसका प्रभाव भारतीय जनजीवन पर अत्यधिक ही पड़ा।

आर्य-समाज के प्रमुख सिद्धान्त—आर्य समाज के प्रमुख दस सिद्धांत हैं जो इस प्रकार हैं—

1. सबसे प्रीतिपूर्वक धर्मानुसार यथा-योग्य व्यवहार करना चाहिए।
2. संसार का उपकार करना अर्थात् सबकी शारीरिक, आत्मिक तथा सामाजिक उन्नति करना आर्य समाज का मुख्य उद्देश्य है।
3. मनुष्य को अपनी ही उन्नति से सन्तुष्ट न रहना चाहिए, अपितु सबकी उन्नति में ही अपनी उन्नति समझनी चाहिए।
4. अविद्या का नाश और विद्या की वृद्धि करनी चाहिए।
5. सम्पूर्ण सत् विद्या से जो पदार्थ जाने जाते हैं उन सबका आदि मूल परमेश्वर है।
6. सब मनुष्यों को सर्वथा सामाजिक, सर्वहितकारी नियमपालन में परतन्त्र रहना चाहिए और प्रत्येक हितकारी नियम में सबको स्वतन्त्र रहना चाहिए।
7. वेद सत् विद्याओं की पुस्तक है। वेद का पढ़ना, सुनना सब आर्यों का परम धर्म है।
8. ईश्वर सच्चिदानंदस्वरूप, निराकार, सर्वशक्तिमान, न्यायकारी, दयालु, अजन्मा, अनन्त, निर्विकार, अनादि सर्वेश्वर, सर्वव्यापक, सर्वान्तर्यामी, अजर, अमर, अभय, नित्य, पवित्र और सृष्टिकर्त्ता है। उसी की उपासना करने योग्य है।
9. सब काम धर्मानुसार अर्थात् सत् और असत् को विचार कर करना चाहिए।
10. सत् को ग्रहण करने और असत् को त्यागने के लिए सदा तैयार रहना चाहिए।

सामाजिक जीवन के क्षेत्र में आर्य-समाज की भूमिका

(1) अनाथालयों की स्थापना—इसी प्रकरण में आर्य-समाज द्वारा अनाथालयों की स्थापना की चर्चा कर देना भी अप्रासंगिक होगा। अनाथ लड़कों और लड़कियों की रक्षा के लिए सम्भवतः पहला अनाथालय अजमेर में बना। उसके पश्चात् अनेक केन्द्रों में अनाथालय स्थापित हुए। धीरे-धीरे कन्या पाठशाला, विधवा आश्रम और अनाथालयों का संचालन आर्य-समाज के कार्यक्रम का एक भाग सा बन गया। आर्य-समाज के अनुकरण में उत्तरी भारत के प्रायः सभी धार्मिक समाजों के किसी-न-किसी रूप में कन्या शिक्षणालय और अनाथालय चलाने की प्रवृत्ति को ग्रहण कर लिया। भारत के उत्तर-पूर्व प्रदेशों में स्त्रियों में जो अद्भुत जागृति दिखाई देती है उसका बहुत-सा-श्रेय आय समाज को है।

(2) स्वाधीनता प्राप्ति में योगदान—महर्षि दयानन्द ने जहाँ भारतवासियों को स्वदेश के प्रति भक्ति-भावना का अमृत वही मानसिक पराधीनता की शृंखलाओं को

काटकर राष्ट्र को स्वाधीनता के मार्ग पर ला खड़ा किया। स्वाधीनता प्राप्ति में आर्य-समाज के योगदान को इसी से आँका जा सकता है। स्वतन्त्रता संग्राम के वीर योद्धा पंजाब-केसरी लाला लाजपत राय ऋषि दयानन्द के पक्के शिष्य थे। बंग-भंग के कारण पंजाब में जो आन्दोलन खड़ा हुआ, उसके नेताओं में हम अनेक आर्य-समाजियों के नाम पाते हैं। रावलपिण्डी में जो काण्ड हुए उनमें लाला हंसराज साहनी आदि सभी नेता आर्य-समाजी थे। लाहौर के राष्ट्रीय कार्यकर्त्ताओं में भी आर्य-समाजी बहुत बड़ी संख्या में थे। इसी प्रकार स्वतन्त्रता संग्राम के हर पग पर आर्य-समाजियों ने अपना महत्वपूर्ण योगदान किया।

(३) दलितोद्धार— दलितोद्धार की दिशा में भी आर्य-समाज के प्रयत्न आरम्भ से ही सराहनीय थे। महर्षि दयानन्द जन्म के आधार पर जाति-पांति के भेदभाव को शास्त्र और युक्ति दोनों के विरुद्ध मानते थे। उनका मत था कि जन्म से सब मनुष्य समान हैं। जो जैसा कर्म करता है वह उसी के अनुसार एक विशेष वर्ग का अधिकारी हो जाता है। जन्म से न कोई अछूत है और न हीन। यह था मनुष्य मात्र का समानता का दृष्टिकोण, जिससे होकर आर्य-समाज ने अस्पृश्य कहलाने वाले भाइयों को यज्ञोपवीत देकर सवर्णों के समान अधिकार देने का काम जारी किया था। आर्य-समाजियों का कहना है कि वैदिक धर्म के सिद्धान्त के अनुसार जन्मगत जाति की कल्पना ही अशुद्ध है। इसीलिए लाला-लाजपत राय के शब्दों में आर्य-समाज दलित श्रेणियों को द्विज बनाकर अपने अन्दर सम्मिलित करता है। वह उनमें से जो योग्य है उन्हें गायत्री का उपदेश देता है, यज्ञोपवीत पहनाता है, होम करने का अधिकार देता है और उनके साथ सहभोज तथा विवाह के सम्बन्ध को भी जारी कर देता है। इससे आम हिन्दू घबरा उठते हैं। देश के जिस भाग में ऐसा होता है वहाँ खलबली मच जाती है लोग सोचने और चर्चा करने लगते हैं।

समाज-सुधार के अन्य क्षेत्रों में भी आर्य-समाज को सफलता मिली। 19वीं सदी के अन्त में भारत के बहुत से भागों में क्रियात्मक रूप में सुधार की भावना को जलप्रवाह भांति हम जो बहता हुआ पाते हैं, उसका बहुत-कुछ श्रय आर्य-समाज को है।

(4) बस्ती शिक्षा पर बल—स्त्री-शिक्षा का जोरदार समर्थन और उसके लिए आर्य-विद्यालयों की स्थापना वास्तव में नये युग का सूत्रपात करता है, विद्या अध्ययन के सम्बन्ध में स्त्रियों को शूद्र के समान मानने की हीन प्रवृत्ति को कुचलता है। जालन्धर के कन्या महाविद्यालय ने देश-भर के लोगों का स्थान कन्याओं की शिक्षा की ओर आकृष्ट किया और शीघ्र ही स्त्री-शिक्षा की मानों बाढ़-सी आ गई। प्रायः

प्रत्येक समाज के साथ कन्या पाठशालाएँ तो खुलीं ही, अनेक स्थानों पर विधवा-आश्रम एवं अनाथ कन्या-आश्रम भी स्थापित हुए।

(5) धार्मिक एवं सामाजिक विकास में योगदान—गोकुल चन्द नारंग ने लिखा है कि जहाँ तक धार्मिक और सामाजिक कार्यों का सम्बन्ध है महर्षि दयानन्द सरस्वती 19वीं सदी के सबसे बड़े भारतीय समाज-सुधारक थे। अपने का पूर्ण रूप से योग्य बना लेने पर वे अन्धीविश्वास व दंभ के कूड़े करकट की भयंकर गन्दगी की सफाई के कार्य में लग गए और आर्य-समाज को भी समग्र रूप में उसी कार्य में लगाया। जिसे वे सत्य वैदिक धर्म मानते थे उसका अथक प्रचार किया। वह समय ऐसा था जबकि ईसाई और मुसलमान हिन्दुओं का निरन्तर नैतिक व धार्मिक आक्रमण से देवी-देवताओं आदि की भरपेट निंदा कर रहे थे।

स्वामी दयानन्द तथा उनके आर्य-समाज ने उस पासे को पलटकर ही रख दिया। वास्तव में उस समय हिन्दू-जाति अनेक दुर्बलताओं से पीड़ित थी। स्वामी दयानन्द तथा उनके अनुयायियों ने उन्हें हृदय से अनुभव किया और देखा तथा उनके निवारण की ओर ध्यान दिया। महात्मा गाँधी के राजनीति के रंगमंच पर आने से बहुत पहले ही स्वामी दयानन्द सरस्वती के लिए दलित जातियों के उद्धार और जन्म पर आधारित जाति-पांति के भेदभाव को दूर करने की महता स्पष्ट हो गई थी। वे समझ गए थे कि भारतीय समाज के एक इतने बड़े अंग को केवल दलित या अछूत कहकर दूर हटा रखने तथा उसके उत्थान के लिए प्रयत्नशील न होने से भारत का कल्याण कदापि सम्भव नहीं। उन्हें यह भी सूझ गया था कि जब तक भारत की राष्ट्रभाषा एक न होगी तब तक देश में एकता स्थापित नहीं होगी। स्वामीजी गुजराती थे, फिर भी उन्होंने हिन्दी सीखी और अपने समस्त ग्रन्थ आर्य भाषा हिन्दी में लिखे, जो अब हमारे देश की राष्ट्रभाषा स्वीकृत हुई है।

(6) स्त्रियों की स्थिति में सुधार—स्त्रियों की दशा सुधारने के लिए स्त्रियों में जो शिक्षा का अभाव, पर्दा-प्रथा, बहु-विवाह प्रथा, विधवाओं के विवाह पर निषेध तथा सती-प्रथा आदि का प्रचलन था, उन दोषों की दीवारों को आर्य-विवाह ने हिला दिया, इन दोषों के विरुद्ध जनमत को जागृत कर दिया और उनकी दूर करने के लिए क्रियात्मक कदम उठाया। बाल विवाह एवं दहेज प्रथा का उन्मूलन बाल-विवाह के विरुद्ध आवाज बुलन्द करने में भी आर्य-समाज ने योगदान दिया। महर्षि दयानन्द ने पुरुष और स्त्री के लिए विवाह की कम से कम आयु 24 और 16 वर्ष ठहराई थी। शास्त्रों के प्रमाणों और युक्तियों के हलके से आघात ने पंचवर्षा भवेद गौरी के मायाजाल को तोड़ दिया था। इन प्रयत्नों के फलस्वरूप ज्यो-ज्यों यह भावना बढ़ती

गई कि बहुत छोटी उम्र में विवाह होना हानिकारका है, त्यों-त्यों समाज में यह विचार भी घर करता गया कि बहुत बड़ी आयु वाले पुरुष का कुँवारी कन्या से विवाह करना अनुचित है। दहेज-प्रथा को भी आर्य समाजियों ने बुरा बताया।

(7) राष्ट्रीय शिक्षा का प्रसार—राष्ट्रीय शिक्षा के विस्तार की दिशा में भी आर्य-समाज का योगदान सराहनीय रहा है। राष्ट्रीय जागृति और उसके द्वारा स्वराज्य की प्राप्ति की आर्य-समाज की एक बड़ी देन गुरुकुल की शिक्षा-प्रणाली रूप में मिली। गुरूकुल की स्थापना सन् 1900 में गुजरांवाला में हुई। सन् 1902 में वह गंगा के तट पर काँगड़ी मात्र के समीप एक शिक्षणालय के रूप में प्रतिस्थापित हुआ। प्रारम्भ भावना को लिए हुए थे। ये गुरुकुल केवल लड़कों के लिए ही नहीं कन्याओं के लिए खोले गए। सन् 1903 में प्रथम कन्या-गुरुकुल की स्थापना जालन्धर में हुई। उसके बाद हाथरस आदि अनेक स्थानों में भी कन्या गुरुकुल खोले गए। इसके अलावा डी॰ ए॰ वी॰ स्कूल तथा कॉलेज का जाल-सा देश के विभिन्न भागों में फैलाकर आर्य-समाज ने शिक्षा के विस्तार में जो योगदान किया है वह सराहनीय है।

(8) राजनैतिक चेतना के विकास में योगदान—राजनैतिक चेतना को जागृत करने की दिशा में भी स्वामी सरस्वती ने आर्य-समाज को प्रेरित किया। उन्हें सबसे अधिक दुःख राजनीतिक दासताजनित राष्ट्र की दुरावस्था पर था और वे ही पहले भारतीय थे जिन्होंने आत्मसम्मान एवं बल पौरुष का नाश करने वाले विदेशी शासन का साहसपूर्वक प्रतिवाद करके स्वराज्य शब्द का उच्चारण किया और घोषणा की कि विदेशी शासन कितना ही अच्छा क्यों न हो, अपने शासन से अच्छा नहीं होता, भले ही बहुत ही श्रेष्ठ क्यों न हो। यह माना हुआ सिद्धान्त है कि मानसिक स्वाधीनता के बिना सामाजिक स्वाधीनता और मानसिक व सामाजिक स्वाधीनता के बिना राजनैतिक स्वाधीनता सम्भव नहीं।

(9) आर्य भाषा में विस्तार—आर्य-भाषा के प्रचलन में भी आर्य-समाज ने अपना महत्वपूर्ण योगदान दिया। आर्य-समाज ने आर्य-भाषा को प्रारम्भ से ही अपना लिया था। महर्षि दयानन्द ने अपने सब ग्रन्थ आर्य भाषा में लिखाए, वेद भाध्य संस्कृत में किया तो उसे भी भाषानुवाद के साथ प्रकाशित किया। प्रारम्भ में भारत सुदशा प्रवर्तक आदि जो सामायिक पत्र निकले, वे आर्य-भाषा में ही थे। पंजाब में पहले उर्दू और पंजाबी या गुरुमुखी का चलन था। आर्य-समाज की स्थापना के पश्चात् उर्दू का स्थान हिन्दी लेने लगी। आर्य-समाज द्वारा स्थापित शिक्षा-संस्थाओं ने हिन्दी भाषा के विकास में महत्वपूर्ण योगदान दिया। आगे चलकर भी राष्ट्रभाषा संवर्धन के क्षेत्र में आर्य-समाज अग्रगामी बना रहा।

इसमें सन्देह नहीं आर्य-समाज ने कई दिनों तक बड़े ही उत्साह तथा लगन के साथ मात्र आर्य धर्म का ही प्रचार नहीं किया अपितु सामाजिक जीवन के अनेक रोगों को दूर करके उसे एक स्वस्थ रूप देने में भी अपना पर्याप्त योगदान दिया। धीरे-धीरे आर्यसमाज आंदोलन का स्रोत उतना प्रबल नहीं रह गया जितना कि पहले था। इस आंदोलन के जो महान् नेता थे उनके देहान्त से आंदोलन कुछ शिथिल हो गया। कहीं-कही से तो ऐसा भी समाचार प्राप्त होता है कि आर्य-समाजियों में स्वयं गुट-बन्दी की भावना पनप रही है और वे सत्ता की आपस में ही प्रतियोगिता कर रहे है। इसलिए कुछ लोगों का कहना है कि अब आर्य-समाज का कार्य-क्षेत्र केवल शिक्षा संस्थाओं को चलाना, विधवाओं के पुनर्विवाह का आयोजन करना तथा अन्तर्जातीय विवाह को संरक्षण प्रदान करने तक ही सीमित हो गया है।

रामकृष्ण मिशन

स्वामी विवेकानन्द ने इस मिशन को स्थापित किया था। इनका मानना था कि ईश्वर सर्वत्र व्याप्त है और सभी जीवों में वह उपस्थित रहता है। धर्म न तो पुस्तकों में है, न मस्तिष्क सम्बन्धी बातों में और न ही तर्क। धर्म प्रत्येक व्यक्ति के शरीर में गहन भाव से विद्यमान है। मनुष्य में ही वास्तविक भगवान् का निवास है और मनुष्य की सेवा करना भगवान् की सर्वश्रेष्ठ आराधना है। धर्म के नाम पर जो लड़ाई-झगड़े होते हैं वे मनुष्य की मूर्खता, गर्व, स्वार्थपरता और जंगलीपन के अंश होते है। उन्होंने कहा कि आत्मा की आवाज एक होती है। परन्तु राष्ट्रों की भाषायें एक नहीं अनेक होती हैं। धर्म का लगाव व सम्बन्ध आत्मा से होता है न कि बाह्य दिखावे से।

महान समाज सुधारक स्वामी विवेकानन्द धर्म जगत में अन्धविश्वास को महत्व नहीं देते थे। नवयुवकों को उनका उपदेश यह था कि वे समस्त आलस्य को त्यागकर अपने को शक्तिमान बनाने का प्रयत्न करें। माला जपने का समय चला गया है, अब तो कार्य करने का, उद्योग या प्रयास करने का समय आया है। उनके अनुसार, हमारे देश के नौजवानों को पहले शक्तिशाली होना है, धर्म बाद की बात है। हम गीता के माध्यम से नहीं बल्कि फुटबॉल के माध्यम से स्वर्ग के अधिक निकट पहुँच सकेंगे। दुर्बलता ही सभी रोगों व समस्याओं की जड़ होती है, हम दुखी इसलिये हैं कि हम दुर्बल हैं, हम इसलिए झूठ बोलते, चोरी करते या अन्य प्रकार के अपराध करते हैं क्योंकि हम दुर्बल हैं। हम मरते भी इसलिये हैं कि दुर्बल हैं। जहाँ दुर्बलता नहीं है वहाँ न मीत है और न ही दुख-दर्द। वेदान्त में पाप नामक किसी चीज का

उल्लेख नहीं किया गया है, वह तो केवल गलती को मानता है और वेदान्त के अनुसार सबसे बड़ी गलती यह कहना है कि हम पापी हैं, हम अभागे है और हमसे कुछ नहीं हो सकता। शक्तिहीनता ही मृत्यु है। इसलिए समस्त दुर्बलता को त्याग दो, समस्त भेदभाव को त्याग दो और सब एक साथ मिलकर सेवा-भाव से काम करो। सफलता का यही बीज-मन्त्र है।

स्वामी विवेकानन्द जाति-पांति के आधार पर सामाजिक भेदभाव तथा छुआछूत को बहुत बुरा मानते थे। आप सामाजिक समानता के पक्ष में थे। उनके अनुसार सर्वश्रेष्ठ ब्राह्मण से निम्नतम शुद्र में एक ही भगवान् का निवास है। इसलिए अस्पृश्यता आदि को अपनाना उस भगवान् को है जो कि उस तथाकथित अस्पृश्य में भी निवास कर रहे है। उसका उपदेश यह था कि यह कहो कि प्रत्येक भारतवासी हमारा भाई है, चाहे वह भारतवासी हिन्दू हो, मुसलमान हो, ईसाई हो, सिक्ख हो, पारसी हो या ब्राह्मण, शूद्र, चाण्डाल या और कुछ हो। विश्व बन्धुत्व का यह उपदेश देना स्वामीजी के लिए ही सम्भव था।

स्वामी विवेकानन्द का उपदेश था कि प्रत्येक योग्य भारतवासी का यह कर्त्तव्य है कि देशसेवा या जनसेवा में अपने को नियोग कर दे। जब तक भारत का एक भी आदमी भूखा है, तब तक किसी भी भारतीय को चैन से बैठने का अधिकार नहीं है। गरीबों के लिए जिसका दिल होता है वही महात्मा है, नहीं तो उसे दुरात्मा ही कहना चाहिये। जब तक भारतवासी भूख और अज्ञानता में निवास कर रहे हैं तब तक वे सभी विश्वास घातक कहलाएगे जो कि उन्हीं का खून चूसकर आराम की जिन्दगी बिताते है। दरिद्रों में ही नारायण का निवास है इसलिए उन्हें भारतीय परम्परा मे दरिद्रनारायण कहा गया है। इन्हीं की सेवा भगवान् की वास्तविक पूजा है। मनुष्य को भूखा रखकर भगवान् को भोग चढ़ाने से पुण्य नहीं पाप ही मिलता है। जिंदा भगवान् को भोग चढ़ाओ, मन्दिर के देवता तुम्हें अवश्य ही वरदान देंगे।

स्वामी विवेकानन्द कहते थे कि आत्मशक्ति ही सामाजिक प्रगति व समाज सुधार की नींव है। अपने पर विश्वास पनपाना और अपने को पहचानो। पुराना धर्म यह कहता है कि वह नास्तिक है जो ईश्वर में विश्वास नहीं करता, पर नया धर्म यह कहता है, कि यह महा नास्तिक है जो अपने पर विश्वास नहीं करता।

सामाजिक समानता, विश्व बन्धुत्व सर्वव्यापक धर्म तथा जनसेवा के इन्हीं सब आदर्शों को मूर्त रूप देने के लिए स्वामी विवेकानन्दजी ने 1899 में रामकृष्ण मिशन की स्थापना की। सन् 1909 में इस मिशन को गवर्नर जनरल ने कानूनी मान्यता प्रदान की और इसको चलाने के लिए नवीन नियम बनाए गए। रामकृष्ण मिशन

ने भारत के अलावा पाकिस्तान, बर्मा, श्रीलंका, मलाया, मोरिशस, उत्तरी तथा दक्षिणी अमेरिका तथा यूरोप के अन्य राष्ट्रों में सामाजिक सेवा, बाढ़ पीढ़ितों की सहायता, दान-कार्य, शिक्षा, चिकित्सालय, शिशुपाल गृह, अनाथालय, कॉलेज-स्कूल आदि खोले।

उपरोक्त संस्थाओं या महान् व्यक्तियों द्वारा किए गए सुधारवादी आन्दोलनो के फलस्वरूप भारतीयों में नवीन चेतना जाग उठी। धर्मसुधारकों के प्रचार से हिन्दुओं का धर्म प्राचीन अन्धविश्वास से स्वतन्त्र हो गया और उनमें दूसरे धर्मों के प्रति सहनशीलता का दृष्टिकोण विकसित होने लगा। इन सुधारवादी आन्दोलनों के कारण लोगों में आत्म-शक्ति पर विश्वास करने की प्रवृत्ति बढ़ती रही और उसका प्रभाव सामाजिक क्षेत्र में ही नहीं वरन् राजनीतिक क्षेत्र में भी पड़ा और भारतवासियों ने अंग्रेजी शक्ति को भी ललकारकर 'स्वतन्त्रता हमारा जन्मसिद्ध अधिकार है', यह नारा लगाया साथ ही आर्य समाज तथा रामकृष्ण मिशन ने शिक्षा-संस्थाओं को चलाया जिससे देश में शिक्षा का विकास हुआ और धीरे-धीरे ज्ञान दीप जलने लगा। इस ज्ञान का एक ओर स्वस्थ प्रभाव यह हुआ कि बाल-विवाह, पर्दा प्रथा, स्त्रियों की गिरी हुई दशा, विधवा विवाह पर रोक, सती-प्रथा आदि गंभीर सामाजिक समस्याओं के प्रति भारतवासी अधिकाधिक जागरूक होते गए। फलतः इन समस्याओं के विरुद्ध एक क्रियात्मक आवाज उठ सकी। यह आवाज उन समस्याओं का समाधान करने में सफल हुई। यह सत्य ही है कि इन समस्याओं के प्रति जनता की जागरूकता ने उनके हल का पथ प्रशस्त किया। सामाजिक दृष्टिकोण से इसकी भी उपयोगिता एवं महत्व कम प्रभावी नहीं था।

आन्दोलन के सहायक तत्व

भारत में सामाजिक सुधार आन्दोलन के कुछ प्रमुख सहायक तत्वों व अवस्थाओं पर संक्षिप्त प्रकाश नीचे डाला गया है–

(1) भारतीय छापेखानों की प्रगति को–इस देश के समाज-सुधार आन्दोलन को विकसित या विस्तृत करने में महत्वपूर्ण कारण माना जाता है। अंग्रेजी शासन-व्यवस्था कायम हो जाने के बाद छापेखानों का विकास तेजी से हुआ। फलतः समाज-सुधार कार्य अधिक सरल हो गया, क्योंकि इन्हीं छापेखानों की वजह से जो अनेक पत्र-पत्रिकायें तथा पुस्तकें प्रकाशित होना आरम्भ हुई। उनके द्वारा भारतीयों को जगाने में काफी सहायता मिली। भारतीय समाज सुधारकों के विचार देश के

कोने-कोने में फैलने लगे और दूर-दूर के देशों तक से उनके विचारों को लेकर उनसे भी जनता को परिचित करना सम्भव हुआ।

(2) ईसाई मिशनरियों के प्रभाव –19वीं सदी में अनेक मिशनरी यूरोप, कनाडा, अमेरिका आदि से भारत में आए, जिनका मुख्य उद्देश्य इस देश में ईसाई धर्म का प्रचार करना था, इस उद्देश्य को पूरा करने के लिये यह आवश्यक था कि वे भारतीयों के निकट सम्पर्क में आते और उन्हें अपनी सेवाओं द्वारा अत्यधिक प्रभावित करते। इसके लिये उन लोगों ने इस देश के विभिन्न भागों में विद्यालय, चिकित्सालय आदि खोले। इसके दो प्रभाव हुए प्रथम तो यह कि मिशनरियों के प्रचार के फलस्वरूप जनता में एक नवीन जागृति की लहर आई और समाज-सुधार के महत्व को अनुभव किया गया। दूसरा प्रभाव यह हुआ कि ईसाई मिशनरियों के धर्म सम्बन्धी प्रचारों को भारत के सच्चे सपूत सहन न कर सके और देश के धर्म, विशेषकर, हिन्दू धर्म की रक्षा एक नवीन आंदोलन शुरू किया, जिसका उद्देश्य हिन्दू धर्म की अच्छाइयों को नए ढंग से जनता के सम्मुख रखना तथा उन्हें भारतीय गौरव की महानता का ज्ञान करवाना था।

(3) पाश्चात्य संस्कृति व आदर्श–भारत का पाश्चात्य देशों के साथ सम्पर्क बढ़ने के कारण भारतीयों में पश्चिमी संस्कृति तथा ज्ञान-विज्ञान का प्रसार हुआ। इसके फलस्वरूप अनेक भारतीयों की आँखें खुल गईं और वे समाज-सुधार आन्दोलन में भाग लेने लगे। उसी प्रकार भारत में कुछ अंग्रेज विद्वानों जैसे डेविड हेयर कैरी मैकॉले आदि के विचारों से हमारे देश में एकाधिक लोगों के सामाजिक, राजनीतिक तथा धार्मिक विचारों पर बड़ा महत्वपूर्ण प्रभाव पड़ा और इनमें समाज-सुधार की आवश्यकता के प्रति एक प्रकार की जागरूकता का प्रसार हुआ।

(4) आधुनिक यातायात तथा संचार के साधन–अंग्रेजों ने इस देश में अपने व्यापार तथा वाणिज्य को सुचारु रूप से व्यवस्थित करने के लिये आवागमन के साधनों तार, टेलीफोन, समुद्री, जहाज और अन्य साधनों को विकसित किया। इसके फलस्वरूप अंग्रेजों को पर्याप्त आर्थिक व राजनीतिक लाभ तो हुआ, पर साथ ही इनसे भारत के विचित्र प्रदेशों की पारस्पारिक दूरी दिन-प्रतिदिन घटती हुई सम्पूर्ण भारत में शान्ति तथा राजनीतिक एकता स्थापित हो गई। इससे समाज सुधार आंदोलन चलाने में सहायता मिली क्योंकि अव्यवस्था के बीच समाज-सुधार की आवश्यकता के प्रति लोगों का ध्यान अधिक आकर्षित नहीं किया जा सकता। साथ ही आधुनिक यातायात व संचार के साधन विकसित हो जाने से समाज-सुधारकों के लिए दूर-दूर के लोगों के विचारों से परिचित होना व उससे लाभ उठाना तथा अपने

विचारों को दूर-दूर तक फैलाकर सुदृढ़ जनमत का निर्माण करना सरल हो गया।

तत्कालीन भारत में सामाजिक सुधार आन्दोलन की आवश्यकता

कल्याणकारी समाज में सामाजिक सुधार आन्दोलनों की अत्यधिक आवश्यकता है। इस सन्दर्भ में नीचे निम्न बिन्दुओं में संक्षिप्त प्रकाश डाला गया है–

(1) जातिवाद का उन्मूलन–जातिवाद एक असामाजिक दृष्टिकोण है जिससे प्रेरित होकर लोग अपनी जाति या समुदाय के सामने अन्य जाति व सम्मुदाय के सामान्य हितों की अवहेलना और प्रायः हनन करने को तैयार हो जाते हैं। जातिवाद प्रजातंत्र के लिये घातक है क्योंकि यह विभिन्न जातियों को एक-दूसरे से पृथक करता है, यह श्रमिक अकुशलता को बढ़ावा देता है, क्योंकि नौकरियों की नियुक्ति जाति के आधार पर होती है, न कि कुशलता के आधार पर। जातिवाद से प्रेरित होकर अपनी जाति के सदस्यों को हर प्रकार की सुविधा प्रदान करने के लिए अनेक अनुचित उपायों का सहारा लिया जाता है, जिससे कि नैतिक पतन होता है।

(2) दहेज प्रथा में बदलाव–भारतीय समाज, विशेषकर, हिन्दू समाज जिन कुप्रथाओं का आज भी बुरी तरह शिकार है, उनमें से वर मूल्य प्रथा जिसे लोकप्रिय शब्दों में हम दहेज प्रथा कहते हैं, एक है। आज भी प्रत्येक परिवार में लड़कियों को एक बोझ समझा जाता है, क्योंकि अधिकतर माता-पिता के लिए दहेज की रकम को जुटाना सम्भव नहीं होता है। इस प्रथा के कारण अनेक लड़कियाँ आत्महत्या करके अपने माँ-बाप की दहेज के दानव से रक्षा करती हैं। दहेज चुकाने के लिए लड़की के मात-पिता महाजन से ऋण लेते हैं। अथवा अपनी सम्पत्ति को बेचते या गिरवी रखते हैं जो माता-पिता उचित मूल्य जुटा नहीं पाते हैं वे अपनी लड़कियों की शादी अयोग्य, बीमार या बूढे पुरुष के साथ ही कराकर अपना पीछा छुडाते हैं। दहेज की रकम कम होने पर ससुराल में बहू के ऊपर अनेक अत्याचार होते हैं और दो परिवारों में तनाव चलता रहता है, सामाजिक सुधार आंदोलन द्वारा इस प्रथा के विरुद्ध जनमत का निर्माण करके इसको धीरे-धीरे समाप्त कर देने की दिशा में आज भी प्रयत्न जारी हैं।

(3) अन्तर्जातीय विवाह को बढ़ावा देना–जाति, द्वारा नियमित विवाह अन्तर्जातीय विवाह पर रोक लगाता है तथा अन्तर्विवाह का आदेश देता है। जिसके अनुसार प्रत्येक व्यक्ति को अपनी ही जाति के लिए या उपजाति में विवाह करना पड़ता है इस प्रथा का प्रभाव यह होता है कि समाज छोटे टुकड़ों में सदा के लिए बंटा रहता है, सामाजिक और राष्ट्रीय एकता में बाधा उत्पन्न होती है। बाल-विवाह

या विधवा विवाह की समस्याएँ बढ़ती है। इन सब कारणों के होने की वजह से यह आवश्यक है कि अन्तर्जातीय विवाह को प्रोत्सहित करने के लिए सामाजिक सुधार आन्दोलन चलाया गया है।

(4) अस्पृश्यता का उन्मूलन—भारतीय जाति व्यवस्था में अस्पृश्यता व छुआछूत एक अभिशाप है। अस्पृश्य जातियों को परम्परागत रूप से छूना और देखना तक मना है समाज में उनकी स्थिति सबसे नीची है। शिक्षा, धर्म तथा पेशे का चुनाव आदि अनेक सामाजिक, धार्मिक तथा आर्थिक निर्योग्यताओं का शिकार ये अस्पृश्य जाति के सदस्य हैं। वर्तमान समय में भारत के ग्रामीण क्षेत्रों में छुआछूत की भावना व्याप्त है। छुआछूत की भावना के कारण सामाजिक तथा राजनीतिक एकता स्थापित होने में बाधा उत्पन्न होती है, समाज का एक अच्छा सा अंश अछूत बनकर इस प्रकार रह जाता है कि वह राष्ट्र की प्रगति में अपना योगदान नहीं कर पाता है। आर्थिक असमानता, निम्न स्वास्थ्य, अशिक्षा और दरिद्रता का शिकार बना रहता है। इन सबका नतीजा यह होता है कि सम्पूर्ण समाज को नुकसान होता है। अतः सुधार आंदोलन के द्वारा इस प्रकार के जनमत को बनाने का प्रयत्न किया गया है एवं जिससे अस्पृश्यता का उन्मूलन जल्दी ही हो सके। इस संदर्भ में गांधी जी के द्वारा चलाया गया अस्पृश्यता उन्मूलन आंदोलन विशेष रूप से उल्लेखनीय है।

(5) सती-प्रथा का उन्मूलन—इस कुप्रथा का उन्मूलन राजामोहन राय तथा ईश्वरचन्द्र विद्यासागर जैसे समाज सुधारकों द्वारा चलाए गए आन्दोलनों का ही परिणाम है। इन आन्दोलनों के कारण ही एक अच्छा परिवर्तन हमारे सामने आया है और सती प्रथा आज समाप्त हो चुकी है। हम तो यह जानते है कि सती-प्रथा के अन्तर्गत विधवाओं के प्रति समाज का निर्देश है कि वे अपने पति के साथ उसी की चिता में जिंदा ही जलकर अपने जीवन का अन्त कर दें। पहले यह प्रथा इस देश में अत्यधिक उग्र थी, पर अब यह प्रायः समाप्त हो गई है। यह एक अत्यन्त पाश्विक प्रथा है जिसके अन्तर्गत विधवाओं की एक नए अर्थ में हत्या ही की जाती है। यह किसी भी समाज के माथे पर कलंक है कि वह नारी हत्या को मान्य ठहराए।

(6) नशाखोरी पर प्रतिबन्ध—भारतवर्ष एक ऐसा देश है जहाँ पर कि नशाखोरी को एक धार्मिक स्वीकृति मिली हुई है या यूँ कहा जा सकता है कि धर्म की आड़ में नशाखोरी के औचित्य को प्रस्तुत किया जाता है। गांजा-भांग का सेवन इसलिए किया जाता है कि उसे शंकर जी भी सेवन करते थे। इसलिए आज भी भारत के साधु लोगों में बहुत प्रचार देखने को मिलता है। उसी प्रकार धार्मिक कार्यों के लिए भी शराब आदि का प्रयोग बहुत से समुदायों में प्रचलित है। नशाखोरी व्यक्तिगत

जीवन को विघटित करती है। स्वास्थ्य पर बहुत बुरा प्रभाव डालती है, समाज में अपराध बढ़ते हैं, श्रमिकों की कार्यकुशलता घटती है, और पारिवारिक जीवन नरक के समान हो पाता है, नशाखोरी व्यक्ति तथा समाज दोनों के लिए ही हानिकारक है, यही कारण है कि हम नशाखोरी के विरुद्ध सामाजिक सुधार आंदोलन का समर्थन करते हैं। इस दिशा में आर्य, समाज, रामकृष्ण मिशन तथा गाँधी जी के प्रयत्न सराहनीय हैं।

(7) बाल-विवाह के दृष्टिकोण में बदलाव—आज भी बाल-विवाह प्रथा का प्रचलन भारत में विशेषकर भारतीय गाँवों में है। इससे बाल-दम्पति के स्वास्थ्य पर बहुत बुरा प्रभाव पड़ता है। दुर्बल संतान उत्पन्न होती है, पति-पत्नी के विशेषकर पत्नी के व्यक्तित्व का विकास नहीं हो पाता है। बच्चे को जन्म देते समय कम आयु की माताओं की मृत्यु अधिक होती है, कम आयु से बच्चा उत्पन्न होना शुरू हो जाने से जनसंख्या बढ़ती है, योग्य जीवन-साथी का चुनाव नहीं हो पाता है तथा बाल-विधवाओं की संख्या भी देश में बढ़ती है। इन सब कारणों को देखते हुए ब्रह्म समाज, आर्य समाज आदि ने बाल-विवाहों को रोकने के लिए आन्दोलन चलाया और परिवर्तन लाने में कुछ सफल हुए।

(8) विधवा-पुनर्विवाह—प्राचीन काल में विधवा विवाह को उचित नहीं माना जाता था परन्तु आज का कोई भी सभ्य समाज इन आधारों को स्वीकार नहीं कर सकता। हिन्दू-परिवार में आज भी विधवाओं की जो दुर्दशा है, उसे वे लोग ही समझ सकते हैं जो कुछ परिवारों को जानते हैं जिनमें विधवाएँ पलती हैं। परिवार में उनकी स्थिति एक दासी के समान होती है, और साथ ही समस्त सामाजिक प्रतिबन्ध उन्हीं पर लादा जाता है। दूसरों की सेवा करना धर्म है, दूसरों की देखरेख करना उनका कर्त्तव्य है और अपने समस्त सुख, आशा, आकांक्षा, अपने व्यक्तित्व का विकास करने की इच्छा, अपना एक घर बसाने की अभिलाषा आदि सबको त्याग देना ही उनका आदर्श है। इसका परिणाम यह होता है कि विधवाओं के व्यक्तित्व का विकास नहीं हो पाता है और वे समाज एक बोझ बनकर रह जाती हैं। बाल-विधवाओं की दशा और भी दयतीय है। यह अन्याय है कि उन बाल-विधवाओं को वैवाहिक व सामान्य जीवन के समस्त सुख और समृद्धि से वंचित किया जाए जो कि विवाह का अर्थ तक समझने से पहले विधवा हो गई हैं। अतः विधवाओं के पुनर्विवाह को प्रोत्साहित करने के लिए ब्रह्म समाज, आर्य समाज, गाँधी जी आदि के द्वारा व्यापक आंदोलन किया गया और इस स्थिति में बदलाव लाये गए।

(9) पर्दा-प्रथा के दृष्टिकोण में बदलाव—यह प्रथा भारतीय समाज की एक

और कुप्रथा है और रोचक बात यह है कि इस प्रथा को सामाजिक प्रतिष्ठा के प्रतीक के रूप में सुप्रतिष्ठित कर दिया गया है। यही कारण है कि इसका प्रचलन भारत की उच्च जातियों में अधिकतर देखने को मिलता है। इस प्रथा का विशेषकर प्रचलन मुसलमानों के आने के बाद हुआ है और मुस्लिम स्त्रियों ने ग्रहण किया है। पर्दा-प्रथा का तात्पर्य है कि स्त्रियों की गतिशीलता को रोकना और उन्हें परिवार की चारदीवारियों के बीच कैदियों के समान रहने के लिए मजबूर करना। इससे स्त्रियों की शिक्षा बिल्कुल रुक जाती है स्त्रियों के व्यक्तित्व का विकास नहीं हो पाता है। इतना ही नहीं पर्दा-प्रथा से कुछ भयंकर रोग जैसे तपेदिक आदि का विस्तार स्त्रियों में होता है जो कि परिवार व समाज दोनों के लिए ही स्वयं एक समस्या है, इस कारण सामाजिक सुधार आंदोलनों के माध्यम से इस बात की चेष्टा की गई है कि इस कुप्रथा को सुधारने के लिए क्रियात्मक कदम उठाए जाए तथा स्वस्थ जनमत का निर्माण किया जाए।

(10) अंधविश्वासों को नियोजित करना—सामाजिक सुधार आंदोलन के अंर्तगत धार्मिक अन्धविश्वासों व आडम्बरों को कम करने के प्रयत्न ब्रह्म समाज, आर्य समाज प्रार्थना, समाज, रामकृष्ण मिशन तथा गाँधी जी के द्वारा किए गए है और इस दिशा में वे परिवर्तन लाने में सफल भी हुए है। आज भी ऐसे अनेक अंधविश्वासों के शिकार भारतवासी बने हुए हैं जिनके कारण राष्ट्रीय तथा अन्तराष्ट्रीय जीवन में हमें पर्याप्त हानि हो रही है। उदाहरण के लिये हड्डी मिली खाद को अनेक किसान धार्मिक आधारों पर प्रयोग में नहीं लाते हैं, चाहे उन्हें उससे कितनी ही हानि उठानी क्यों न पड़े। उसी प्रकार धार्मिक अंधविश्वास के कारण ही स्वयं भारतीयो में ही सामाजिक विभेद और तनाव देखने को मिलता है। अतः इसे दूर करने की आवश्यकता है।

भारतीय समाज सुधार आन्दोलन में प्रमुख व्यक्तियों का योगदान

भारतीय समाज सुधारक आन्दोलन में कुछ महान व्यक्तियों द्वारा दिये गये योगदानों पर संक्षिप्त प्रकाश नीचे डाला जा रहा है—

(1) राजा राममोहन राय—राजा राममोहन राय धर्म के प्रति बौद्धिक दृष्टिकोण अपनाने के पक्षधर थे। उन्हें भारतीय सुधार आंदोलन का एक अद्वितीय नेता कहा जा सकता है। उस समय धर्म तथा ब्राह्मणों की प्रभुता और साथ ही जाति नियम इतने कठोर थे कि अवहेलना करके भारत में सुधार आंदोलन को जन्म देना और एक विश्वधर्म की स्थापना करना राजा राममोहन राय जैसे महान् और विद्वान

व्यक्ति के ही लिये सम्भव था। उनके समय में प्रचलित सती प्रथा के हृदयस्पर्शी दृश्य को देखकर राजा राममोहन राय इतने प्रभावित हुए कि उन्होंने इस प्रथा को समाप्त करने की शपथ ली और इन्हीं के प्रयत्नों के फलस्वरूप सती-प्रथा निषेध अधिनियम सन् 1829 में अंग्रेजी शासक विलियम बेण्टिक ने पास करवाया। सन् 1814 के बाद राजा राममोहन राय ने अपना धार्मिक सुधार कार्य कलकत्ता में आरम्भ कर दिया। उन्होंने मूर्तिपूजा का विरोध किया और धार्मिक अन्धविश्वासों में अनुवाद किया तथा यह प्रचार किया कि एक ही ईश्वर को मानना चाहिये। राजा राममोहन राय के विचारों से कुछ अंग्रेज इतने प्रभावित हुए कि उन्होंने ईसाई धर्म त्यागकर पिछड़ी हुई जातियों की उन्नति, किसानों का उत्थान तथा काली और गौरी प्रजाति का भेद समाप्त करने के लिये विशेष रूप से प्रयत्न किए। आपने सन् 1828 में ब्रह्म समाज की स्थापना की तथा एक ईश्वर की पूजा करने पर बल दिया। इस कार्य को करने के लिए उन्होंने बड़ी खोज तथा विचार किया। आपकी मृत्यु सन् 1833 में ब्रिस्टल में हुई।

(2) महर्षि देवेन्द्रनाथ ठाकुर—समाज सुधार आन्दोलन में महर्षि देवेन्द्रनाथ ठाकुर की महत्वपूर्ण भूमिका रही है। इन्होंने राजा राममहोन राय के उपरान्त ब्रह्म समाज के संचालन का कार्यभार संभाला। इसके पहले उन्होंने एक तत्व बोधिनी सभा की स्थापना की थी। इस सभा का लक्ष्य था सत्य की शिक्षा देना। प्रारम्भ में इसके केवल 10 सदस्य थे, पर बाद में सदस्य-संख्या उत्तरोत्तर बढ़ती रही। ठाकुर तत्व बोधिनी मासिक पत्रिका के भी सम्पादक रहे। सन् 1847 में इस पत्रिका ने ऋग्वेद का अनुवाद प्रकाशित किया। 1845 में जब देवेन्द्रनाथ ब्रह्म समाज के संचालक बने तो उन्होंने मुख्य रूप में वेद और वेदान्त का प्रचार करना प्रारम्भ किया। 1847 में श्री देवेन्द्रनाथ स्वयं चार ब्राह्मण विद्यार्थियों के साथ बनारस गए और वेदों के सम्बन्ध में पूर्ण सूचना प्राप्त की और ब्रह्म धर्म नामक पुस्तक प्रकाशित करवाई। इसके उपरान्त ठाकुर जी ने हिन्दू समाज में व्याप्त मौलिक कुप्रथाओं और अन्धविश्वासों के प्रति लोगों का ध्यान आकर्षित किया और बहुपत्नी विवाह का विरोध तथा विधवा विवाह, स्त्री शिक्षा का समर्थन और उसका प्रचार किया। ब्रह्म समाज में फूट पड़ने के कारण देवेन्द्रनाथ शान्ति निकेतन आश्रम में चले गये। जहाँ पर सन् 1905 में इनकी मृत्यु हो गयी।

(3) केशवचन्द्र सेन—ब्रह्म समाज द्वारा भारत में चलाए गए सुधार आंदोलन के एक और प्रमुख नेता श्री केशवचन्द्र सेन 1838-1888 थे। आपने सन् 1861 में ब्रह्म समाज के कार्य में अत्यधिक सक्रिय भाग लिया तथा अपने नवयुवक साथियों के साथ मिलकर संगत सभा की स्थापना की। भारत में आम शिक्षा प्रचार करने के

हेतु उन्होंने अंग्रेजी सरकार को एक अपील भेजी। सन् 1861 में उन्होंने Indian Mirror नामक पत्रिका प्रकाशित की। इस पत्रिका के द्वारा आपने राजनीतिक और समाज सुधार आन्दोलन को आगे बढ़ाया। सन् 1863 से उन्होंने स्त्रियों की अवस्थाओं को सुधारने के हेतु वामाबोधिनी नामक पत्रिका प्रकाशित की, जिसके द्वारा झूठे जाति भेद को ठुकराकर अन्तर्जातीय विवाह का खुलेआम प्रचार किया। साथ ही ब्रह्म समाज का संदेश बंगाल के गाँव-गाँव में पहुँचा दिया गया। सन् 1864 में श्री सेन ने मद्रास का भ्रमण करके ब्रह्म समाज के आदर्शों का प्रचार किया। सन् 1865-66 में ब्रह्म समाज में कुछ आंतरिक मतभेद खड़े हो गये। श्री सेन ने जनवरी 1868 में भारतवर्ष ब्रह्म समाज की स्थापना की। एक संकीर्तन पार्टी के द्वारा प्रभातफेरी में गा-गाकर वह ईश्वर की प्रार्थना ब्रह्म समाज का प्रचार करते थे। 20 जनवरी, 1883 को श्री सेन ने एक लेख द्वारा अपने विचार इस प्रकार प्रस्तुत किए मैं एशिया का एक बालक हूँ, इसके सारे मेरे दुख हैं तथा इसकी सभी प्रसन्नताएँ मेरी प्रसन्ताएँ हैं। एशिया के एक सिरे के दूसरे तक एक बहुत बड़ा परिवार है और उस परिवार के सभी लोग मेरे सम्बन्धी हैं। श्री सेन ने कई पुस्तकें लिखीं, जिनमें हिन्दू, बौद्ध, ईसाई, इस्लाम और चीन की धार्मिक पुस्तकों की अच्छी-अच्छी बातों का समावेश उन्होंने किया। वे बहुत बड़े सुधारक थे और इस सुधारक की मृत्यु 1884 में 46 वर्ष की अवस्था में हुई।

(4) स्वामी दयानन्द सरस्वती–इनका जन्म गुजरात के मोरवी नामक नगर में 1824 को हुआ था। इनका असली नाम मूल शंकर था। भारतीय समाज सुधार आन्दोलन के महान प्रेणता स्वामी दयानन्द सरस्वती ने अपनी 24 वर्ष की अवस्था में संन्यासी का रूप धारण कर लिया। संन्यास लेने के उपरान्त ये देश के विभिन्न शहरों में घूमते हुए अपने उपदेशों से जनता को लाभान्वित किया। 1871 से 1873 तक आप गंगा के किनारे-किनारे घूमते तथा धर्म का उपदेश देते हुए पाठशालाओं का प्रबन्ध करते रहे। ये कलकता भी गए और केशवचन्द्र सेन आदि समाज-सुधारकों से विचार-विनिमय करते रहे। 1874 में मथुरा और वृन्दावन में मूर्तिपूजा का खण्डन कठोर शब्दों में किया और अन्त में 1875 में बम्बई में आर्य समाज की स्थापना की। सन् 1877 में उन्होंने पंजाब का भ्रमण किया और जगह-जगह पर आर्य समाज की स्थापना की। स्वामी जी ने जाति-पांति, बाल-विवाह, विधवाहों के पुनर्विवाह पर रोक, धर्म-परिवर्तित लोगों के लिए गृह-प्रवेश निषेध नीति आदि विषयों में अपनी आवाज उठाई। राष्ट्रीय शिक्षा का भी एक कार्यक्रम बनाया गया। इन शिक्षा संस्थाओं के द्वारा आर्य समाज के मूल सिद्धान्तों तथा आदर्शों का प्रचार किया गया। इन शिक्षा संस्थाओं

में नैतिक तथा चारित्रिक उन्नति करने के लिए विधवाओं के लिए विशेष उपदेशों की व्यवस्था की गई। इनके आर्य समाज में शिक्षा देने वाले शिक्षक मूल रूप से भारतीय होते थे और शिक्षण शुल्क बहुत कम था। स्वामीजी के द्वारा स्थापित दयानन्द वैदिक शिक्षा संस्थायें आज भी देश के विभिन्न भागों में विशेषकर उत्तर प्रदेश में शिक्षा प्रसार के क्षेत्र में अपना महत्वपूर्ण योगदान दे रही हैं। स्वामी जी के प्रयत्नों के फलस्वरूप छुआछूत के विरुद्ध एक क्रियात्मक आवाज उठी। अनेक विधवाओं का पुनर्विवाह कराया गया तथा अन्तर्जातीय विवाहों को भी प्रोत्साहन मिला। सन् 1880 के लगभग स्वामीजी ने देश के प्रायः 50 से भी अधिक शहरों में आर्य समाज की स्थापना की। 30 अक्टूबर, सन् 1883 दिन मंगलवार को इस महान् विभूति का देहान्त हो गया।

(5) स्वामी विवेकानन्द—स्वामी विवेकानन्द जी का जन्म 1863 में हुआ था। स्वामी रामकृष्ण के प्रमुख शिष्य विवेकानन्द जी का भारतीय समाज सुधार आन्दोलन में सराहनीय योगदान रहा है। सन् 1893 में शिकागों में होने वाली धार्मिक सभा के पश्चात् स्वामी विवेकानन्द जी अत्यधिक प्रसिद्ध हो गये। इस धार्मिक सभा में उनके वेदों की शिक्षा सम्बन्धी बातों को सुनकर अमरीका के लोगों को यह विश्वास हो गया कि स्वामी विवेकानन्दजी विश्व धार्मिक सभा में सर्वश्रेष्ठ व्यक्ति थे। वहाँ के बाद स्वामीजी यूरोप के अन्य शहरों का भ्रमण करते और पश्चिम के लोगों को हिन्दू-धर्म तथा वेदों के विषय में बताया। उनके अनुसार ईश्वर एक है और वही पूर्ण सत्य तथा सर्वव्यापक है। यह प्रत्येक जीव में विद्यमान है। जब मनुष्य अपनी इन्द्रियों पर काबू कर लेता है तब उसे ईश्वर का साक्षात् दर्शन होता है। सम्पूर्ण संसार को चलाने वाली केन्द्रीय शक्ति ही धर्म है। धर्म के नाम पर जो लड़ाई झगड़े होते हैं, वे मनुष्य की मूर्खता, गर्व तथा स्वार्थपरता के ही परिचायक हैं।

स्वामी विवेकानन्द जी का मानना था कि धर्म की समस्त संकीर्णता से समस्त मानव को जल्दी-से-जल्दी अपने को विमुख कर लेना चाहिए। स्वामीजी के विचारो से न केवल भारतवासी बल्कि पश्चिम के लोग भी इतने ज्यादा प्रभावित हुए कि उनके शिष्यों की संख्या दिन-प्रतिदिन बढ़ती ही गई। विदेशी शिष्यों में सिस्टर निवेदिता का नाम विशेष रूप से उल्लेखनीय है। स्वामी जाति-पांति के भेदभाव के प्रबल विरोधी थे और यह चाहते थे कि विभिन्न धर्म और जाति में एकता और मित्रता स्थापित हो। साथ ही साथ वेदान्त के आदर्शों को यह जनता के सम्मुख प्रस्तुत करना चाहते थे और सभी पीड़ित मनुष्यों की बिना किसी जाति या धर्म-भेद के सेवा करना ही उनकी शिक्षा का मूल तत्व था। इसी उद्देश्य से सन् 1897 में स्वामीजी ने रामकृष्ण

मिशन की स्थापना की। इस मिशन के द्वारा उन्होंने धर्म की संकीर्णता दूर करने, बाढ़पीड़ितों की सहायता, शिक्षा का प्रसार, चिकित्सालय, पशु-पालन गृह, अनाथालय, औद्योगिक स्कूल, सामान्य स्कूल तथा कॉलेज आदि की स्थापना के द्वारा शिक्षा तथा सेवा-भाव को देशवासियों में पुनर्जीवित करने तथा जाति-पांति के भेदभाव को मिटाने का प्रयत्न किया।

(6) महात्मा गाँधी—मोहनदास करम चन्द गाँधी का जन्म 2 अक्टूबर 1869 को गुजरात के पोरबंदर नामक स्थान पर एक सम्पन्न परिवार में हुआ था। महात्मा गाँधी एक उच्चकोटि के राजनीतिज्ञ, दार्शनिक, विश्वशिक्षक तथा समाज-सुधारक थे। **डॉ. यादव** के अनुसार, उनके जीवन तथा दृष्टिकोण में भारतीय संस्कृति की आध्यात्मिक मान्यताओं तथा पाश्चात्य संस्कृति के स्वस्थ आदर्शों का समन्वय मिलता है। वे एक ओर तो आमसंयंम, आध्यात्मिकता, सत्यदर्शन, अहिंसा मानव-सेवा आदि भारतीय सांस्कृतिक आदर्शों के उज्ज्वल प्रतीब थे और दूसरी और स्वतन्त्रता समानता राष्ट्रीयता तथा मानववाद के पाश्चात्य विचारों के समर्थक थे। सन् 1920 के बाद गाँधी जी भारतीय राष्ट्रीय आंदोलन में प्रवेश के पश्चात् राष्ट्रीय आंदोलन एक जन आंदोलन हो गया और उसी के साथ भारतीय सुधार-आंदोलन को भी एक नई दिशा प्राप्त हुई। उन्होंने अपने को अस्पृश्यता-निवारण में अधिक रुचि लेने वाला घोषित किया और यह कहा कि जब तक अस्पृश्यता का पूर्णतया नाश नहीं हो जाता है तब तक भारतीय स्वतन्त्रता अर्थहीन है। सन् 1920 में गाँधीजी के नेतृत्व में हिन्दू-मन्दिरों में हरिजनों के द्वारा प्रवेश के सम्बन्ध में एक स्पष्ट राजनीतिक निर्णय कांग्रेस ने लिया। आपने जब-जब असहयोग आंदोलन या सत्याग्रह किया, तब-तब जाति या धर्म के मानने वालों ने उनका साथ दिया। उनके नेतृत्व में सब कन्धे-से-कन्धे मिलाकर काम करने लगे। गाँधीजी ने अपने राष्ट्रीय आंदोलन में हिस्सा लेने के लिये स्त्रियों को भी आमन्त्रित किया। इसके फलस्वरूप स्त्रियों में पर्दा-प्रथा कम होने लगी तथा स्त्रियों से सम्बन्धित कुप्रथाओं जैसे बाल-विवाह दहेज-प्रथा, विधवा-पुनर्विवाह पर रोक आदि के प्रति स्त्रियों में अधिक जागरूकता उत्पन्न हुई और पुरुषों ने भी उनका समर्थन किया।

सन् 1922 में अस्पृश्यता निवारण के पवित्र कार्य को और शक्ति तब मिली जब प्रथम नागरिक अवज्ञा आंदोलन के पश्चात् गाँधीजी ने देश के सामने बारदोली कार्यक्रम रखा जिसमें पहला कार्यक्रम अस्पृश्यता निवारण ही था। इसके पश्चात् गाँधीजी आजीवन काल तक अस्पृश्यता निवार आंदोलन को चलाते रहे और बहुत-कुछ उन्हीं के प्रयत्नों का यह फल है कि आज हरिजनों को कम से कम

वैधानिक तौर पर अन्य नागारिकों के समान प्रत्येक विषय में समान अधिकार मिल गये हैं तथा उनकी दशा में भी पर्याप्त उन्नति हुई है।

गांधीजी ने धार्मिक संकीर्णता को दूर करने के लिये धर्म को एक नए रूप में प्रस्तुत किया। गाँधीजी का धर्म आत्मबोध है, आत्मज्ञान है। उनके अनुसार धर्म वह आधार है जो कि हमारा परमसत्य से एकाकार कराता है, जो हृदय को निर्मल, निःस्वार्थ तथा पवित्र बनाता है, जो कि सबसे प्रेम करना सिखाता है और जो कि निर्बल का बल और सबल का मार्ग-दर्शक है। गाँधीजी सत्य, अहिंसा के पुजारी थे और उसी आधार पर समाज-सुधार कार्यक्रमों को क्रियान्वित करना चाहते थे। उनका उद्देश्य सबकी भलाई थी, इसीलिये उन्होंने सर्वोदय आन्दोलन को चलाया। सर्वोदय ऐसे वर्ग विहीन, जातिविहीन और शोषण-विहीन समाज की स्थापना चाहता है जिसमें प्रत्येक व्यक्ति और समूह को स्वाँगीण विकास के साधन और अवसर मिलेंगे। गाँधी जी ने लिखा है, मेरे स्वराज्य का सपना गरीबों के स्वराज्य का है।

गाँधी जी जाति-प्रथा को बुरा नहीं मानते थे बशर्ते कि यह प्रथा वर्ग-व्यवस्था के आदर्शों को अपना ले और एक-दूसरे का शोषण करने की बजाय दूसरों के साथ सहयोग की भावना पर आधारित हो।

गाँधीजी ने स्त्रियों को सुधारने तथा उन्हें परम्परागत कुरीतियों का शिकार बनने से बचाने के लिये प्रयत्न किया। सन् 1940 के बाद हरिजन पत्रिका में उन्होंने इस सम्बन्ध में अनेक लेखों को प्रकाशित किया, जिससे स्त्री-पुरुष में असमानता, बाल-विवाह, विधवा-पुनर्विवाह, देवदासी-प्रथा, दहेज-प्रथा आदि के विरुद्ध स्वस्थ जनमत का निर्माण हो सके। विधवा पुनर्विवाह के सम्बन्ध में उन्होंने यह सुझाव रखा कि हर नवयुवक को यह ठान लेना चाहिये कि वह अपने विवाह में दहेज नहीं लेगा और विधवा से ही विवाह करेगा।

गाँधीजी शिक्षा की वर्तमान पद्धति से भी सन्तुष्ट न थे, क्योंकि इससे शरीर, बुद्धि तथा आत्मा तीनों का समान विकास नहीं हो पाता है। इसीलिये गाँधीजी ने 1937 में एक नई शिक्षा योजना, जिसे कि बेसिक शिक्षा कहते हैं, राष्ट्र सम्मुख प्रस्तुत की। इस शिक्षा का आधार हस्तकला है। मातृभाषा के माध्यम से इसे लागू किया जाता है और शिक्षा के दौरान विद्यार्थी को आत्मनिर्भरता, नागरिकता, अहिंसा, जाति-पांति के भेदभाव से मुक्ति तथा स्वतन्त्रता के आदर्शों की शिक्षा दी जाती है।

गाँधीजी ने नशाखोरी को बन्द करने के लिये भी अनेक प्रयास किए थे। नशाखोरी बंद करने का आंदोलन सन् 1926 में गाँधीजी के ही नेतृत्व में शुरू हुआ था जिससे कि सन् 1937 में एक नई शिक्षा योजना, जिसे कि बेसिक शिक्षा कहते

हैं, राष्ट्र के सम्मुख प्रस्तुत की। इस शिक्षा का आधार हस्तकला है, मातृभाषा के माध्यम से इसे लागू किया जाता है और शिक्षा के दौरान विद्यार्थी को आत्मनिर्भरता, नागरिकता, अहिंसा, जाति-पांति के भेदभाव से मुक्ति तथा स्वतन्त्रता के आदर्शों की शिक्षा दी जाती है। गाँधीजी ने नशाखोरी को बन्द करने के लिये भी अनेक प्रयास किए थे। नशाखोरी बन्द करने का आन्दोलन सन् 1926 में गाँधीजी के ही नेतृत्व में शुरू हुआ था जिससे कि सन् 1937 में कांग्रेसी मन्त्रिमण्डल ने राजकीय सुधार कार्यक्रम को एक आंदोलन बना लिया। आज भी सरकारी तौर पर यह आंदोलन चल रहा है।

उपरोक्त विवेचना से यह स्पष्ट है कि सत्य, अहिंसा, शान्ति तथा मानव सेवा के आदर्शों को सामने हुये गाँधीजी ने धर्म, सामाजिक जीवन, जाति-प्रथा आदि से सम्बन्धित कुप्रथाओं और अन्धविश्वासों के विरुद्ध जो आंदोलन छेड़ा था वह आज भी सक्रिय रूप में चल रहा है और यह आशा की जाती है कि एक दिन भारतीय इन सब कुप्रथाओं तथा रूढ़ियों से विमुक्त होकर प्रगति के पथ पर अग्रसर होगा। उसी दिन गाँधीजी का राम-राज्य का सपना पूरा होगा।

14

यौन समस्या

एक्वायर्ड इम्यूनो डेफिशियेन्सी सिन्ड्रोम (एड्स) संक्रामक

आधुनिक समय में प्रगतिशील मनुष्य ने सफलता की अनेक ऊँचाइयाँ छू ली हैं। उन्नति के साथ-साथ सामाजिक जीवन में अनेक प्रकार की कठिनाइयाँ भी आई हैं। इस कठिन सामाजिक जीवन का सर्वाधिक प्रभाव मानव का मानसिक दबाव व तनाव में जीना है। बढ़ती प्रतियोगिता व भौतिकवादिता के साथ लड़ने में मनुष्य अनेक असामाजिक कार्य करने लगता है जिसके परिणामतः अनेक सामाजिक समस्याएँ उठ खड़ी होती हैं। यथा—मनुष्य तनाव से बचने के लिए अनेक मादक द्रव्यों का सेवन करता है। तनाव कम करने की इच्छा से वेश्याओं तक पहुँचता है, आदि अनेक गलत रास्ते अपनाता है। जिसका परिणाम अनेक बार असाध्य रोगों का शिकार होना है। विकसित व विकासशील समाजों के समक्ष गम्भीर सामाजिक समस्या है लोगों में विभिन्न तरह के मादक द्रव्य व्यसन व दुसाध्य रोग एड्स।

संसार में अनेक सामाजिक समस्याओं में से विकट समस्या एड्स की समस्या सामने आयी जिसके कारण हैं यथा—स्त्री-पुरुष के असामाजिक शारीरिक सम्बन्ध तथा रोमान्स तथा नशे का बढ़ता उपयोग, जो इन्जेक्शन से सीधा शरीर की नसों में लगाया जाता है। संसार के समस्त देश इस समस्या को रोकने के लिए चिन्तित व प्रयत्नशील हैं।

एड्स का पहला मामला 1981 में अमेरिका में प्रकाश में आया था तब से आज तक लगभग 175 देशों में यह रोग फैल चुका है। विश्व स्वास्थ्य संगठन रिपोर्ट के अनुरूप पूरी दुनिया में लगभग एक करोड़ व्यक्ति एड्स से संक्रमित हुए हो सकते

हैं, जिसका 80 प्रतिशत मात्र 10 देशों में होंगे। इनमें अमेरिका की कुल जनसंख्या का 0.04 प्रतिशत तथा 3.5 प्रतिशत दक्षिण अमेरिका विशेषरूप से ब्राजील और कनाडा आदि का है।

भारत में एड्स

वर्ष 1985 में भारत में एड्स की उपलब्धि के प्रति आगाह करते हुए अभियान छेड़ने हेतु डॉ. गिल्डा ने इंडियन हेल्थ आर्गनाइजेशन की नींव डाली थी। महाराष्ट्र में एचआईवी संक्रमण में पहला स्थान पर सांगली है, उसके बाद में कोल्हापुर, पूना, नासिक, सतारा, अहमदनगर, ठाणे और बाद में मुंबई का नंबर आता है। थोड़े ही समय में औरंगाबाद, नागपुर और लातूर सबसे आगे चले जाएंगे। मुंबई में एड्स की संख्या में स्थिरता आई है। वर्ष 91 में रक्तदाताओं के खून की जाँच होने पर एचआईवी का प्रतिशत 3 था। वर्ष 93 में यह प्रतिशत 2.1 था और 96-97 में यह प्रतिशत 1.6 है, गर्भवती महिलाओं की रक्त जाँच के दौरान भी स्थिरता पाई गई है इस प्रकार मुंबई में एड्स की संख्या में गिरवाट पाई है। लेकिन यह समस्या मुंबई तक ही सीमित नहीं है। आँकड़े बताते हैं—मुंबई में एड्स के जो मामले दर्ज होते हैं उनमें 56 प्रशित मामले उत्तर प्रदेश, राजस्थान, गुजरात, बिहार, पंजाब, कर्नाटक वगैरह बाहर के राज्यों से आए लोगों के हैं। रेडलाइट एरिया में पिछले पाँच वर्षों से अधिक जागरूकता आई है। वेश्याओं के पचास प्रतिशत ग्राहक कम हो गए हैं। वेश्याएँ कंडोम का प्रयोग करने लगी हैं।

एड्स उत्पन्न होने का कारण

यौन संबंधों से प्रसारित रोग जैसे सिफिलिस और सूजाक (गोनोरिया) भारत में काफी व्यापक है। एस.टी.डी. के प्रबंध और नियंत्रण हेतु सरकार ने केंद्र सहायता प्राप्त एस.टी.डी. के लिए राष्ट्रीय नियंत्रण कार्यक्रम को द्वितीय पंचवर्षीय योजना के दौरान प्रारम्भ किया था। चौथी पंचवर्षीय योजना के दौरान उसे केंद्र समर्थित उपयोजना में बदल दिया गया। क्योंकि एच.आई.वी. संक्रमण के प्रसार में एस.टी. डी. एक प्रमुख घटक है, इस कार्यक्रम को एड्स नियंत्रण कार्यक्रम में सम्मिलित कर लिया गया। सरकार यौन प्रसारित रोगों के विषय में प्रशिक्षण, पढ़ाई, अनुसंधान और संक्रामक रोग अध्ययन, स्वास्थ्य और सामूहिक शिक्षा पर विशेष रूप से ध्यान दे रही है। एक ज्ञानसेवा रोग है जो सम्पूर्ण विश्व में तीव्र गति से विस्तारित हो रहा है। विश्व स्वास्थ्य संगठन ने यह अनुमान लगाया था कि सन् 2000 तक दुनिया

की 4 करोड़ आबादी एचआइवी से संक्रमित हो जाएगी और 4.2 करोड़ को पूर्ण विकसित एड्स होगा जिसमें से 4 लाख प्रतिवर्ष मर जाएँगे। भारत में एचआइवी से संक्रमित लोगों की संख्या विश्व में सबसे आगे है और एड्स की संख्या में एशिया में शीर्ष स्थान पर है। 1983 में फ्रांस के माटेग्यिर ने इसके वायरस की पहचान की। 1984 में अमरीका के गालो तथा साथियों से एक एड्स पीड़ित व्यक्ति से इसका वायरस प्राप्त किया और एस.टी.एल.वी. नाम दिया। बाद में लेवी एवं साथियों ने इसे एच.आई.वी. नाम दिया और और 1986 में इसका नाम एड्स पड़ा। एच.आई. वी. मरीज की श्वेत रक्त कोशिकाओं को खत्म करता है। इससे शरीर में छोटे इन्फैक्शन से लड़ने की शक्ति नहीं रह जाती है और मानव का जीवन असुरक्षित हो जाता है। एड्स का अभी तक कोई समाधान नहीं ढूँढ़ा जा सका है। वाइरस निरोधी औषधियाँ यथा–जाइडोबुडीन, अधिक से अधिक इस बीमारी को तीव्रता से उभरने से रोकने में सक्षम हुई है। इस वाइरस के खिलाफ किसी टीके की खोज होना एक बहुत बड़ी उपलब्धि होगी, लेकिन इस दिशा में बड़ी मुश्किलें हैं। अभी तक हमारे प्रयत्न विभिन्न विधियों से इस वाइरस के प्रसार को नियंत्रित करने तक ही सीमित हैं।

अभी तक एड्स की कोई भी पक्की दवा नहीं बनी है जो एड्स को ठीक कर दे। अभी दो दवाइयाँ बाजार में आई हैं। जिनके दो ग्रुप हैं–रिवर्स ट्रासक्रिप्टाइज इंहिपिटर्स, जिनमें चार दवाइयाँ हैं ए जोड–टी, डीटी–सी, डीडी–वन, 4–डीटी और दूसरा ग्रुप प्रोटेज इंडिपिटर्स, इसमें भी चार दवाइयों को मिला-जुलाकर दिया जाता है, जिससे नब्बे या पिचानवे फीसदी एचआईवी संक्रमण समाप्त हो सकता है लेकिन इस दवा पर एक वर्ष में दो-ढाई लाख का व्यय होता है।

एड्स के लक्षण

एड्स के दो लक्षण हैं जिसमें पहला विशिष्ट लक्षण और दूसरा गोण लक्षण शारीरिक वजन में 10 प्रतिशत से ज्यादा कमी होना, एक महीने से ज्यादा क्रान्तिक दस्त लगना तथा एक महीने से अधिक अवधि तक लगातार बुखार रहना एड्स का विशिष्ट लक्षण कहलाता है। इसके अलावा, गौण लक्षणों में जैसे–एक महीने से अधिक बनी रहने वाली खांसी, पूरी त्वचा पर खुजली वाली पित्तियाँ, व्यापक हपर्स जोस्टर, सूजी हुई लिम्फ ग्रन्थियाँ, भूल जाने की आदत, फैली हुई पुलमोनरी टी.बी प्रमुख हैं।

अवसरवादी संक्रमण

इसके अतिरिक्त 'पुलमोनरी' (फुफ्फुसीय), टी.बी, साधारण 'कापोसी सरकोआ' 'हेमरेजिक मांसल मल विसर्जन', (सिप्टोकोकल मेंनिंजाईटिस) अथवा मस्तिष्क का बुखार जो फफूंद जनित आदि को अवसरवादी संक्रमण कहा जाता है।

एड्स परीक्षण : एचआईवी का सकारात्मक (पोजिटिव) परीक्षण एड्स होने का लक्षण नहीं है। एचआईवी सकारात्मक होने का अर्थ है कि मरीज एड्स से संक्रमित है जो संक्रमणकारी है।

इसकी पहचान करने में मुख्य परीक्षण वेस्टर्न ब्लाक टेस्ट, ELISA (एनजाइम लिंक्ड इम्यूनोसोर्बन्ट एस्से परीक्षण) और वायरस पृथथ्कीकरण परीक्षण, खून के नमूने का प्रयोग करना आदि हैं। इसके अलावा कुछ अन्य परीक्षण भी हैं जैसे PAT (कण असंश्लिष्टकारी परीक्षण), IFA (प्रतिरक्षी प्रदीपन परीक्षण) और RIPA (रेडियो इम्यूनो अवक्षेपण परीक्षण)। भारत में साधारण तौर पर प्रयोग किये जाने वाले परीक्षणों में कम्बाई विजुअल डिफस्टिक टेस्ट और हीवा टेस्ट, यह दोनों इम्यूनो एस्से पर आधारित हैं।

इन परीक्षणों के परिणामों का सावधानी से विवरण करना होता है। यदि किसी का परिणाम ऋणात्मक निकलता है तो इसका मतलब यही है कि वह व्यक्ति परीक्षण की तारीख से तीन महीने पहले तक संक्रमित नहीं था। यह इसलिये है क्योंकि एचआईवी पहचाने जाने वाली किसी भी प्रतिक्रिया जगाने में तीन महीने लेता है। सम्पूर्ण निरोगता संकेत पाने हेतु व्यक्ति को परीक्षण के तीन महीने के जोखिम मुक्त समय के पश्चात् परीक्षण को दोहराना पड़ता है।

दवाईयाँ : आज तक कोई भी एचआईवी निरोधक वेक्सीन नहीं है। वर्तमान समय में प्रयोग की जा रही एचआईवी निरोधक औषधियाँ दो प्रकार की है जिसमें पहला विपरीत ट्रांसस्क्रिप्टेज अवरोधक और दूसरा प्रोटीएज अवरोधक। विपरीत ट्रांसस्क्रिप्टेज अवरोधक उस विपरीत ट्रान्सस्क्रिप्टेज एन्जाइम को अवरुद्ध करता है, जिससे एचआईवी अपने रियो न्यूक्लियिक अम्ल जीनोम (वायरस का आनुवंशिक पदार्थ) को डी-ऑक्सी रिबोन्यूक्लिक अम्ल में प्रतिलेपित करता है। तब वायरस उसको सहन करने वाली कोशिका के DNA में एकीकृत किया जा सकता है। इस तरह की एचआईवी निरोधक औषधि AZT, DDI, DDC, D4T और 3TC हैं।

प्रोटीन निरोधक पश्चात् के चरणों में क्रिया करते हैं, जब वायरस पहले ही कोशिका में आत्मसात् हो चुका होता है और प्रतिलेपित करने के लिए तैयार होता

है। ये प्रोटीनेस एंजाइम को अवरूद्ध करते हैं जो वायरस को परिपक्व होने और जहाँ नये वायरस कणों के निर्माण के लिए जरूरी रचनात्मक प्रोटीन उत्पन्न होते हैं उन लम्बी शृंखलाओं को पूर्णतया फैलाने में मदद करता है। ये एचआईवी को रक्तधार में पहचाने जाने वाले स्तर से प्रत्यक्ष रूप में हटा देते हैं। इस तरह की प्रथम औषधि साक्वीनाविर (इन्वायरेज) है। अन्य प्रोटीज अवरोधक इन्डिनाविर और रिटोनाविर हैं।

एड्स के वायरस यदि खून में एक बार आ जायें तो 6 महीने से 6 वर्ष के अन्दर वायरस इतना फैल जाता है कि मृत्यु होना निश्चित है। बच्चों में यह और भी तेजगति से फैलता है। एड्स के मरीज में T.B. होने का भी भय बना रहता है क्योंकि एच.आई.वी. के आक्रमण से शरीर काफी कमजोर पड़ जाता है। सन् 1980 में T.B. के कुल मरीजों में 4 प्रतिशत को T.B. एड्स के द्वारा हुई थी। भारत में एड्स के अधिकांश मरीज 20 से 40 वर्ष की उम्र के हैं। विश्व में अक्टूबर, 1995 तक 27 लाख से ज्यादा लोगों का एड्स के लिए जाँच-परीक्षण हो चुका है और इनमें से 21,131 लोगों में यह रोग पाया गया। इनमें से पूरुषों की सख्या 75 प्रतिशत है। विशेषज्ञों का यह विचार है कि सिर्फ भारत में ही एड्स मरीजों की संख्या 17.50 लाख से ज्यादा है। संयुक्त राष्ट्र की रिपोर्ट के अनुसार इस सदी के अन्त तक यह संख्या 40 लाख तक पहुँचने की सम्भावना है यदि एड्स की रोकथाम हेतु शीघ्र ही कोई सख्त कदम न उठाये गये।

एड्स के रोगों के लक्षण एकदम से पहचानने मुश्किल होते हैं क्योंकि अन्य अनेक बीमारी जैसे टी. बी. आदि जैसे ही लक्षण लगते हैं जिनका पता खून की जाँच द्वारा लगाया जा सकता है। लेकिन फिर भी कुछ लक्षण ऐसे हैं जिनके प्रति सावधान रहना चाहिए यथा—वजन का कम होना, अक्सर पैचिश लगना, लम्बे समय तक बुखार होना, रात को पसीने आना, गुर्दों का सूज जाना आदि ऐसे लक्षण हैं। इन्हें जब भी किसी भी व्यक्ति में देखा जाये तो खून की जाँच अवश्य करवा लेनी चाहिए।

एड्स के फैलने के अनेक कारणों में प्रमुख निम्नवार हैं—

1. रोगग्रस्त पुरुष अथवा स्त्री से शारीरिक सम्बन्ध स्थापित करना।
2. नशे की आदत होना विशेषतौर से जो इंजेक्शन के द्वारा लिये जाते हैं।
3. दूषित इंजेक्शन का उपयोग।
4. समय-समय पर खून चढ़वाना।
5. एक से अधिक लोगों से यौन-सम्बन्ध स्थापित करना।

एड्स की रोकथाम हेतु सरकारी प्रयत्न

1980 के दशक में व्यक्त हुए एड्स के भयंकर रोग की रोकथाम के लिए देश भर में अथक प्रयत्न किए जा रहे हैं। सभी राज्यों और केन्द्रशासित प्रदेशों में एड्स प्रकोष्ठ स्थापित किये गये हैं और वरिष्ठ स्वास्थ्य अधिकारी नियुक्त किये गये हैं। राष्ट्रीय एड्स नियंत्रण कार्यक्रम के अंतर्गत सितम्बर, 1992 से 815 रक्त बैंकों को वित्तीय मदद प्रदान की जा रही है इस कार्यक्रम के लिए धन की उपलब्धता बढ़ाने के उद्देश्य से विश्व बैंक से 225 करोड़ रुपये का ऋण लिया गया। 378 रक्त बैंकों में आधुनिक उपकरण उपलब्ध कराए गये, 154 क्षेत्रीय रक्त जाँच केन्द्र कार्य कर रहे हैं जिनका संपर्क रक्त बैंकों से जुड़ा है। सुरक्षित रक्त और रक्त उत्पादों की आपूर्ति में तालमेल रखने हेतु रक्ताधान परिषदों का गठन किया गया है जिससे समयबद्ध रूप में पेशेवर रक्तदाताओं की आवश्यकता ही खत्म कर दी जाए। एच. आई.वी एड्स का कोई उपचार, दवाई या इंजेक्शन नहीं होने के कारण सिर्फ यही विकल्प है कि लोगों को एच.आई.वी. विषाणु और इसकी रोकथाम के बारे में जागरूक किया जाए। यह कार्य रेडियो, समाचार माध्यमों, टेलीविजन, लोक नृत्यों, क्षेत्रीय प्रचार इत्यादि तथा गैर-सरकारी संगठनों के माध्यम से किया जा रहा है। देश में एच.आई.वी. के संक्रमण की भयानक स्थिति को देखते हुए भारत सरकार ने 1987 में राष्ट्रीय एड्स नियंत्रण कार्यक्रम प्रारंभ किया। इस पांचवर्षीय व्यापक रणनीतिक योजना को आठवीं योजना के दौरान विश्व बैंक की 8 करोड़ 40 लाख अमरीकी डालर की मदद से प्रारम्भ किया गया। विश्व स्वांस्थ्य संगठन ने भी इस योजना के लिए तकनीकी मदद के रूप में 15 लाख अमरीकी डालर दिये। कार्यक्रम को लागू करने के लिये स्वास्थ्य और परिवार कल्याण मंत्रालय में राष्ट्रीय एड्स नियंत्रण संगठन की स्थापना की गई है। इस परियोजना का समग्र उद्देश्य देश में एच.आई.वी. एड्स संक्रमण के फैलाव पर प्रतिबंध लगाकर रुग्णता और मृत्यु दर को कम करता है।

15

वेश्यावृत्ति

वेश्यावृत्ति की समस्या भारत की प्रमुख समस्याओं में से एक है। आज भारत इस समस्या से ग्रसित है एवं अपने यौवन की तरफ उन्मुख है। विवाह की संस्था की उत्पत्ति से पहले वेश्यावृत्ति की समस्या नहीं थी। इसका कारण यह था कि उस समय यौन-संबंधों की स्थापना पर कोई प्रतिबन्ध नहीं था। विवाह की संस्था की उत्पत्ति के साथ-साथ कुछ यौन निषेध (Sex taboo) विकसित हुए और सभ्यता के विकास के साथ-साथ विवाह पूर्व एवं विवाह के अतिरिक्त यौन-संबंधों (Premarital and Extra-marital Sex Relations) को अवैध समझा जाने लगा। इसी के कारण वेश्यावृत्ति का जन्म हुआ। इस संबंध में पुणेकर (Punekar) ने लिखा है, "While marriage is a product of Civilization, Prostitution is its by-product." वेश्यावृत्ति को व्यक्तिगत विघटन का अत्यन्त ही घृणित स्वरूप कहा जा सकता है। यह किसी-न-किसी रूप में प्राचीन काल से ही समाज में विद्यमान रही है। भले ही इसे वेश्यावृत्ति के रूप में इसे सामाजिक मान्यता नहीं मिली हो। वर्तमान समय में यह एक प्रमुख सामाजिक समस्या माना जा रहा है। इस संबंध में जियोफ्रे ने 'Encyclopaedia of the Social Sciences' में लिखा है कि "वेश्यावृत्ति विश्व का सबसे पुराना व्यवसाय है और यह तभी से चला आ रहा है जब से किसी समाज के लोगों की काम-भावनाओं को विवाह और परिवार में सीमित किया गया है"। यौन-इच्छा की सन्तुष्टि को मानव की मूलभूत आवश्यकताओं में शामिल किया जा सकता है। यौन-इच्छाओं की सन्तुष्टि के दो साधन हैं जिन्हें समाज-स्वीकृत साधन और समाज-अस्वीकृत या नैतिक साधन तथा अनैतिक साधन कहा जा सकता है। जब व्यक्ति समाज-स्वीकृत साधनों के द्वारा अपनी यौन-इच्छाओं की सन्तुष्टि करता है तो उसे नैतिक रूप से मान्यता मिली रहती है। नैतिक रूप से

व्यक्ति विवाह एवं परिवार की संस्था में ही अपनी इस आवश्यकता की पूर्ति कर सकता है। लेकिन जब व्यक्ति समाज द्वारा अस्वीकृत साधनों यानी अनैतिक साधनों द्वारा अपनी यौन-इच्छाओं की सन्तुष्टि करना चाहता है तब वह वेश्यागामी होकर ही इसको पूरा कर सकता है। निष्कर्षतः हम कह सकते हैं कि जब समाज द्वारा यौन इच्छा की पूर्ति के लिए अस्वीकृत साधनों को स्वीकार करना ही वेश्यावृत्ति है।

वेश्यावृत्ति की परिभाषा

वेश्यावृत्ति समाज पर एक कलंक है, धब्बा है। इसे समाज में किसी रूप में मान्यता प्राप्त नहीं है। जहाँ तक इसकी परिभाषा का प्रश्न है अनेक विद्वानों ने अपने-अपने दृष्टिकोण से इसे परिभषित किया है। विद्वानों द्वारा प्रस्तुत वेश्यावृत्ति की कुछ परिभाषाएँ निम्नलिखित हैं–

वेश्यावृत्ति को परिभाषित करते हुए **इलियट एवं मेरिल** (Elliott and Merrill) ने पुस्तक 'Social Disorganization' में लिखा है, "वेश्यावृत्ति एक भेदरहित तथा धन की प्राप्ति के लिए स्थापित किया गया अवैध यौन-संबंध है जिसमें भावात्मक उदासीनता पाई जाती है।" ("Prostitution is defined as an illicit sex-relation of a promiscuous and mercenary basis accompanying emotional indifference.") इस परिभाषा से यह पता चलता है कि वेश्यावृत्ति एक ऐसा यौन-संबंध है जो बिना किसी भेदभाव के स्थापित किया जाता है। यह एक अवैध यौन-संबंध है जो नियम या व्यवहार के विरुद्ध होता है। वेश्यावृत्ति एक ऐसा व्यवसाय है जो धन-प्राप्ति के उद्देश्य से किया जाता है। साथ ही इसमें प्रेम एवं स्नेह का अभाव पाया जाता है। अर्थात् वेश्याएँ अपने शरीर को मात्र धन-प्राप्ति के उद्देश्य से बेचती हैं। इसलिए इसमें प्रेम एवं स्नेह नाम की कोई चीज नहीं होती है और इसके भावनात्मक लगाव का भी अभाव पाया जाता है।

'Suppression of Immoral Traffic in Women and Girl's Act, 1956' ने वेश्या एवं वेश्यावृत्ति (Prostitute and Prostitution) को परिभाषित करते हुए लिखा है, "Prostitute means a female who offers her body for promiscuous sexual intercourse for hire, whether in money or kind." इसी Act ने वेश्यावृत्ति को परिभाषित किया है और लिखा है, "Prostitution means the act of a female offering her body for promiscuous sexual intercourse for hire, whether in money or in kind." इस परिभाषा से स्पष्ट होता है कि वेश्यावृत्ति का मतलब आर्थिक लाभ के लिए एक स्त्री का विभिन्न

व्यक्तियों के साथ यौन-संबंध स्थापित करना है। यह आर्थिक लाभ मुद्रा के रूप में भी हो सकता है। अर्थात् वेश्यावृत्ति में धन की महत्ता होती है।

ज्योफ्रे (Geoffrey) ने 'Encyclopaedia of the Social Sciences' में वेश्यावृत्ति को परिभाषित करते हुए लिखा है, "वेश्यावृत्ति आदतन या कभी-कभी बिना किसी भेदभाव के हर व्यक्ति के साथ धन के लिए किया गया यौन-संबंध है।" ("Prostitution is the practice of habitual intermittent sexual union, more or less promiscuous for mercenary inducement.") इस परिभाषा के अनुसार वेश्यावृत्ति आदतन भी किया जाता है एवं कभी-कभी भी किया जाता है। धन की प्राप्ति इसमें मुख्य उद्देश्य रहता है। इसमें किसी व्यक्ति के साथ कोई भेदभाव नहीं किया जाता है। अर्थात् निर्धारित रकम देकर कोई भी व्यक्ति वेश्या के साथ यौन-संबंध स्थापित कर सकता है।

वेश्यावृत्ति की परिभाषा **स्कॉट** ने भी है। उन्होंने 'A History of Prostitution' में वेश्यावृत्ति को परिभाषित करते हुए लिखा है, "एक व्यक्ति (पुरुष अथवा स्त्री) जो किसी प्रकार की (आर्थिक अथवा किसी अन्य प्रकार की) आय के लिए अथवा और किसी प्रकार के व्यक्तिगत संतोष के लिए, पूर्ण समय अथवा अर्द्ध-समय के व्यवसाय के रूप में, बहुत-से व्यक्तियों के साथ, जो उसी लिंग के हों, सामान्य अथवा असामान्य यौन-संबंध स्थापित करने में व्यस्त हों, उसे वेश्या कहते हैं। ("An individual (Male or Female) who for some kind of new and (monetary or otherwise) or for some other form of personal satisfaction and as a part of full time profession, engages in normal or abnormal sexual intercourse with various persons who may be of the same sex, or of the opposite sex, is a Prostitue.") इस परिभाषा से पता चलता है कि वेश्यावृत्ति न केवल स्त्रियाँ करती हैं बल्कि पुरुष भी करते हैं। इसमें आर्थिक आय होती है जो नगद पैसे के रूप में भी हो सकती है तथा वस्तु के रूप में भी हो सकती है। स्कॉट का यह भी कथन है कि वेश्यावृत्ति व्यक्तिगत संतोष के लिए भी की जाती है। वेश्यावृत्ति पूर्ण समय के लिए ही नहीं की जाती है बल्कि अर्द्ध-समय के लिए भी की जाती है। शर्त यह है कि इसका रूप व्यावसायिक होना चाहिए। वेश्यावृत्ति में समलिंगीय यौन-संबंधों को भी शामिल किए जाने का विचार स्कॉट ने दिया है।

बोंगर (Bonger) ने 'Criminality and Economic Conditions' में वेश्यावृत्ति को परिभाषित करते हुए लिखा है, "वे स्त्रियाँ वेश्याएँ हैं जो अपने शरीर

को यौन-क्रियाओं के लिए बेचती हैं और इसे एक व्यवसाय बना लेती हैं।" (Those women are prostitutes who sell their bodies for excercise of sexual acts and make this a profession.") इस परिभाषा में वेश्याओं द्वारा किया गया कार्य अर्थात् वेश्यावृत्ति को एक व्यवसाय कहा गया है। इसके माध्यम से व्यक्ति धन देकर अपने यौन-आवश्यकताओं की सन्तुष्टि करता है।"

वेश्यावृत्ति को परिभाषित करते हुए **एलेक्जर** लिखते हैं–"वेश्यावृत्ति वह यौन-संबंध है जो खरीद, संकरता और संवेगात्मक उदासीनता के अर्थ में समझाया जा सकता है।" (Prostitution is sexual intercourse characterized by barter, promiscuity and emotional indifference.") इस परिभाषा से पता चलता है कि वेश्यावृत्ति यौन-संबंध स्थापित करना है। यह धन-प्राप्ति के लिए मोल-भाव पर आधारित यौन-संबंध है। साथ ही यह यौन-संबंध गड़बड़ मिश्रण पर आधारित होता है। इसका कारण यह है कि यह बिना किसी भेदभाव के अनेक व्यक्तियों के साथ स्थापित किया जाता है। इस तरह के यौन-संबंधों में प्रेम एवं स्नेह का अभाव रहता है।

एलिस (Ellis) ने 'Sex in Relation to Society' में वेश्यावृत्ति को परिभाषित करते हुए लिखा है, "वेश्या वह है जो अपने शरीर को बिना किसी विकल्प के धन के लिए कई लोगों को मुक्त रूप से उपलब्ध कराती है।" ("Prostitute is one who openly abandones her body to a number of men without choice for money."). इस परिभाषा से पता चलता है कि एक वेश्या धन की प्राप्ति के लिए किसी को भी स्वच्छन्द होकर अपना शरीर अर्पित करती है। अर्थात् वेश्या के लिए धन-प्राप्ति मुख्य उद्देश्य होता है।

वेश्यावृत्ति को परिभाषित करते हुए 'Report of the Advisory Committee on Social and Moral Hygrene, 1954 में कहा गया है, "वेश्यावृत्ति के प्रमुख तीन आधार हैं : धन से सम्भोग का विनिमय, यौन-स्वच्छन्दता तथा भावात्मक उदासीनता।" इस परिभाषा से पता चलता है कि वेश्यावृत्ति में धन से सम्भोग को खरीदा जाता है या आदान-प्रदान किया जाता है। इसमें यौन-स्वच्छन्दता रहती है। साथ ही भावना का इसमें कोई स्थान नहीं रहता है।

क्लीनार्ड (Clinard) ने अपनी पुस्तक 'Sociology of Deviant Behaviour' में वेश्यावृत्ति को परिभाषित करते हुए लिखा है, "वेश्यावृत्ति एक भेद रहित और धन के लिए किया गया यौन-संबंध है, जिसमें उद्वेगात्मक उदासीनता होती है।" ("Prostitution is sexual intercourse on a promiscuous and mercenary basis, with emotional indifference.") इस परिभाषा के आधार पर निम्नलिखित बातें स्पष्ट होती हैं–

(क) वेश्यावृत्ति का संबंध यौन-संबंधों की स्थापना से है।
(ख) इस तरह का यौन-संबंध धन की प्राप्ति के लिए किया जाता है।
(ग) इन यौन-संबंधों की स्थापना में प्रेम और स्नेह का अभाव रहता है।
(घ) यह यौन-संबंध बिना किसी भेदभाव के किसी भी व्यक्ति के साथ स्थापित हो सकता है।

वेश्यावृत्ति की अवधारणा पर प्रकाश डालते हुए एवं उसे परिभाषित करते हुए **डॉ. आर.बी.के. जयकर** (Dr. R.B.K. Jayakar) ने अपनी पुस्तक 'Social Welfare in India' में लिखा है, "Sexual union, for a consideration in cash or kind. with a women who is not one's wife,is the plain definition of prostitution," इस परिभाषा के आधार पर यह कहा जा सकता है कि वेश्यावृत्ति का अर्थ अपनी पत्नी के अतिरिक्त अन्य स्त्रियों के साथ यौन-संबंध स्थापित करना है जिसमें औरत के लिए धन-प्राप्ति का उद्देश्य रहता है। यह धन मुद्रा या वस्तु किसी रूप में भी हो सकता है। वेश्यावृत्ति में दोनों पक्ष एक-दूसरे को कुछ देता है। इसलिए **एलेक्जर** (Elexur) ने वेश्यावृत्ति की तुलना 'Barter System' से की है। वेश्यावृत्ति रूपी Barter System स्त्री-पुरुष के यौन-संबंधी आवश्यकताओं की पूर्ति करती है। इसमें पुरुष स्त्री को आर्थिक लाभ प्रदान करता है। यहाँ यह वर्णन करना भी अनावश्यक नहीं है कि वेश्यावृत्ति एक व्यवसाय के रूप में स्वीकार किया जाता है और इसमें धन बहुत महत्त्वपूर्ण होता है अर्थात् वेश्यावृत्ति एक ऐसा व्यवसाय है जिसमें धन प्राप्ति के लिए कोई स्त्री विभिन्न पुरुषों के साथ यौन-संबंध स्थापित करती है। साथ ही इस यौन-संबंध में भावात्मक संवेग का अभाव एवं प्रेम तथा स्नेह रहित होता है।

विशेषताएँ

वेश्यावृत्ति समाज के लिए कलंक है। इसके सिर्फ बुरे प्रभाव ही समाज पर होते हैं। आज यह एक गंभीर सामाजिक समस्या के रूप में समाज में विद्यमान है। इसकी अनेक विशेषताएँ होती हैं जो निम्नलिखित हैं–

(1) अवैध यौन-संबंध–वेश्यावृत्ति को परिभाषित करने वाले सभी विद्वान इस बात को स्वीकारते हैं कि वेश्यावृत्ति एक प्रकार का अवैध यौन-संबंध है। वैध

यौन-संबंध केवल विवाह एवं परिवार की संस्था में ही स्थापित किए जा सकते हैं। इस प्रकार वेश्यावृति की एक विशेषता अवैध यौन-संबंध कही जा सकती है।(

(2.) भेदभाव का अभाव—एक वेश्या यह नहीं देखती है कि उसका ग्राहक गरीब है या अमीर, देखने में सुन्दर है या कुरूप तथा मोटा है या पतला या उसका जाति या धर्म क्या है। वह बिना किसी भेदभाव के सभी के साथ यौन-संबंध स्थापित करती है। क्योंकि वेश्यावृत्ति का मुख्य उद्देश्य धन की प्राप्ति होता है।

(3) यौन अनैतिकता से पृथक्—वेश्यावृत्ति यौन-अनैतिकता से भिन्न है। वेश्यावृत्ति केवल यौन-अनैतिकता ही नहीं है बल्कि इसमें व्यापारिक संबंध एवं आदान-प्रदान के तत्त्व भी शामिल होते हैं।

(4) शरीर बेचना—वेश्यावृत्ति एक प्रकार का व्यवसाय है जो शरीर की बिक्री पर आधारित है। इस व्यवसाय में शरीर की सुन्दरता, यौवन-सौष्ठव, चंचलता एवं मांसल सौन्दर्यता का बोलबाला रहता है। इस प्रकार यह कहा जा सकता है कि शरीर की बिक्री वेश्यावृत्ति की एक विशेषता है।

(5) भावनात्मक उदासीनता—वेश्यावृत्ति की विशेषता भावनात्मक उदासीनता कही जा सकती है। वेश्यावृत्ति में जिन स्त्रियों एवं पुरुषों के बीच यौन-संबंध स्थापित होता है उनके बीच किसी प्रकार का भावनात्मक लगाव नहीं पाया जाता है। क्योंकि उनमें प्रेम एवं स्नेह आदि की भावना का अभाव होता है। चूँकि पुरुष धन देकर अपनी काम वासना की पूर्ति के लिए धन देता है और स्त्री धन लेकर अपना शरीर बेचती है इसलिए प्रेम एवं स्नेह की भावना का जागृत होना संभव नहीं होता है। वेश्यावृत्ति दे एवं ले के सिद्धान्त पर आधारित होती है। अतः भावनात्मक उदासीनता स्वाभाविक है। इस प्रकार भावनात्मक उदासीनता वेश्यावृत्ति की एक विशेषता कही जा सकती है।

(6) आर्थिक आधार—वेश्यावृत्ति की प्रमुख विशेषता यह है कि इसका मुख्य आधार आर्थिक होता है। अर्थात् वेश्यावृत्ति अर्थ के लिए किया जाता है। बिना अर्थ का भुगतान किए वेश्या का शरीर प्राप्त नहीं किया जा सकता है। इस व्यवसाय में शरीर-सुख का विशेष महत्त्व नहीं होता है। महत्त्व सिर्फ आर्थिक लाभ का होता है। वेश्याएँ अपने इसी पेशा से जीवनयापन करती हैं। आर्थिक-प्राप्ति वस्तु या मुद्रा दोनों रूपों में हो सकती है। इस प्रकार यह कहा जा सकता है कि वेश्यावृत्ति की एक विशेषता आर्थिक आधार है।

उपर्युक्त विवरणों से यह ज्ञात होता है कि वेश्यावृत्ति की अनेक विशेषताएँ हैं—

वेश्यावृत्ति के कारक या कारण

वेश्यावृत्ति का अर्थ समाज में नैतिक पतन से लिया जाता है। यह काफी निकृष्ट कार्य होता है। समाज में इसे किसी प्रकार की मान्यता प्राप्त नहीं है। लेकिन यहाँ यह भी प्रश्न विचारणीय है कि कोई भी स्त्री इस कार्य में क्यों संचालित होती है? स्वेच्छा से शायद ही कोई स्त्री इस कार्य को अपनाती हो। यह परिस्थितियाँ हैं जो किसी भी स्त्री को इस घृणित एवं पतित कार्य करने को मजबूर कर देती हैं। इसलिए यह आवश्यक प्रतीत होता है कि उन कारणों या कारकों का पता लगाया जाए जिसके कारण वेश्यावृत्ति पनपती है। इस सन्दर्भ में यह कहा जा सकता है कि वेश्यावृत्ति किसी एक कारक का परिणाम नहीं है बल्कि इसके लिए अनेक कारण जिम्मेदार होते हैं। वेश्यावृत्ति के कारणों को विभिन्न भागों एवं उपभागों में विभाजित किया जा सकता है। ये कारक लिखित हैं–

पारिवारिक कारक

वेश्यावृत्ति की समस्या को बढ़ावा देने का दूसरा प्रमुख कारण पारिवारिक कारक या पारिवारिक दशाएँ कहा जा सकता है। पारिवारिक कारणों के अंतर्गत निम्नलिखित कारणों से वेश्यावृत्ति को बढ़ावा मिलता है–

(1) माता-पिता द्वारा स्वयं अपनी पुत्रियों को वेश्या बनने के लिए प्रेरित करना–बहुत-से माता-पिता ऐसे होते हैं जो स्वयं अपने पुत्रियों को वेश्या बनने के लिए प्रेरित करते रहते हैं। इतना ही नहीं बल्कि वेश्याओं के परिवार में उत्पन्न लड़कियों पर पारिवारिक वातावरण का भी प्रभाव पड़ता है। जन्म से एक खास वातावरण में पलने के कारण अधिकांश लड़कियाँ उसी वातावरण को पसन्द करने लगती हैं। इस तरह पारिवारिक वातावरण वेश्यावृत्ति का एक प्रमुख कारण सिद्ध होता है।

(2) परिवार में जगह का अभाव तथा जनसंख्या की अधिकता–जिस परिवार में बच्चे अधिक होते हैं एवं रहने की जगह का अभाव होता है वहाँ एक ही घर में माता-पिता एवं बच्चे भी सोते हैं। जब माता-पिता अपनी यौन-इच्छाओं की सन्तुष्टि कर रहे होते हैं तो कभी-कभी बच्चे जग जाते हैं एवं उस क्रिया को देखकर उनके मन में एक दबी हुई यौन-इच्छा जागृत हो जाती है। जब यह इच्छा अपनी सीमाओं को पार कर जाती है तो परिणाम वेश्यावृत्ति के रूप में भी सामने आता है। इस प्रकार जनसंख्या की अधिकता एवं परिवार में जगह का अभाव वेश्यावृत्ति का कारण कहा जा सकता है।

(3) माता-पिता का पुत्री के साथ दुर्व्यवहार–बहुत से माता-पिता ऐसे होते

हैं जो अपनी पुत्रियों के साथ दुर्व्यवहार करते हैं। दुर्व्यवहार करने के कारण कुछ भी हो सकता है। जिसका परिणाम यह होता है कि पुत्री के मन में अपने माता-पिता के प्रति क्षोभ एवं प्रतिशोध की भावना का जन्म होता है। फलतः वे वेश्यावृत्ति को अपना लेती हैं और इस तरह पतन के मार्ग पर अग्रसर हो जाती हैं। इस प्रकार यह पता चलता है कि वेश्यावृत्ति के पनपने एवं बढ़ने का एक कारण माता-पिता द्वारा पुत्री के साथ दुर्व्यवहार करना कहा जा सकता है। पुत्रियाँ अपने माता-पिता से बदला लेने एवं शारीरिक एवं मानसिक कष्टों से छुटकारा पाने के लिए इस पेशा को अपनाती हैं। **इलियट एवं मेरिल** (Elliott and Merrill) ने भी वेश्यावृत्ति के इस कारण का उल्लेख करते हुए लिखा है, "Prostitutes who begin their careers in early adolescence have usually experienced lack of affection in their family and have an unconscious desire to obtain revenge for their neglect."

(4) नष्ट-घर–सामान्यतः घर स्त्री-पुरुष दोनों के सहयोग से चलता है। जिस घर में पति-पत्नी में सहयोग नहीं रहता है वह घर जल्द टूट जाता है। नष्ट-घर दो रूपों में सामने आते हैं। एक रूप तो प्राकृतिक या ईश्वरीय इच्छा कहा जा सकता है। दूसरा रूप ऐच्छिक होता है। दोनों ही स्थितियों में बच्चे असहाय एवं असुरक्षित हो जाते हैं। कोई अन्य रास्ता नहीं होने पर वे वेश्यावृत्ति के पेशे को भी अपना लेते हैं। इस प्रकार नष्ट-घर के कारण भी वेश्यावृत्ति को बढ़ावा मिलता है।

(5) अवैध मातृत्व–जो बच्चे अवैध मातृत्व की उपज होते हैं उन्हें समाज तिरस्कार एवं घृणा की दृष्टि से देखता है और इसका परिणाम यह होता है कि ऐसे बच्चे वेश्यावृत्ति को अपना लेते हैं। इस प्रकार अवैध मातृत्व के कारण भी वेश्यावृत्ति को बढ़ावा मिलता है।

(6) गन्दे पड़ोस का होना–अगर पड़ोस में कोई लड़की वेश्यावृत्ति कर रही होती है तो इस बात की सम्भावना अधिक रहती है कि दूसरी लड़कियाँ भी देखा-देखी इस पेशा को अपना लें। अक्सर गन्दी बस्तियों में ऐसा होता है जहाँ पड़ोस की देखा-देखी कम उम्र की लड़कियाँ इस पेशे को अपना लेती हैं। इस प्रकार गन्दे पड़ोस का होना भी वेश्यावृत्ति का एक कारण कहा जा सकता है।

(7) माँ का नौकरी करना–माँ के नौकरी करने से बच्चे स्वच्छन्द हो जाते हैं। खासकर लड़कियों पर इसका असर अधिक पड़ता है। स्वेच्छाचारिता के कारण काफी हद तक यह सम्भावना बनती है कि वे वेश्यावृत्ति के पेशा में आ जाएँ क्योंकि बच्चों पर नियंत्रण नहीं रहने से वे अपनी मनमानी करने से बाज नहीं आते हैं। इस प्रकार वेश्यावृत्ति का एक कारण माँ का नौकरी करना कहा जा सकता है।

(8) एक अनैतिक परिवार—अनैतिक परिवार का वातावरण ही ऐसा होता है कि उस परिवार के बच्चे भी अनैतिकता को अपनाते हैं। जिस परिवार में जुआ खेला जाता हो, मद्यपान किया जाता हो, तथा अनैतिक यौन-संबंधों की स्थापना की जाती हो, उस परिवार के बच्चे भी अक्सर अनैतिक यौन-संबंधों की स्थापना कर वेश्यावृत्ति को बढ़ाने में सहायक सिद्ध होते हैं। इस प्रकार वेश्यावृत्ति का एक कारण अनैतिक परिवार कहा जा सकता है।

(9) सौतेले माता-पिता—यदि माँ सौतेली हो या पिता सौतेला हो तो अक्सर वे अपने सौतेले बच्चों को उचित प्यार नहीं दे पाते जिसके वे हकदार हैं। इसका परिणाम यह होता है कि बच्चे खुद को अपमानित महसूस करने लगते हैं एवं वेश्यावृत्ति को अपना लेते हैं। इस प्रकार सौतेले माता-पिता भी वेश्यावृत्ति को बढ़ाने का एक कारण कहे जा सकते हैं।

(10) पति का पत्नी के साथ दुर्व्यवहार—बहुत-से पति ऐसे भी होते हैं जो अपनी पत्नी के साथ दुर्व्यवहार करते हैं। जब पत्नी की सहनशक्ति अपनी सीमा पार कर जाती है तो वे वेश्यावृत्ति को अपना लेती हैं। इस प्रकार यह पता चलता है कि पति का पत्नी के साथ दुर्व्यवहार वेश्यावृत्ति का एक कारण कहा जा सकता है।

(11) माता-पिता में उत्तरदायित्व का अभाव—जिन माता-पिता में उत्तरदायित्व की भावना का अभाव होता है वे माता-पिता अपने बच्चों का उचित पालन-पोषण नहीं कर पाते हैं। इस संबंध में **स्कॉट** (Scott) ने लिखा है, "बहुत-सी घटनाओं में स्वयं माँ वेश्या होती है, पिता दलाल और संचालक होता है और वे बिना किसी हिचक के अपनी कन्या को सड़कों पर भेज देते हैं, अक्सर यौन-संबंध के लिए स्वयं प्रेरित करते हैं।" (In many cases, the mother is the prostitute herself, the father is a pimp and they send their daughaaaater on the streets without the slightest compunction, often themselves initiating her sexual intercourse.")

जैविकीय कारक

वेश्यावृत्ति का पहला कारक या कारण जैविकीय कारक (Biological Factor) कहा जा सकता है। यहाँ यह स्पष्ट कर देना आवश्यक प्रतीत होता है कि जैविकीय कारक से यह तात्पर्य नहीं है कि वेश्यावृत्ति के तत्त्व वंशानुगत रूप में पाए जाते हैं। बल्कि इसका तात्पर्य यह है कि कुछ जैविकीय दशाएँ ऐसी होती हैं जो वेश्यावृत्ति को बढ़ावा देने में सहायक होती हैं। वे जैविकीय दशाएँ जो वेश्यावृत्ति को बढ़ावा देने में सहायक सिद्ध होती हैं, निम्नलिखित हैं—

(1) यौन-क्षुधा की अतृप्ति—यौन-क्षुधा की अतृप्ति भी वेश्यावृत्ति को बढ़ावा देने में महत्त्वपूर्ण योगदान देते हैं। कुछ स्त्रियों में यौन-इच्छा अति प्रबल होती है। इसका परिणाम यह होता है कि अनेक पुरुषों के साथ यौन-संबंध स्थापित किए बिना उनकी इच्छा की तृप्ति नहीं होती है। इस इच्छा की पूर्ति वेश्या बनने पर ही संभव होता है। **एस.डी. पुणेकर** (S.D. Punekar) ने भी यौन-क्षुधा की अतृप्ति को वेश्यावृत्ति का कारण माना है।

(2) वंशानुगत—वंशानुगत कारणों से भी बहुत-सी स्त्रियाँ वेश्यावृत्ति के पेशा को अपनाती हैं। विभिन्न सर्वेक्षणों से यह पता चलता है कि अधिकांश वेश्याएँ उन परिवारों से आती हैं जिनके माता-पिता इस व्यवसाय में संलग्न होते हैं। यहाँ यह लिखना भी अनुचित नहीं प्रतीत होता है कि कुछ माता-पिता भी अपनी पुत्री को इस व्यवसाय को अपनाने के लिए प्रेरित करते हैं। **स्कॉट** (Scott) ने भी इस विचार का समर्थन किया है और लिखा है, "In many cases, the mother is the Prostitute herself, the father is a pimp and they send their daughaaaater on the streets without the slightest compunction, often themselves initiating her is sexual intercourse." सामान्यतः यह देखा जाता है कि वेश्या की पुत्री भी वेश्या ही होती है। इसके लिए अन्य कारणों के साथ-साथ आनुवंशिक कारण भी जिम्मेदार होते हैं। **एस.डी. पुणेकर** (S.D. Punekar) ने भी मुम्बई की वेश्याओं का अध्ययन कर आनुवंशिक कारणों (Factors of Heridity) को वेश्यावृत्ति का एक प्रमुख कारक बताया।

(3) यौन-संबंधों में विचित्रता की इच्छा—कुछ स्त्रियाँ इस पेशा को इसलिए भी अपनाती हैं क्योंकि उनका मन एक पुरुष से नहीं भरता है। वे स्वाद बदल-बदलकर यौन-क्षुधा की तृप्ति करना चाहती हैं। ठीक यही बात पुरुषों पर भी लागू होती है। वे इसलिए वेश्यागमन करते हैं जिससे स्वाद बदलकर यौन-सुख का आनन्द ले सकें क्योंकि उनका मन एक स्त्री से नहीं भरता है। स्त्रियों एवं पुरुषों की इस विचित्र मानसिकता या इच्छा के कारण भी वेश्यावृत्ति पनपती है। विवाहित पुरुष वेश्याओं के पास क्यों जाते हैं, इस संबंध में एक लेखक ने लिखा है, "वेश्यावृत्ति भिन्नता, असामान्य यौन-इच्छा, रहस्यमय और भड़काने वाले वातावरण की इच्छा, व चिंताओं से मुक्त संबंधों की इच्छा की पूर्ति करती है।" ("Prostitution satisfies the craving for variety for preserve gratification, for myseterious and provocative surroundings, for intercourse free from entangling carves and civilized presence.")

(4) समलिंगीय यौन-संबंधों की इच्छा—बहुत-सी स्त्रियों में समलिंगीय

यौन-संबंध स्थापित करने की तीव्र इच्छा होती है। ऐसी स्त्रियाँ अपने से विपरीत लिंग से संतुष्ट नहीं होती हैं। फलतः वे वेश्यावृत्ति को अपना लेती हैं। वेश्यालयों में समलिंगीय यौन-संबंध स्थापित करने के काफी अवसर मिलते हैं। इससे वेश्याएँ अपनी यौन-इच्छाओं की सन्तुष्टि करती हैं।

(5) पति का नपुंसक होना—कुछ स्त्रियाँ पति के नपुंसक होने के कारण पति से अपनी यौन कामवासना की सन्तुष्टि नहीं कर पाती हैं और वे वेश्यावृत्ति को अपना लेती हैं। इस प्रकार पति का नपुंसक होना भी वेश्यावृत्ति का एक कारण कहा जा सकता है।

मनोवैज्ञानिक कारक

वेश्यावृत्ति को बढ़ावा देने में मनोवैज्ञानिक कारक भी योगदान देते हैं। मनोवैज्ञानिक कारकों में निम्नलिखित कारणों से वेश्यावृत्ति को बढ़ावा मिलता है—

(1) मद्यपान—मद्यपान से नशा होता है और नशे की हालत में कोई भी अपना होश खो बैठता है। अनेक लड़कियाँ मद्यपान करके पुरुष-संसर्ग करती हैं और बाद में इसी पेशे में उतर जाती हैं। इस प्रकार यह पता चलता है कि मद्यपान के कारण भी वेश्यावृत्ति पनपती है।

(2) अज्ञानता—अधिकांश लड़कियाँ अज्ञानता के कारण भी इस पेशे में आ जाती हैं। बहुत-से दलाल ऐसे होते हैं जो लड़कियों को नौकरियों के लिए लुभावने विज्ञापन देकर अक्सर लड़कियों को लुभाते हैं। अज्ञानता के कारण बहुत-सी लड़कियाँ इस चक्कर में पड़कर अपना अस्मत गाँव बैठती हैं तथा कोई चारा नहीं रहने पर वेश्यावृत्ति के पेशा को अपना लेती हैं।

(3) क्षतिपूर्ति—बहुत-सी लड़कियाँ परिवार में स्नेह की कमी के कारण कमसिन उम्र में ही इस धंधे में चली जाती हैं। ऐसी लड़कियाँ मन में अपने माता-पिता के साथ मानसिक रूप से बदला लेना चाहती है, फलतः वे पूर्णरूपेण वेश्यावृत्ति के पेशे को ही अपना लेती हैं।

(4) इमिटेशन—कभी-कभी ऐसा होता है कि बिना कठोर परिश्रम के वेश्याओं का सुखी जीवन व्यतीत करते देख अन्य लड़कियों के अंदर भी आरामदायक जीवन व्यतीत करने की इच्छा जागृत हो जाती है। इस तरह आरामदायक जीवन व्यतीत करने की इच्छा के कारण भी कुछ लड़कियाँ इस पेशे में आ जाती हैं। साथ ही कुछ परिस्थितियों में वेश्याएँ भी अन्य लड़कियों को इस पेशा में आने का सुझाव देती हैं। इस सन्दर्भ में रेकलेस (Reckless) ने लिखा है, "...that the actual idea of entering this career in most cases came from other girls who were already in it." इस प्रकार यह स्पष्ट होता है कि Imitation भी वेश्यावृत्ति के पनपने एवं बढ़ने का एक कारण है।

(5) स्त्रियों की बुद्धिहीनता—कुछ स्त्रियाँ कम बुद्धि की होती हैं। फलस्वरूप वे दूसरों के बहकावे में आसानी से आ जाती हैं। शुरुआत में कोई व्यक्ति लड़कियों तथा स्त्रियों को विभिन्न तरह का प्रलोभन देकर परिवार से भाग जाने के लिए प्रोत्साहित करता है और जब वे उनके बहकावे में आकर परिवार से भाग जाती हैं तो उनके लिए परिवार में फिर वापस लौटना संभव नहीं हो पाता है। क्योंकि वे समझने लगती हैं कि अब उनका परिवार उन्हें स्वीकार नहीं करेगा। ऐसी परिस्थिति में उन्हें उन लोगों के इशारे पर नाचना पड़ता है जिन्होंने उन्हें घर छोड़ने के लिए प्रेरित किया था। ये भगाने वाले व्यक्ति स्त्रियों या लड़कियों को अवैध यौन-संबंध स्थापित करने के लिए बाध्य कर देते हैं। **इलियट एवं मेरिल** (Elliott and Merrill) ने इस संबंध में लिखा है, "A girl who is in conflict over a previous illicit sex experience may easily become demoralised and drift into prostitution." इसका मतलब यह है कि लड़कियाँ या स्त्रियाँ यह महसूस करने लगती हैं कि जब एक बार अनैतिक यौन-संबंध स्थापित कर लिया तब उनके पास शेष बचा ही क्या है जिसकी वे रक्षा करें। फलतः वे वेश्यावृत्ति के पेशे को अपना लेती हैं। इस तरह यह पता चलता है कि बुद्धिहीनता के कारण भी वेश्यावृत्ति पनपती एवं बढ़ती है।

(6) संवेगात्मक अस्थिरता—यह वेश्यावृत्ति का प्रमुख कारण है। मनोविश्लेषणात्मक सिद्धान्त के अनुसार वेश्यावृत्ति का कारण उद्वेगों की अस्थिरता है। इस सिद्धान्त के अनुसार जिस व्यक्ति में जितनी उद्वेगात्मक अस्थिरता होती है। उसके वेश्या बनने की सम्भावना अधिक रहती है। ऐसे लोगों के विचार स्थिर नहीं रह पाते हैं एवं नैतिकता एवं अनैतिकता के बीच हमेशा संघर्ष चलता रहता है।

(7) स्वभाव—बहुत-सी लड़कियों एवं स्त्रियों का स्वभाव ऐसा होता है कि वे अत्यधिक बेचैनी, आत्मविश्वास की कमी, चिड़चिड़ापन एवं अत्यधिक अंतर्मुखी आदि की समस्या से ग्रसित रहती हैं। इन स्वभावों के कारण वेश्यावृत्ति पनपने की सम्भावना अधिक रहती है। इस प्रकार स्वभाव भी वेश्यावृत्ति पनपने का एक कारण कहा जा सकता है।

आर्थिक कारण

आर्थिक कारणों एवं दशाओं के कारण भी वेश्यावृत्ति पनपती है। आर्थिक कारणों एवं दशाओं के अंतर्गत जो कारण वेश्यावृत्ति पनपाने के लिए उत्तरदायी हैं वे निम्नलिखित हैं—

(1) निर्धनता—अनेक लड़कियाँ आर्थिक अभाव या निर्धनता के कारण इस पेशे को अपनाती हैं। विभिन्न सर्वेक्षण अध्ययनों से यह पता चलता है कि निर्धनता के कारण वेश्यावृत्ति पनपती है। **डॉ. पुणेकर** (Dr. Punekar) ने वेश्याओं पर किए गए अपने सर्वेक्षण में पाया कि 30.5% वेश्याओं के लिए निर्धनता एवं महत्त्वपूर्ण कारण है और 9.3% वेश्याओं के लिए सहायक कारण है। साथ ही Report of the Committee on Social Moral Hygiene के अनुसार 55.4% वेश्याएँ निर्धनता के कारण ही इस पेशे से जुड़ी हैं। दोनों अध्ययनों के प्रतिशत में अंतर समस्याओं को उत्पन्न करती है। वेश्यावृत्ति भी इसका अपवाद नहीं है। इस संबंध में **आर.ई.एल. फेयर्स** (R.E.L. Fairs) ने भी अपनी पुस्तक 'Social Disorganization' में निर्धनता को वेश्यावृत्ति का एक प्रमुख कारक बताया है और लिखा है, "Many writers on the subject of prostitution have assumed that economic need was the basic factor in women's bartering sex for a price."

(2) क्षुधा—क्षुधा की तृप्ति के लिए भी वेश्यावृत्ति की जाती है। जब पेट की ज्वाला बर्दाश्त नहीं होती है तो इसकी शान्ति के लिए भी वेश्यावृत्ति को अपनाया जाता है। संस्कृत का एक श्लोक है 'विभूक्षितः किम् न करोति पापम्' अर्थात् भूखा पेट कोई भी पाप करने के लिए तैयार हो जाता है। अतः भूख की ज्वाला शान्त करने के लिए स्त्रियों का अनैतिक यौन-व्यापार करना अस्वाभाविक नहीं प्रतीत होता है। इस संबंध में **लोंड्रस** (Londers) ने भी लिखा है, "भूख वेश्यावृत्ति का आधार है।" ("The foundation of prostitution is hunger.") इस संबंध में **मद्रास निगरानी आयोग** ने भी लिखा है, "अधिकांश रूप से वेश्यावृत्ति का व्यवसाय जीविकोपार्जन के लिए किया जाता है।" ("The profession of prostitution is carried in most cases for sake of livelihood.") स्त्रियाँ शारीरिक रूप से कमजोर होती हैं और कठिन कार्य करने में असमर्थ होती हैं। इस हालत में वे अपना शरीर बेचकर क्षुधा की तृप्ति करने के लिए मजबूर हो जाती हैं। अगर पेट की क्षुधा नहीं होती तो शायद इतनी स्त्रियाँ इस पेशे में नहीं आतीं। इस तरह यह स्पष्ट होता है कि क्षुधा की तृप्ति के लिए स्त्रियाँ इस पेशे को अपनाती हैं।

(3) अत्यधिक आवश्यकताएँ—बहुत-सी स्त्रियों की अत्यधिक आवश्यकताएँ होती हैं। आवश्यकताओं को तीन रूपों में देखा जा सकता है। इनमें पहला आवश्यक आवश्यकता है, दूसरा आरामदेह आवश्यकता है तथा तीसरा विलासी आवश्यकता है। आवश्यकताएँ अनन्त होती हैं। कोई भी व्यक्ति चाहकर भी आवश्यकताओं की पूर्ति नहीं कर पाता है। जब आराम संबंधी एवं विलासी आवश्यकता अधिक बढ़

जाती है तो इसकी आर्थिक पूर्ति के लिए लड़कियाँ वेश्यावृत्ति को अपना लेती हैं। इस तरह यह पता चलता है कि अत्यधिक आवश्यकताएँ भी वेश्यावृत्ति का एक कारण है।

(4) नौकरी की दशाएँ—सामान्यतः ऐसी नौकरियाँ मिलती हैं जहाँ काम करने का समय अधिक और पैसे कम दिये जाते हैं। फलतः सभी आवश्यकताओं की पूर्ति नहीं हो पाती और इसकी पूर्ति के लिए वेश्यावृत्ति का सहारा लेना पड़ता है। साथ ही यदि घरेलू नौकरानी का काम कर रही है तो मालिक के ठाट-बाट देखकर इनके मन में हीन भावना एवं कुण्ठा उत्पन्न होती है जो वेश्यावृत्ति के लिए प्रेरित करती है। इस प्रकार यह पता चलता है कि नौकरी की दशाएँ भी वेश्यावृत्ति का एक कारण है।

(5) अपकर्ष—किसी भी व्यक्ति का समय हमेशा एक-सा नहीं होता है। उसकी आर्थिक व्यवस्था में अपकर्ष का भी समय आता है। जब अपकर्ष के कारण स्थिति बदतर हो जाती है तो अर्थव्यवस्था में सुधार के लिए वेश्यावृत्ति एक आसान तरीका माँगता है और इसे अपना लिया जाता है। इस प्रकार यह पता चलता है कि अपकर्ष के कारण भी वेश्यावृत्ति पनपती है।

उपर्युक्त आर्थिक कारणों के अवलोकन से पता चलता है कि आर्थिक कारण वेश्यावृत्ति के पनपने में महत्त्वपूर्ण भूमिका अदा करते हैं। वेश्यावृत्ति के आर्थिक कारणों का जिक्र करते हुए बोंगर (Bonger) ने भी 'Criminality and Economic Conditions' में लिखा है, "उन लड़कियों के लिए जो अपना व्यवसाय वेश्यावृत्ति बनाती हैं आर्थिक कारणों के साथ-साथ अनैतिक वातावरण और बहुत ही कम आयु में नौकरी और रोजगार आदि कम उत्तरदायी नहीं होते। अधिकांश वेश्याएँ निर्धन और निम्न परिवारों की होती हैं। इस श्रेणी के माता-पिता अपनी वयस्क हो रही पुत्रियों की देखभाल गरीबी के कारण नहीं कर पाते। घर में कम जगह होने के कारण बड़े-बड़े लड़के-लड़कियों को अपने माता-पिता और घरवालों के साथ एक ही कमरे में सोना पड़ता है जिससे उनमें अनैतिकता की सम्भावना बढ़ जाती है। कम आयु में रोजगार मिल जाने पर ऐसे वातावरण में पड़ जाती हैं जहाँ वे स्वयं कुछ निश्चय नहीं कर पातीं। बहुत बार लड़कियों को जबरदस्ती आदमियों के साथ काम करना पड़ता है जो उनको कुछ ऐसी बातें बता देते हैं जिसका उन बालिकाओं के कोमल मस्तिष्क और हृदय पर बहुत ही बुरा प्रभाव पड़ता है। गरीबी, चाहे वह बहुत अधिक हो या कम, स्त्रियों के व्यवहार पर अपना प्रभाव डालती है। अत्यधिक गरीबी में जीवन-यापन के लिए और कम गरीबी में कुछ आराम की वस्तुओं के लिए युवतियाँ वेश्यावृत्ति करने लगती हैं।" इस प्रकार यह पता चलता है कि आर्थिक कारक वेश्यावृत्ति के

लिए जिम्मेदार हैं। इस संबंध में League of Nations Advisory Committee ने कहा है, ''गरीबी, कम स्थान और भीड़ तथा कम आय कुछ ऐसे कारण हैं जिनके कारण औरतें वेश्यावृत्ति करती हैं।''

सामाजिक कारण

वेश्यावृत्ति का एक कारण सामाजिक कारक एवं दशाएँ हैं। अर्थात् विभिन्न सामाजिक कारणों से वेश्यावृत्ति पनपती है। जिन कारणों (सामाजिक) से वेश्यावृत्ति पनपती है वे निम्नलिखित हैं–

(1) सामाजिक रीतियाँ एवं परम्पराएँ–समाज में प्रचलित विभिन्न रीतियाँ एवं परम्पराएँ वेश्यावृत्ति को प्रश्रय प्रदान करती हैं। Committee on Social and Moral Hygiene ने अपने अन्वेषण में पाया कि कुछ वेश्यालयों में ऐसी वेश्याएँ हैं जो सामाजिक रीतियों एवं समाजशास्त्रीय दशाओं की शिकार हैं। ये औरतें गरीब किन्तु सम्मानित परिवारों से आई थीं। ऐसी औरतों को कमेटी ने चार भागों में बाँटा है।

(2) बाल-विवाह–बाल-विवाह के कारण भी वेश्यावृत्ति पनपती है। क्योंकि बाल-विवाह के कारण लड़कियाँ कम उम्र में ही विधवा हो जाती हैं। समाज पुनर्विवाह की अनुमति नहीं देता। फलतः अनैतिक यौन-संबंध स्थापित होने की सम्भावना बढ़ जाती है और अक्सर यह वेश्यावृत्ति के रूप में बदल जाती है।

(3) दहेज-प्रथा–आज के समाज में दहेज-प्रथा एक गम्भीर सामाजिक समस्या के रूप में विद्यमान है। इस प्रथा के कारण बहुत-सी लड़कियों की शादी उचित समय पर नहीं हो पाती है। इसके कारण वे अपनी कामेच्छाओं पर नियंत्रण नहीं रख पाती हैं और उनका दूसरे व्यक्तियों से अनैतिक संबंध स्थापित हो जाता है और एक बार अनैतिक संबंध स्थापित हो जाने के बाद वे इस दलदल में फँसती चली जाती हैं और अंततः उन्हें वेश्यावृत्ति अपनानी पड़ती है। इस प्रकार दहेज-प्रथा भी वेश्यावृत्ति के पनपने का एक कारण कहा जा सकता है।

(4) विधवा-विवाह पर प्रतिबन्ध–बहुत-सी लड़कियाँ कम उम्र में ही विधवा हो जाती हैं। समाज में विधवा-विवाह काम-वासना की तृप्ति के लिए अनिवार्य है। विधवाएँ अपनी काम-वासनाओं की सन्तुष्टि तथा आर्थिक हितों की पूर्ति के लिए वेश्यावृत्ति को अपना लेती हैं। विधवाएँ आर्थिक रूप से भी असहाय होती हैं। वेश्यावृत्ति के माध्यम से वे अपनी दोनों आवश्यकताओं की पूर्ति कर लेती हैं। इस प्रकार विधवा-विवाह पर प्रतिबन्ध का होना भी वेश्यावृत्ति पनपने का एक कारण कहा जा सकता है।

(5) पति-पत्नी के बीच विवाह-विच्छेद का होना—पति-पत्नी के बीच सामंजस्य स्थापित नहीं रहने के कारण विवाह-विच्छेद हो जाता है। स्त्रियों के लिए कभी-कभी इस कारण से आर्थिक समस्या उत्पन्न हो जाती है और इसकी पूर्ति के लिए वे वेश्यावृत्ति को अपना लेती हैं।

(6) बहुपत्नी-विवाह प्रथा का प्रचलन—भारत में बहुत-से समाजों में बहुपत्नी-विवाह का प्रचलन है। इस प्रथा के प्रचलन के कारण परिवार का आकार बढ़ता है। पत्नियों के साथ-साथ बच्चे भी अधिक हो जाते हैं। यदि पति की मृत्यु असमय हो जाए तो पत्नियों के लिए अपने भरण-पोषण के लिए वेश्यावृत्ति अपनाने के अलावा और कोई सुगम मार्ग नहीं दिखता है। इस प्रकार यह कहा जा सकता है कि बहुपत्नी-विवाह प्रथा के प्रचलन के कारण भी वेश्यावृत्ति पनपती है।

(7) पुत्र एवं पुत्रियों के बीच भेदभाव—अक्सर परिवारों में पुत्रों को अधिक लाड़-प्यार एवं संरक्षण दिया जाता है जबकि पुत्रियों की अपेक्षाकृत कम स्नेह एवं संरक्षण मिलता है। इसका पुत्रियों के मन-मस्तिष्क पर बुरा असर पड़ता है। वे अपने-आपको उपेक्षित एवं तिरस्कृत महसूस करती हैं। कभी-कभी वे अपनी उपेक्षा एवं तिरस्कार का अपने माता-पिता से बदला पूरा करने के लिए वेश्यावृत्ति का मार्ग चुन लेती हैं। इस प्रकार पुत्र एवं पुत्रियों के बीच भेदभाव रखने के कारण वेश्यावृत्ति पनपती है।

(8) कुलीन विवाह का प्रचलन—बंगाल में यह प्रथा प्रचलित है। इस प्रथा के अनुसार जो व्यक्ति जितनी ही अधिक शादी करेगा वह उतना ही कुलीन (उच्च) माना जाएगा। इस प्रथा के कारण मृत्यु-पर्यन्त व्यक्ति शादी करता रहता है। पति की मृत्यु के बाद उनकी विधवाओं को बनारस में काशी विश्वनाथ के मन्दिर में अर्पित कर दिया जाता है। परिणाम यह होता है कि इन स्त्रियों को वेश्यावृत्ति का सहारा लेना पड़ता है। बनारस की अधिकांश वेश्याएँ कुलीन विवाह प्रथा की देन हैं। इस प्रकार कुलीन विवाह का प्रचलन भी वेश्यावृत्ति पनपने का एक कारण कहा जा सकता है।

(9) परवर्दाह प्रथा का प्रचलन—इस प्रथा का प्रचलन हैदराबाद के मुस्लिम समुदाय के बीच पाई जाती है। इस प्रथा के कारण गरीब एवं बड़े परिवारों के संरक्षक अपने बच्चों को नवाबों के यहाँ रख देते हैं। इसके पीछे उनका तर्क यह होता है कि कम-से-कम धनी व्यक्ति उनके बच्चे को जिन्दा तो रख सकते हैं। सामाजिक और नैतिक स्वास्थ्य समिति ने अपनी रिपोर्ट में बताया कि केवल हैदराबाद एवं सिकन्दराबाद में 23,000 बच्चे इस कुप्रथा के शिकार हैं जिनमें एक तिहाई लड़कियाँ हैं। लड़कियाँ जैसे ही यौवनावस्था को प्राप्त होती हैं, परिवार के सदस्यों की यौन-आवश्यकताओं की पूर्ति करती हैं।

(10) लड़कियों के उत्तराधिकार का अभाव—उत्तराधिकार के अभाव के कारण लड़कियाँ अपने-आपको असहाय एवं असुरक्षित महसूस करती हैं। अतः वे वेश्यावृत्ति को अपनाकर अधिक सुरक्षित एवं स्वावलम्बी बनना चाहती हैं। इस प्रकार यह पता चलता है कि लड़कियों के उत्तराधिकार के अभाव के कारण भी वेश्यावृत्ति पनपती है।

वेश्यावृत्ति के उपर्युक्त सामाजिक कारणों के अलावा कुछ अन्य सामाजिक कारणों से भी वेश्यावृत्ति पनपती है जो निम्नलिखित हैं—

(i) पति की असमय मृत्यु तथा (ii) सास-ससुर एवं पति की क्रूरता।

इन कारणों के अतिरिक्त सामाजिक एवं नैतिक स्वास्थ्य समिति ने वेश्यावृत्ति के निम्नलिखित सामाजिक कारण बताए हैं—

(i) औद्योगीकरण एवं गन्दी बस्तियों का विकास, (ii) बुरी एवं अपर्याप्त प्रकाश-व्यवस्था, (iii) आर्थिक कठोरता, (iv) गन्दी और अपर्याप्त गृह-व्यवस्था, (v) असुखी परिवार और व्यक्तित्व का संघर्ष, (vi) संयुक्त परिवार व्यवस्था का विघटन, (vii) वैवाहिक और सामाजिक असामंजस्य तथा (viii) परिस्थितियों से बाध्य होकर व्यक्तियों की परिवार से अलग रहने की एकाग्रता। इस प्रकार यह पता चलता है कि वेश्यावृत्ति के पनपने एवं बढ़ावा देने में अनेक सामाजिक कारकों का योगदान है।

परम्परात्मक एवं धार्मिक कारण

वेश्यावृत्ति के पनपने एवं बढ़ने का एक कारण परम्परात्मक एवं धार्मिक दशाएँ कही जा सकती हैं। अर्थात् विभिन्न धार्मिक एवं परम्परात्मक दशाओं के कारण भी वेश्यावृत्ति पनपती है। जिन धार्मिक एवं परम्परागत दशाओं के कारण वेश्यावृत्ति पनपती हैं वे निम्नलिखित हैं—

(1) देवदासी प्रथा का प्रचलन—भारत के विभिन्न भागों में देवदासी प्रथा का प्रचलन पाया जाता है। वे भगवान की मूर्तियों के सामने नाचती हैं और रात्रि को पुजारियों के साथ यौन-संबंध स्थापित करती हैं। जिन स्त्रियों को बच्चा पैदा नहीं होता है या पैदा होकर मर जाता है वे भगवान से जाकर मन्नत माँगती हैं कि यदि उन्हें लड़की पैदा हुई और जिन्दा रही तो वे उसे भगवान को अर्पित कर देंगी। साथ ही उन लड़कियों का नामकरण भी उस देवता के नाम पर ही होता है। इन लड़कियों के लिए विवाह करना निषिद्ध होता है और वे यौन-संबंधी आवश्यकताओं की पूर्ति पुजारियों से करती हैं। **एस.डी. पुणेकर** (S.D. Punekar) ने वेश्यावृत्ति के सर्वेक्षण रिपोर्ट में बताया कि सम्पूर्ण अध्ययन में देवदासी की मात्रा 32.29% थी। Report of the Committee on Social and Moral Hygiene ने भी वेश्यावृत्ति को बढ़ावा देने में देवदासी प्रथा को एक उत्तरदायी कारक घोषित किया है और लिखा है, "बम्बई के वेश्यालयों में उनकी संख्या अधिक है जो खानदेश, कर्नाटक तथा राज्य के अन्य भागों से सल्लामा, दुर्गा और मंगेश के मन्दिरों में अर्पित की गई थीं।" ("In the brothels of Bombay, however, we came across a fair number of devadasis dedicated to the temples of Xellamma, Durga and Mangesh from Karnataka, Khandesh and other parts of the State.") समिति का यह भी कहना था कि यह प्रथा अधिकांशतः गाँवों के हरिजनों में पायी जाती है। लड़कियाँ इस व्यवसाय में आने का विरोध करती हैं या नहीं, इस संबंध में कोई साक्ष्य नहीं है। कुछ देवदासियाँ उच्च जाति से ही होती हैं। ये देवदासियाँ इसलिए हैं कि क्योंकि उनकी पूर्वज देवदासी थीं। इनका काम नाचना, गाना और सेवा करना होता है लेकिन अपने यौन-संबंधी आवश्यकताओं की पूर्ति के लिए अपनाना इनकी मजबूरी होती है क्योंकि इनका विवाह-निषिद्ध होता है। कम उम्र में ही इन लड़कियों को वेश्यावृत्ति की शिक्षा दी जाती है। इसके लिए दो लड़कियों के बीच झूठ-मूठ का विवाह किया जाता है और ये पति-पत्नी के रूप में यौन-संबंधी शिक्षा ग्रहण करती हैं ताकि बड़ी होकर इस पेशे में निपुण हो सकें। कुछ स्त्रियाँ इसलिए भी वेश्या बन जाती हैं क्योंकि वे वेश्यालय चलाने वाली से ऋण लिए हुए रहती हैं। ये ऋण धीरे-धीरे इतने अधिक हो जाते हैं कि मजबूरन उनको वेश्यावृत्ति का पेशा अपनाना पड़ता है। Committee on Social and Moral Hygiene ने यह भी पाया कि इस प्रकार वेश्याएँ अपनी कमाई का आधा हिस्सा चकला चलाने वाली को दे देती हैं तथा आधे हिस्से में खुद का खर्च चलती हैं। समिति के अनुसार इस प्रकार की वेश्याएँ मूर्ख एवं अनपढ़ होती हैं। जब इन वेश्याओं का स्वास्थ्य गिर जाता है तब वे गाँव लौट जाती हैं एवं वहाँ भी बीमारी फैलाती हैं।

(2) नित्यमंगली प्रथा—ये राजा-महाराजाओं के महलों के आस-पास पाया जाता है। इस प्रकार की औरतें त्योहारों एवं विशेष अवसरों पर श्रोता-समूहों का मनोरंजन करती हैं और राज्य के राजकुमारों एवं सरदारों की प्रेमिका बनती हैं। इन्हें नित्यमंगली या कलावन्ती कहा जाता है। इनका समाज के ढाँचे में एक निश्चित स्थान रहता है। जिस परिवार के पुरुष इनके साथ अनैतिक यौन-संबंध स्थापित करते हैं उनके परिवार की स्त्रियाँ भी नित्यमंगलियों के साथ आनन्द मनाती हैं। ऐसा कहा जाता है कि अच्छे परिवार के पुरुष भी अपनी यौन-शिक्षा का प्रथम अनुभव इन्हीं से प्राप्त करते हैं। इनके वंशज अब भी पाए जाते हैं लेकिन समय में बदलाव एवं नए विचारों के उद्भव के कारण बहुत तेजी से यह वर्ग विलुप्त होता जा रहा है।

इस संबंध में Report of the Committee on Social and Moral Hygiene ने भी लिखा है, "Another traditional group is to be found around the palaces of the Rajahs and Maharajahs–Women who were handed over to perform special services for the rules at the time of the festivals, entertain audience at court functions and become the paramours of Princes or Sardars in the State."

(3) पण्डा एवं महन्त—भारतवर्ष में अनेक ऐसे आश्रम एवं केंद्र हैं जहाँ धर्म की आड़ में अनैतिक कार्य होते हैं। इन जगहों पर जो औरतें धर्म के लिए अपना जीवन न्योछावर कर देती हैं उनके साथ पण्डे, महन्त एवं अन्य आगन्तुक यौन-संबंध स्थापित करते हैं। ऐसा समिति ने अपने अध्ययन के दौरान पाया है।

कुछ अन्य कारण

वेश्यावृत्ति के उपर्युक्त कारकों के अलावा विविध कारकों की चर्चा की जा सकती है जिनके कारण वेश्यावृत्ति पनपती है। इन विविध कारणों के अंतर्गत निम्नलिखित कारणों से वेश्यावृत्ति पनपती एवं बढ़ती है—

(1) सिनेमा—विविध कारकों के अंतर्गत सिनेमा प्रमुख कारण है जिससे वेश्यावृत्ति पनपती है। सिनेमा एक ऐसा व्यवसाय है जो स्त्रियों एवं पुरुषों को अपनी ओर आकर्षित करता है। विभिन्न लड़कियाँ हीरोईन बनने के लिए घर से भाग जाती हैं। वे हीरोईन तो नहीं बन पातीं लेकिन दलालों के चक्कर में पड़कर अपनी अस्मत गाँव बैठती हैं एवं वेश्या बनने के अलावा उनके पास और कोई विकल्प नहीं बचता, फलतः वेश्यावृत्ति पनपती है। आधुनिक सिनेमा इतने अश्लील हो गए हैं कि उनका प्रभाव युवक एवं युवतियों के मन-मस्तिष्क पर नकारात्मक रूप में पड़ता है। बहुत परिस्थितियों में युवतियाँ अपनी कामेच्छाओं पर नियंत्रण नहीं रख पातीं एवं अनैतिक तरीके से यौन-संबंध स्थापित कर लेती हैं। और एक बार कदम आगे बढ़ने के बाद फिर पीछे लौटना नामुमकिन हो जाता है, फलतः सिनेमा के कारण भी वेश्यावृत्ति पनपती एवं बढ़ती है।

(2) सह शिक्षा—विविध कारकों के अंतर्गत सह-शिक्षा वेश्यावृत्ति पनपने का एक प्रमुख कारण कहा जा सकता है। सामान्यतः ऐसा देखा जाता है कि सह-शिक्षा पा रहे युवक एवं युवतियाँ प्रेम एवं रोमांस के चक्कर में पड़कर अनैतिक यौन-संबंध स्थापित कर लेते हैं, और यदि लड़कियाँ गर्भवती हो जाती हैं तो उसे न तो लड़का अपनाता है और न ही उसका अपना परिवार। फिर उनके पास वेश्यावृत्ति के अलावा कोई मार्ग नहीं दिखता है। बाद में पछताने से कुछ नहीं होता है। यहाँ यह कहावत

लागू होती है—'अब पछताए क्या होत है जब चिड़ियां चुग गई खेत', संभवतः यही कारण है कि स्वामी दयानन्द सरस्वती ने भी सह-शिक्षा को देश के लिए दुर्भाग्यपूर्ण बताया था।

(3) फैशन—विविध कारकों के अंतर्गत फैशन वेश्यावृत्ति का एक मूल कारण कहा जा सकता है। आज नित नए फैशनों का प्रचलन होता जा रहा है। जो आज फैशन माना जाता है कल को वह आउट डेटेड हो जाता है। इस तीव्र गति से बदलते फैशन ने युवक एवं युवतियों को अपनी ओर आकर्षित किया है। इस फैशन की पूर्ति के लिए सभी लड़कियों के पास पर्याप्त रकम नहीं होती और वे फैशन में रहने के लिए अनैतिक यौन-संबंध का मार्ग अपना लेती हैं। इसके द्वारा वे फैशन भी करती हैं और यौन-संतुष्टि भी प्राप्त करती हैं। साथ ही लड़कियों के लिबास आजकल फैशन एवं पश्चिमीकरण के कारण इतने चुस्त एवं नग्न हो गए हैं कि उनका पूरा बदन कपड़े के अंदर से झाँकता है। जिसके कारण असामाजिक तत्त्व उनके यौवन पान करने की फिराक में लगे रहते हैं और यदि किसी प्रकार एक बार उनको मौका मिल जाता है तो उस लड़की के लिए फिर उसी पतन के मार्ग पर चलने के अलावा और कोई रास्ता नहीं बचता। इस प्रकार यह पता चलता है कि फैशन के कारण भी वेश्यावृत्ति पनपती है।

(4) कम उम्र में लड़कियों द्वारा नौकरी कराना—विविध कारकों के अंतर्गत कम उम्र में लड़कियों द्वारा नौकरी करना वेश्यावृत्ति का एक मूल कारण कहा जा सकता है। नौकरी करने के दौरान उनका सम्पर्क अनेक व्यक्तियों से होता है। वहाँ गलत प्रवृत्ति के लोग भी होते हैं। चूँकि ये लड़कियाँ मानसिक रूप से परिपक्व होती नहीं हैं इसलिए दुश्चरित्र लोगों के झाँसे में आ जाती हैं जो पहले तो इनका यौन-शोषण करते हैं और बाद में वेश्यालयों तक पहुँचाते हैं। अनेक अध्ययनों से यह प्रमाणित हो चुका है कि कम उम्र में लड़कियों द्वारा नौकरी करना भी वेश्यावृत्ति का एक कारण है।

(5) स्वार्थ पूर्ति—विविध कारकों के अंतर्गत अनेक व्यक्तियों के स्वार्थ वेश्यावृत्ति का एक मूल कारण कहा जा सकता है। आज वेश्यावृत्ति अनेक व्यक्तियों की रोजी-रोटी का जरिया है। फलतः जो दलाल लड़कियों को फँसाने के चक्कर में रहते हैं वे लड़कियों को पहले ऐसा सब्जबाग दिखाते हैं कि लड़कियाँ उनके चक्कर में फँसकर चकलाघरों तक पहुँच ही जाती हैं। इस प्रकार अनेक व्यक्तियों के स्वार्थ जुड़े होने के कारण भी वेश्यावृत्ति को पनपने एवं बढ़ने में सहायता मिलती है।

(6) औद्योगीकरण एवं नगरीकरण—वेश्यावृत्ति का एक महत्त्वपूर्ण कारण औद्योगीकरण एवं नगरीकरण कहा जा सकता है। औद्योगीकरण एवं नगरीकरण के

कारण वेश्यावृत्ति को बहुत बढ़ावा मिला है। क्योंकि नौकरी की खोज में गाँवों से औद्योगिक क्षेत्रों एवं नगरों की ओर लोगों का पलायन होता है। इसलिये औद्योगिक क्षेत्रों में आवास की समस्या उत्पन्न हो जाना स्वाभाविक है। भारत की जनगणनाओं से भी पता चलता है कि नगरों की जनसंख्या का घनत्व तेजी से बढ़ता चला जा रहा है। इसलिए इतनी बड़ी जनसंख्या के लिए आवास की कमी होती जा रही है। इस संबंध में शाही श्रम आयोग ने अपनी रिपोर्ट में लिखा है, "नगरों और औद्योगिक क्षेत्रों में भूमियों की कमी, भूमियों का ऊँचा मूल्य और श्रमिकों को अपने उद्योग के समीप रहने की आवश्यकता के कारण जनसंख्या का एकत्रीकरण हो गया है।" ("In the urban and industrial areas cramped sites, the high value of land and above all the necessity for worker to live in the vicinity of his work have all tended to intensify congestion and overcrowding.") इस प्रकार यह पता चलता है कि औद्योगिक क्षेत्रों में आवास की एक गंभीर समस्या होती है। फलतः एक ही कमरे में अनेक परिवार रहते हैं जिसके कारण अनैतिक यौन-संबंधों को बढ़ावा मिलता है। 1991 की जनगणना यह बताती है कि बम्बई में 89%, नागपुर, गोदिया एवं जबलपुर में 60% तथा अहमदाबाद में, 73%जनसंख्या एक ही कमरे में रहती है। जहाँ इतनी जनसंख्या एक ही कमरे में रहेगी वहाँ अनैतिक यौन-संबंध का पनपना स्वाभाविक ही है। आवास की समस्या के कारण औद्योगिक क्षेत्रों के श्रमिक अपने परिवारों को अपने साथ रखने में असमर्थ होते हैं। साथ ही उन्हें मेहनत भी अधिक करनी पड़ती हैं। वे शारीरिक एवं मानसिक रूप से थक जाते हैं और ऐसे में उन्हें स्त्री-संसर्ग की आवश्यकता पड़ती है। फलतः वे वेश्यागमन करते हैं। **राधाकमल मुकर्जी** ने 'India Working Class' में लिखा है, "वास्तविक रूप से भारत के औद्योगिक केंद्रों की हजारों बस्तियों में मनुष्यत्व अनुपयोगी है, स्त्रीत्व श्रद्धा के अयोग्य है और कालकत्व जहरीला है।" इनके विचारों से भी पता चलता है कि औद्योगिक क्षेत्रों में वेश्यावृत्ति का बाजार गर्म रहता है। इसका एक कारण यह भी है कि औद्योगिक क्षेत्रों में अक्सर अशिक्षित एवं नीची जाति के लोग निवास करते हैं। इनमें यौन नैतिकता का भाव भी कम पाया जाता है। फलतः वे यौन अनैतिकता को अपना लेते हैं। साथ ही जनगणनाओं एवं अध्ययनों से पता चलता है कि औद्योगिक क्षेत्रों में स्त्री-पुरुष के अनुपात में भी भिन्नता पाई जाती है और अध्ययन से ऐसा भी पता चला कि हुगली में प्रत्येक तीन नारी में एक वेश्या है। इस प्रकार यह पता चलता है कि औद्योगीकरण के कारण वेश्यावृत्ति पनपती है। इसका कारण औद्योगिक क्षेत्रों में आवास की समस्या, अनैतिकता, स्त्री-पुरुष के अनुपात में भिन्नता तथा अशिक्षित व्यक्तियों की अधिकता का होना है।

(7) पुरुषों का उत्तरदायित्व–जब पुरुष वेश्यागमन करते हैं तभी तो वेश्यावृत्ति पनपती है। अगर पुरुष समाज एवं राष्ट्र के प्रति अपने को एक जिम्मेदार नागरिक समझ कर अपना दायित्व निभाते हुए वेश्यागमन न करें तो वेश्यावृत्ति की समस्या अपने-आप समाप्त हो जाएगी। इस संबंध में **मोहिली** (Mohili) ने लिखा है, "इसके अनेक कारणों के विश्लेषण में हमें ध्यान देना होगा कि केवल नारी ही नहीं अपितु पुरुष भी उसी हद तक समान रूप से इस दोषमयी व्यवस्था के लिए उत्तरदायी हैं।" ("It is frequently maintained that no approach can be made to the subject of Prostitution of woman without the man who come forward as the customers.") इस कथन से यह पता चलता है कि वेश्यावृत्ति को प्रश्रय एवं बढ़ाने में स्त्रियों के साथ-साथ पुरुषों का भी बहुत बड़ा योगदान है। स्त्रियाँ तो अधिकतर गरीबी या आर्थिक मजबूरी के कारण ही इस पेशे को अपनाती हैं लेकिन पुरुष तो सिर्फ अपनी काम-वासना की सन्तुष्टि के लिए ही वेश्यागमन करते हैं। अतः स्त्री एवं पुरुष दोनों ही इस सामाजिक समस्या को जन्म देने में योगदान देते हैं। यह भी कहा जा सकता है कि इसकी जड़ में पुरुष ही है। पुरुषों में वेश्यागमन करने के अनेक कारण होते हैं। इस संबंध में **लेमर्ट** (Lemert) ने मुख्यतः तीन कारणों की चर्चा की है जिसके कारण पुरुष वेश्यागमन करते हैं। ये कारण निम्नलिखित हैं–

1. बहुत-से व्यक्ति इस तरह की नौकरी करते हैं या परिस्थिति में रहते हैं जिनके कारण उन्हें अपनी यौन-सन्तुष्टि के लिए वेश्यावृत्ति का सहारा लेना पड़ता है। उदाहरणस्वरूप एक जगह से दूसरे जगह स्थानान्तरित होने वाले व्यक्ति, सिपाही, रिक्शा चालक, मजदूर, व्यापारी तथा एजेण्ट आदि।

2. बहुत-से व्यक्ति देखने में सुन्दर नहीं होते हैं। अर्थात् वे बदसूरत होते हैं। इस कारण उनका विवाह नहीं होता है या विवाह होने पर पारिवारिक सुख नहीं मिल पाता। फलतः वे अपनी कामेच्छाओं की पूर्ति के लिए वेश्यागमन करते हैं।

3. कुछ व्यक्ति उच्च वर्ग के एवं पैसे वाले होते हैं तथा इनकी प्रवृत्ति अधिक कामुक होती है। फलतः वे वेश्यागमन करते हैं।

लेमर्ट द्वारा बताए गए तीन कारणों के अतिरिक्त **डॉ. रांगेय राघव** ने 'सामाजिक विघटन' नामक अपनी पुस्तक में वेश्यागमन के दो कारण बताए हैं जो निम्नलिखित हैं–

1. कुछ पुरुषों की पत्नियाँ शारीरिक या मानसिक बीमारियों के कारण सहवास के अयोग्य होती हैं। अतः उनके पास यौन-क्षुधा की तृप्ति के लिए वेश्यावृत्ति के अलावा और कोई रास्ता नहीं बचता।

2. रांगेय राघव के अनुसार पुरुषों के वेश्यागमन का दूसरा कारण यह है कि वेश्याओं के दलाल या भड़ुए भी वेश्यागमन करते हैं क्योंकि वे तो इस व्यवसाय से सम्बन्धित होते ही हैं।

उपर्युक्त कारणों के अतिरिक्त भी वेश्यागमन के अनेक कारण हैं। वैवाहिक स्थिति के आधार पर वेश्यागमन करने वालों को तीन श्रेणियों में रखा जा सकता है। इनमें प्रथम श्रेणी अविवाहित व्यक्तियों का होता है। ऐसे व्यक्ति अपनी यौन-इच्छाओं की सन्तुष्टि के लिए वेश्यागमन लिए करते हैं क्योंकि समाज में उनकी यौन-इच्छाओं की सन्तुष्टि संभव नहीं हो पाती। साथ ही समाज में स्त्री एवं पुरुष के लिए दोहरा मापदण्ड अपनाया गया है। स्त्रियों पर अनेक पाबन्दियाँ लगाई गई हैं जबकि पुरुषों पर कोई पाबन्दी नहीं है। अतः अविवाहित व्यक्ति वेश्यागमन का सहारा लेते हैं। दूसरी श्रेणी विवाहित व्यक्तियों की होता है। इसका एक कारण असन्तुष्ट वैवाहिक संबंध कहा जा सकता है। कभी-कभी स्त्रियाँ यौन-संबंध स्थापित करने में उदासीनता का परिचय देती हैं। फलतः पुरुष वेश्यागमन का सहारा ले लेते हैं। कभी-कभी ऐसा भी होता है कि पति-पत्नी के आचार-विचार, स्वभाव एवं संस्कृति में अधिक भिन्नता पाई जाती है। उनका आपस में एक-दूसरे के साथ सामंजस्य न हो पाना। तनाव एवं संघर्ष की स्थिति पैदा कर देती है और पुरुष वेश्यागामी हो जाता है। कुछ व्यक्तियों का वैवाहिक जीवन अत्यन्त सुखमय होता है। फिर भी वे जायका बदलने के लिए वेश्यागमन करते हैं। तीसरी श्रेणी में विवाह-विच्छेद एवं विधुर व्यक्तियों को रखा जा सकता है, जिनका विवाह-विच्छेद हो जाता है, वे अपनी काम-वासना की सन्तुष्टि के लिए वेश्यागमन करते हैं। साथ ही जो व्यक्ति असमय ही विधुर हो जाते हैं वे भी कामेच्छाओं की सन्तुष्टि के लिए वेश्यागमन करते हैं। इस प्रकार यह पता चलता है कि विभिन्न वैवाहिक स्थितियों के कारण भी पुरुष वेश्यागमन करते हैं जिससे वेश्यावृत्ति को बढ़ावा मिलता है। इसके अलावा अन्य बहुत से कारण हैं जिनके कारण पुरुष वेश्यागमन करते हैं। बहुत से व्यक्ति विवाह के बोझ से बचना चाहते हैं क्योंकि इसके बाद व्यक्ति के ऊपर अधिक भार पड़ जाता है। फलतः वे वेश्यागमन के सहारे ही जीवन व्यतीत करना सस्ता समझते हैं। कुछ व्यक्ति ऐसे भी होते हैं जो उत्सुकतावश वेश्यागमन करते हैं। बहुत से व्यक्ति रखैल आदि नहीं रख पाते क्योंकि उनकी आर्थिक स्थिति इसकी अनुमति नहीं देती है। इसीलिए वे वेश्यागमन करते हैं क्योंकि यह सस्ता पड़ता है। कुछ लोग इसलिए भी वेश्यागमन करते हैं क्योंकि इस पर किसी प्रकार का कानूनी बंधन नहीं है। बहुत-से व्यक्ति इसलिए भी वेश्यागमन का सहारा लेते हैं ताकि वे गर्भ आदि के झंझटों से मुक्त रहें। कुछ व्यक्ति विभिन्न प्रकार के नशे जैसे—मद्यपान आदि के कारण भी वेश्यागमन करते हैं।

उपर्युक्त विवरणों से पता चलता है कि पुरुषों के वेश्यागमन के भी अनेक कारण हैं। वेश्यागमन एवं वेश्यावृत्ति का आपस में संबंध है। बिना वेश्यागमन के वेश्यावृत्ति नहीं हो सकती।

वेश्यावृत्ति के कारणों की चर्चा करते हुए **एस.डी. पुणेकर** (S.D. Punekar) ने अपनी पुस्तक 'A Study of Prostitutes in Bombay' में वेश्यावृत्ति के 26 कारणों की चर्चा की है। उन्होंने वेश्यावृत्ति से सम्बन्धित सभी कारकों को छः समूहों में वर्गीकृत किया है। इसे अग्रलिखित तालिका द्वारा स्पष्ट किया जा सकता है–

Groups		*Factors*
Group-I	(i)	Death of parents, guardian, husband and relatives.
Group-II	(i)	Poverty.
	(ii)	Destitution.
Group-III	(i)	Ill treatment by the parents, guardians, husband and relatives.
	(ii)	Disregard by parents, guardians, husband and relatives.
	(iii)	Unhappy family relation.
	(iv)	Unfaithfulness of husband.
	(v)	Desertion by the husband.
	(vi)	Unhappy marriage.
Group-IV	(i)	Neglects by parents, guardians, husband and relatives.
	(ii)	Introduction by parents, guardians, husband and relatives.
	(iii)	Bad Influence.
	(iv)	Desception.

	(v)	Kidnapping.
	(vi)	Environmental influence.
	(vii)	Traditional or Heredity.
Group-V	(i)	Sexual urge or sex curiosity.
	(ii)	Illicit sex relation.
	(iii)	Illegitimate pregnancy.
	(iv)	Rape.
Group-VI	(i)	Desire of easy life.
	(ii)	Love for adventure.
	(iii)	Hatred for marriage.
	(iv)	Ignorance.
	(v)	Low-moral values.
	(vi)	Desire for revenge.

वेश्यावृत्ति के उपर्युक्त सभी कारकों, कारणों, दशाओं एवं विभिन्न विद्वानों द्वारा प्रस्तुत कारणों के अवलोकनों से पता चलता है कि वेश्यावृत्ति किसी एक कारण या कारक की उपज नहीं है। विभिन्न परिस्थितियाँ एवं दशाएँ इसके लिए उत्तरदायी हैं। इसमें न केवल स्त्रियों का ही नहीं वरन् पुरुषों का भी योगदान है। यह कहना अनुचित नहीं होगा कि इस पुरुष प्रधान समाज में पुरुष ही इसके लिए अधिक जिम्मेदार है। इसके लिए व्यक्ति के साथ-साथ समाज भी जिम्मेदार है। वेश्यावृत्ति के लिए अमीरी एवं गरीबी की खाई भी जिम्मेदार है। इस प्रकार यह कहा जा सकता है कि विभिन्न कारणों से वेश्यावृत्ति की समस्या पनपती एवं बढ़ती जा रही है। विभिन्न लोगों की छत्रछाया में यह फलती-फूलती जा रही है। यह एक ऐसी सामाजिक समस्या है जो दिनों-दिन बढ़ती जा रही है। इसलिए यह आवश्यक है कि इसके सभी कारणों का पता लगाकर उसका उचित निदान किया जाए। यह कार्य जनता, स्वयंसेवी संस्था, सरकार, व्यक्ति (स्त्री एवं पुरुष दोनों) एवं समाज सभी के सहयोग से संभव हो पाएगा। इसलिए आवश्यकता इस बात की है कि दृढ़ इच्छाशक्ति एवं पूर्ण मनोयोग से इस समस्या का हल खोजा जाए। इसके लिए राजनीति के कर्णधारों को भी अपना रवैया बदलना होगा तथा प्रशासनिक सेवा में लगे लोगों को भी। अगर संकल्प के साथ इस समस्या का समाधान किया जाए तो अवश्य ही इसका कोई समाधान निकल आएगा।

वेश्यावृत्ति की समस्या को दूर करने के सम्बन्ध में सुझाव

प्राचीन काल से ही वेश्यावृत्ति समाज के लिए वरदान नहीं बल्कि अभिशाप सिद्ध हुई है। इसे एक असाध्य रोग माना जाता है। इस समस्या को सुलझाने के लिए सरकारी गैर-सरकारी स्तर पर एक लम्बी अवधि से प्रयत्न हो रहे हैं लेकिन अभी तक संतोषजनक परिणाम नहीं मिल पा रहे हैं। भारत की सरकार ने 1956 में एक कानून भी पारित किया जो 'Suppression of Immoral Traffic in Women and Girls Act,1956 के नाम से जाना जाता है। इस कानून ने वेश्यावृत्ति को कम करने में थोड़ी-बहुत मदद अवश्य की है लेकिन इसके द्वारा समस्या का पूर्ण निदान नहीं हो सका है। इसलिए यह कहा जा सकता है कि इस समस्या का निदान बताना एक कठिन कार्य है। फिर भी इसके निदान से सम्बन्धित कुछ सुझाव प्रस्तुत करने का प्रयास किया जा रहा है। वेश्यावृत्ति की समस्या को न केवल सरकारी प्रयत्नों द्वारा और न ही केवल गैर-सरकारी प्रयत्नों द्वारा दूर किया जा सकता है, बल्कि इसके निदान के लिए सरकारी और गैर-सरकारी दोनों स्तरों से प्रयास होना चाहिए है 'सामाजिक और नैतिक स्वास्थ्य समिति' ने भी अपने निष्कर्ष में इस समस्या के समाधान के लिए शासकीय एवं गैर-शासकीय दोनों स्तरों पर प्रयास करने का सुझाव दिया है।

सरकारी स्तर पर प्रयास

सरकारी स्तर पर इस समस्या के समाधान हेतु निम्नलिखित प्रयत्न आवश्यक हैं—

(1) संबंधित कानूनों को कठोरता से लागू करना—सरकारी स्तर पर इस समस्या के समाधान के लिए यह आवश्यक है कि वेश्यावृत्ति से सम्बन्धित कानूनों को सख्ती से लागू किया जाए। सरकार सिर्फ कानून बना देती है। कार्यरूप से उसे परिणत सही ढंग से नहीं किया जाता है। इसका परिणाम यह होता है कि अपेक्षाकृत सफलता नहीं मिलती है। इसलिए यह आवश्यक है कि वेश्यावृत्ति से सम्बन्धित कानूनों को सख्ती से लागू किया जाए एवं सख्ती से इसका पालन करवाया जाए।

(2) यौन शिक्षा का प्रचार-प्रसार—सरकारी स्तर पर वेश्यावृत्ति की समस्या के समाधान के लिए यह आवश्यक है कि यौन-शिक्षा का प्रचार-प्रसार किया जाए। यौन-शिक्षा को अनिवार्य रूप से बालकों एवं प्रौढ़ों के पाठ्यक्रम में भी लागू करना चाहिए। साथ ही इस प्रकार की शिक्षा घरों में भी दी जानी चाहिए। इससे लोगों में यौन शिक्षा के विषय में जागरूकता आयेगी। बालकों को यौन-शिक्षा प्रदान करने के साथ-साथ यह भी आवश्यक है कि स्त्रियों की शिक्षा की समुचित व्यवस्था की जाए।

इससे कुछ हद तक वेश्यावृत्ति की समस्या के गंभीरता को कम किया जा सकता है। बहुत-सी स्त्रियाँ निर्धनता के कारण भी वेश्यावृत्ति को अपनाती हैं। शिक्षा प्राप्त करने से विभिन्न क्षेत्रों में स्त्रियों के लिए नौकरी प्राप्त करना संभव होगा जिससे इनकी आर्थिक समस्या का समाधान हो सकेगा। आर्थिक समस्याओं का समाधान होने से बहुत-सी वेश्याएँ इस पेशे से विमुख हो सकती हैं। साथ ही शिक्षा के कारण स्त्रियों की अज्ञानता भी दूर होगी और इसके दूर होने से वे बुरे लोगों के बहकावे में आने से बच सकेंगी। इस तरह कुछ हद तक इस समस्या का समाधान हो सकता है। इस तरह के कुछ कदम सरकार ने उठाए भी हैं। निर्धन एवं निराश्रित स्त्रियों तथा विधवाओं के लिए केंद्रीय समाज कल्याण बोर्ड द्वारा शिक्षा का संक्षिप्त पाठ्यक्रम बनाया गया है। इस योजना के अंतर्गत ऐसी स्त्रियों को न्यूनतम बुनियादी शिक्षा प्रदान की जाती है ताकि वे शिक्षा प्राप्त करने के बाद प्राथमिक स्कूल शिक्षिकाओं, सहायक नर्स, मिडवाईफ, ग्राम सेविका तथा बाल-सेविका आदि का प्रशिक्षण प्राप्त कर सकें। केंद्रीय समाज कल्याण बोर्ड की सामाजिक-आर्थिक योजना के अंतर्गत स्त्रियों को इस तरह का प्रशिक्षण दिया जाता है कि वे प्रशिक्षण के दौरान भी काम सीखने के साथ-साथ रोजी-रोटी ये भी जुड़ी रहती हैं जिससे उन्हें आत्मनिर्भर बनने में मदद मिलती है।

(3) बाल निर्देशन चिकित्सालय—सरकारी स्तर पर वेश्यावृत्ति की समस्या के समाधान के लिए बाल निर्देशन चिकित्सालय (Child Guidance Clinic) खोलकर भी इस समस्या का बहुत हद तक समाधान किया जा सकता है। इन चिकित्सालयों में योग्य एवं अनुभवी व्यक्तियों को रखा जाना चाहिए। इस तरह का सुझाव सामाजिक एवं नैतिक स्वास्थ्य समिति ने भी दिया है। पश्चिमी देशों में इस तरह के चिकित्सालय खोले गए हैं। प्रत्येक बच्चे का जीवन सुखी ही नहीं रहता है। क्योंकि बहुत-से माता-पिता अपने बच्चों की समस्याओं को समझने में असमर्थ रहते हैं। इसके लिए यह आवश्यक है कि बच्चों के तनावों को दूर किया जाए। कुछ बच्चे अनियंत्रित हो जाते हैं। इनके लिए प्रशिक्षित एवं अनुभवी स्त्रियों एवं पुरुषों की आवश्यकता होती है जो इनको नियंत्रित कर सकें। गलत नियंत्रण से बच्चे भटक जाते हैं एवं कई बार यौन-अपराधी भी बन जाते हैं। ऐसी दशा में उनका उपयुक्त समय पर उपयुक्त उपचार करना चाहिए। इसलिए बाल निर्देशन चिकित्सालयों की स्थापना करना आवश्यक प्रतीत होता है। इन चिकित्सालयों में बाल-मनोविज्ञान एवं बाल-संरक्षण के बारे में जिनको ज्ञान प्राप्त हो उन्हीं को रखा जाना चाहिए।

(4) जीविकोपार्जन हेतु विशेष सुविधाएँ—सरकारी स्तर पर वेश्यावृत्ति की समस्या के समाधान के लिए स्त्रियों के जीविकोपार्जन हेतु कुछ विशेष सुविधाएँ राज्य

सरकारों द्वारा प्रदान की जानी चाहिएँ। स्त्रियों के नौकरी की दशाओं एवं काम के समय पर सरकार को अधिक ध्यान देना चाहिए ताकि अधिक-से-अधिक स्त्रियाँ वेश्यावृत्ति की अपेक्षा नौकरी को पसन्द करें साथ ही इन्हें विभिन्न प्रकार का प्रशिक्षण भी दिया जाना चाहिए ताकि इनको रोजगार की प्राप्ति में कठिनाइयाँ न आये। साथ ही स्त्रियों के लिए अधिक-से-अधिक रोजगार मुहैया कराना चाहिए ताकि उनकी आर्थिक स्थिति सुदृढ़ हो और वे दूसरी ओर प्रेरित न हो सकें।

(5) माता-पिता-अध्यापक समितियों का गठन—सरकारी स्तर पर वेश्यावृत्ति की समस्या के समाधान के लिए प्रत्येक शिक्षण संस्थानों में माता-पिता-अध्यापक समितियाँ गठित की जानी चाहिएँ। कोई भी बालक अपने जीवन का स्वर्णिम समय विद्यालयों में ही व्यतीत करता है। बालक की बहुत सारी समस्याएँ होती हैं। बालक एवं बालिकाओं की समस्याओं को जानना आवश्यक होता है। समस्याओं की जानकारी होने के बाद ही उनका निदान संभव है। इस समिति के माध्यम से माता-पिता एवं अध्यापक सप्ताह में या पाक्षिक रूप से एक जगह मिलकर बालक-बालिकाओं की समस्याओं को जानकर उस पर विचार-विमर्श कर सकते हैं। इससे बच्चों के व्यक्तित्व को समझने में आसानी होगी तथा उनसे सहानुभूतिपूर्ण व्यवहार करना आसान होगा। जब बच्चों की समस्या समझ में आ जाएगी तथा उनका उचित समाधान हो जाएगा तब उनके इधर-उधर भटकने की सम्भावना नहीं रहेगी।

(6) वेश्याओं के लिए पुनर्वास की व्यवस्था—सरकारी स्तर पर वेश्यावृत्ति की समस्या के समाधान के लिए वेश्याओं के पुनर्वास की व्यवस्था की जानी चाहिए। जो स्त्रियाँ या लड़कियाँ अनैतिक व्यापार या वेश्यावृत्ति का शिकार हो गई हैं उनके पुनर्वास की व्यवस्था की जानी चाहिए। सिर्फ वेश्याओं के पुनर्वास से ही समस्या का समाधान संभव नहीं है बल्कि उनके साथ-साथ उनके पूरे परिवार के पुनर्वास की व्यवस्था होनी चाहिए।

(7) यौन बीमारियों के लिए समुचित उपचार का प्रबन्ध—सरकारी स्तर पर वेश्यावृत्ति की समस्या के समाधान के लिए यौन-बीमारियों से पीड़ित वेश्याओं के लिए समुचित उपचार का प्रबन्ध किया जाना चाहिए। बहुत-सी वेश्याएँ गंभीर यौन-रोगों से पीड़ित रहती हैं। उनका समय पर समुचित इलाज नहीं होने से समस्या और गंभीर हो जाती है। इनके लिए चिकित्सकों एवं सामाजिक कार्यकर्त्ताओं की नियुक्ति की जानी चाहिए। ये चिकित्सक एवं कार्यकर्त्ता प्रशिक्षित होने चाहिएँ। यौन-रोगों के सम्बन्ध में जन-जागरूकता जागृत करने के लिए प्रयत्न किए जाने चाहिएँ। यौन-रोगों का निदान अनिवार्य रूप से किया जाना चाहिए। इस प्रकार

विभिन्न प्रकार के यौन-रोगों पर नियंत्रण कर वेश्यावृत्ति की समस्या का कुछ हद तक समाधान संभव हो सकता है।

(8) परिवार नियोजन एवं परिवार कल्याण कार्यक्रमों को बढ़ावा—वेश्यावृत्ति की समस्या के समाधान के लिए सरकारी स्तर पर परिवार नियोजन एवं परिवार कल्याण कार्यक्रमों का सफलतापूर्वक प्रचार-प्रसार एवं क्रियान्वयन किया जाना चाहिए। अर्थात् इन कार्यक्रमों को सफलतापूर्वक लागू किया जाना चाहिए। कम बच्चे पैदा होने से उनके पालन-पोषण के लिए आर्थिक समस्या नहीं रहेगी। फलतः आवश्यकताओं की पूर्ति होने के कारण बहुत-सी लड़कियाँ एवं स्त्रियाँ वेश्यावृत्ति का शिकार होने से बच जाएँगी। कम बच्चे होने से आवास की समस्या भी नहीं रहेगी। माता-पिता एवं बच्चों को एक ही कमरे में नहीं सोना पड़ेगा। फलतः बच्चों पर माता-पिता द्वारा स्थापित यौन-सम्बन्धों की प्रभाव नहीं पड़ेगा एवं उनका मन इधर-उधर नहीं भटकेगा। इस प्रकार वेश्यावृत्ति पनपने की सम्भावना नहीं रहेगी। अतः परिवार नियोजन एवं परिवार कल्याण कार्यक्रमों पर जोर देने की आवश्यकता है।

गैर सरकारी स्तर पर प्रयास

वेश्यावृत्ति की समस्या को दूर करने के लिए सरकारी स्तर पर प्रयत्नों के अलावा गैर-सरकारी स्तर पर भी प्रयत्न करने की आवश्यकता है। गैर-सरकारी स्तर पर ऐच्छिक कल्याणकारी समितियाँ (Voluntary Welfare Societies) की स्थापना की जानी चाहिए। यह समिति विभिन्न प्रकार की सामाजिक, आर्थिक एवं अन्य कुरीतियों को समाज से दूर करने का प्रयत्न करेगी क्योंकि सरकारी स्तर पर कानून बनाकर भी समाज से सभी कुरीतियों को समाप्त नहीं किया जा सकता है। इसलिए स्वैच्छिक एवं समाजसेवी संगठनों का सहयोग बहुत आवश्यक होता है। ये ऐच्छिक कल्याणकारी समितियाँ वेश्यावृत्ति की समस्या के समाधान के लिए निम्नलिखित प्रयत्न कर सकती हैं—

(1) ऐच्छिक कल्याणकारी समितियों की स्थापना—गैर-सरकारी स्तर पर वेश्यावृत्ति की समस्या के लिए ये समितियाँ समाज में प्रचलित कुरीतियों एवं कुप्रथाओं को दूर करने मे सहायक हो सकती हैं। खासकर उन कुरीतियों एवं कुप्रथाओं को दूर करने का प्रयत्न करना चाहिए जिसके कारण वेश्यावृत्ति पनपती है। उदाहरणस्वरूप बाल-विवाह, विधवा विवाह-निषेध, दहेज प्रथा, कुलीन विवाह, बहुपत्नी विवाह आदि कुरीतियों के प्रचलन के कारण बहुत-सी स्त्रियाँ वेश्यावृत्ति के पेशे को अपनाती हैं। यदि ऐच्छिक कल्याणकारी समितियाँ इन कुरीतियों को दूर

करने के लिए प्रयत्न करेंगी तो स्वतः बहुत हद तक इस समस्या का समाधान हो जाएगा। इस प्रकार विभिन्न सामाजिक कुरीतियों एवं कुप्रथाओं को समाप्त कर इस समस्या का समाधान किया जा सकता है।

(2) धार्मिक अंधविश्वासों को दूर करना—गैर-सरकारी स्तर पर वेश्यावृत्ति की समस्या के समाधान के लिए विभिन्न धार्मिक अंधविश्वासों को दूर करना भी है। समाज में प्रचलित विभिन्न अंधविश्वासों को दूर कर इस समस्या को कम किया जा सकता है। भारतवर्ष में धार्मिक अंधविश्वासों के कारण भी वेश्यावृत्ति का प्रचलन है। उदाहरणस्वरूप देवदासी प्रथा एवं भक्तिन आदि का प्रचलन धार्मिक अंधविश्वासों के कारण ही है। इन प्रथाओं के कारण वेश्यावृत्ति पनपती है। यदि इन धार्मिक अंधविश्वास को दूर कर दिया जाए तो स्वतः वेश्यावृत्ति की समस्या का समाधान हो जाएगा।

(3) वेश्यावृत्ति के प्रति आम जनता के दृष्टिकोण में परिवर्तन लाना—गैर-सरकारी स्तर पर वेश्यावृत्ति की समस्या के समाधान के लिए वेश्यावृत्ति के प्रति आम जनता के दृष्टिकोण में परिवर्तन लाना भी आवश्यक है। अक्सर वेश्याओं एवं उनके पुत्रियों को निम्न दृष्टिकोण से देखा जाता है और उन्हें पत्नी के रूप में भी स्वीकार करने के लिए जल्द कोई तैयार नहीं होता है। वेश्याएँ और उनकी पुत्रियाँ भी आम जनता के इस दृष्टिकोण से परिचित रहती हैं और महसूस करती हैं कि जब समाज ही उसे उपेक्षा की दृष्टि से देखता है तो जिन्दगी का दूसरा सहारा क्या है? फलतः इस पेशे को स्वीकार करना उनकी मजबूरी बन जाती है। यदि उनके प्रति जनता के दृष्टिकोण में परिवर्तन हो जाए तो निश्चित रूप से वेश्याओं की अधिकांश पुत्रियाँ वेश्या बनने के बजाय स्वस्थ पारिवारिक जीवन को पसन्द करेंगी। इसलिए जनता के दृष्टिकोण में परिवर्तन लाना अत्यन्त आवश्यक प्रतीत होता है। और जनता के दृष्टिकोण में परिवर्तन के लिए समाज सुधारकों का सहयोग आवश्यक है।

(4) दोहरे मापदण्ड का विरोध—गैर-सरकारी स्तर पर वेश्यावृत्ति की समस्या के समाधान के लिए ऐच्छिक कल्याणकारी समितियों को नैतिकता के दोहरे मापदण्ड (Double Standard of Morality) का विरोध करना चाहिए। अर्थात् नैतिकता का बंधन सिर्फ स्त्रियों तक ही क्यों है? पुरुषों के साथ क्यों नहीं? स्त्री-पुरुष समाज रूपी रथ के दो पहिए हैं। फिर स्त्रियों के लिए ही नैतिकता या अनैतिकता की बात क्यों की जाती है? पुरुषों के लिए क्यों नहीं की जाती? इसका विरोध किया जाना चाहिए तथा ऐसे कानून के निर्माण पर बल दिया जाना चाहिए ताकि जो भी इस व्यवसाय से सम्बन्धित लोग हों वे सजा में बराबर के हकदार हों। इस सम्बन्ध में

दोहरा मापदण्ड नहीं अपनाया जाना चाहिए। इस प्रकार स्वयंसेवी संस्थाओं द्वारा नैतिकता के दोहरे मापदण्ड का विरोध कर वेश्यावृत्ति की समस्या का बहुत हद तक समाधान किया जा सकता है।

(5) वेश्या विवाह का प्रबन्ध—गैर-सरकारी स्तर पर वेश्यावृत्ति की समस्या के समाधान के लिए ऐच्छिक कल्याणकारी समितियों को वेश्याओं के विवाह के लिए प्रयत्न करना चाहिए। यदि वेश्याओं का विवाह हो सके तो बहुत हद तक इस समस्या का समाधान निकल आएगा क्योंकि वेश्याएँ अपने-आपको सुरक्षित महसूस करने लगेंगी। इसलिए इनके विवाह का प्रयत्न किया जाना चाहिए।

(6) निराश्रित महिला समिति का कुशल प्रबन्ध—गैर-सरकारी स्तर पर वेश्यावृत्ति की समस्या के समाधान के लिए यह आवश्यक है कि जो समिति या संस्था निराश्रित महिलाओं के लिए बनाए जाएँ उसका अध्यक्ष किसी महिला को ही बनाया जाए। पुरुषों को इन समितियों एवं संस्थाओं से दूर रखा जाना चहिए।

(7) जन जागरूकता—गैर-सरकारी स्तर पर वेश्यावृत्ति की समस्या के समाधान के लिए जन जागरूकता जरूरी है। अर्थात् जनता में वेश्यावृत्ति के कुप्रभावों के बारे में प्रचार-प्रसार करना चाहिए तथा जनता को जागरूक बनाना चाहिए और जब वे समझ जायेंगे कि वास्तव में यह एक कुत्सित एवं घृणित कार्य ही नहीं बल्कि अपनों द्वारा ही अपनों की अस्मत लूटना कहाँ का इन्साफ है तो बहुत हद तक इस समस्या का समाधान हो सकता है।

उपर्युक्त विवरणों से स्पष्ट होता है कि वेश्यावृत्ति एक जटिल सामाजिक समस्या है और यह समाज की जड़ों तक पहुँच चुकी है। इस समस्या का समाधान केवल सरकारी स्तर पर ही नहीं किया जा सकता बल्कि गैर-सरकारी संस्थाओं द्वारा भी प्रयत्न करने की आवश्यकता है। इसे एक जन-आन्दोलन का रूप दिया जाना चाहिए। हालाँकि विभिन्न स्तरों पर इसके लिए प्रयत्न भी किए जा रहे हैं लेकिन यह समस्या इतनी विकराल रूप धारण कर चुकी है कि अपेक्षित सफलता नहीं मिल पा रही है। अतः आवश्यकता इस बात की है कि पूर्ण मनोयोग एवं सच्चे मन से मिलकर सभी इस समस्या का हल ढूँढें एवं उसे क्रियान्वित करने का प्रयास करें। इसके लिए सभी स्तरों पर दृढ़ इच्छाशक्ति एवं तत्परता की जरूरत है।